山东省泰山学者专项基金 (tsqn202103063)
山东省理论人才 "百人工程"
济宁市理论人才 "百人工程"
国家自然科学基金青年项目 "碳政策下双渠道零售商的分布式鲁棒联合策略研究" (71702087)
山东省高等学校青创科技支持计划项目 "新零售背景下生鲜品供应链的减排策略和协调优化" (2021RW024)

资助

■ 徐健腾　柏庆国/著

低碳供应链
鲁棒运营策略及协调优化

中国财经出版传媒集团

经济科学出版社
Economic Science Press

·北京·

图书在版编目（CIP）数据

低碳供应链鲁棒运营策略及协调优化／徐健腾，柏
庆国著 . －－北京：经济科学出版社，2024. 2
ISBN 978 － 7 － 5218 － 5671 － 2

Ⅰ.①低⋯ Ⅱ.①徐⋯ ②柏⋯ Ⅲ.①供应链管理-
鲁棒控制-研究 Ⅳ.①F252. 1

中国国家版本馆 CIP 数据核字（2024）第 053165 号

责任编辑：杜 鹏 郭 威
责任校对：齐 杰
责任印制：邱 天

低碳供应链鲁棒运营策略及协调优化

DITAN GONGYINGLIAN LUBANG YUNYING CELÜE JI XIETIAO YOUHUA

徐健腾 柏庆国／著

经济科学出版社出版、发行 新华书店经销
社址：北京市海淀区阜成路甲 28 号 邮编：100142
总编部电话：010-88191441 发行部电话：010-88191522
网址：www. esp. com. cn
电子邮箱：esp_bj@ 163. com
天猫网店：经济科学出版社旗舰店
网址：http://jjkxcbs. tmall. com
固安华明印业有限公司印装
710 × 1000 16 开 14. 75 印张 280000 字
2024 年 2 月第 1 版 2024 年 2 月第 1 次印刷
ISBN 978 － 7 － 5218 － 5671 － 2 定价：118. 00 元
（图书出现印装问题，本社负责调换。电话：010 － 88191545）
（版权所有 侵权必究 打击盗版 举报热线：010 － 88191661
QQ：2242791300 营销中心电话：010 － 88191537
电子邮箱：dbts@ esp. com. cn）

前　言

为减少人类活动对全球生态系统产生的负面影响，1992年《联合国气候变化框架公约》（UNFCCC）阐明了针对气候变化的行动框架。虽然各缔约方在综合治理措施方面还没有达成共识，但气候变化会使人类付出巨额代价的观念已被各方接受，并成为人们广泛关注和研究的全球性环境问题。2020年9月22日，在第七十五届联合国大会上，国家主席习近平宣布中国力争2030年前实现碳达峰，2060年前实现碳中和的"双碳"目标，① 并在随后的政策制定中对实现"双碳"目标进行了系统谋划和部署。如2021年3月12日对外公布的《中华人民共和国国民经济和社会发展第十四个五年规划和2035年远景目标纲要》，其中第十一篇为推动绿色发展，促进人与自然和谐共生。随后相继出台了《关于完整准确全面贯彻新发展理念做好碳达峰碳中和工作的意见》《2030年前碳达峰行动方案》。这些政策体现了我国在积极落实既有承诺，携手努力将《联合国气候变化框架公约》以及《巴黎协定》规定的绿色低碳愿景变为现实的决心和行动力。

企业是实现绿色低碳目标的重要主体，由企业组成的供应链作为一种创新管理模式，是实现减排目标的新动能，对国家经济发展起到重要作用。供应链企业在保证正常生产生活的基础上综合考虑环境资源效益和经济效益，并进行具有低碳意义的改造和创新就形成了低碳供应链。当前关于低碳供应链企业运营管理的研究主要集中在需求信息完全已知的情形，这些研究成果在面对当前快速多变的消费需求时显得力不从心。因为需求的多样性和多变性使产品生命周期缩短，而供应链企业缺少历史数据和足够的时间来获得及提高需求概率分布等信息的预测精度，只能根据有限的需求信息制订产品的生产和销售计划。因此如何根据有限的需求信息制定具有稳健性的运营策略成为低碳供应链企业面临的亟待解决的问题。而企业在降低自身碳排放的同时，还要促进供应链成员共同实现碳减排目

---

① 习近平在第七十五届联合国大会一般性辩论上发表重要讲话［EB/OL］. 中国政府网，https：//www. gov. cn/xinwen/2020 - 09/22/content_5546168. htm，2020 - 09 - 22.

标。在利益相关者的共同参与下，供应链各企业碳减排管理的协同变得更加重要。然而，目前对低碳供应链协同运作的研究主要在单一渠道、供应链成员均为风险中立、单周期等情形取得了一些研究成果，而更为复杂的双渠道、供应链成员具有风险偏好、多周期的情形却少有研究，这些情形恰恰更贴近现实生活且应用场景更为广泛，具有较强的研究价值。

供应链作为"双碳"目标下企业竞争的主要载体和碳排放的主要来源，其运营管理具有非常复杂的影响因素和灵活多变的运作环节。目前，安全稳定的供应链已成为各国政府极为关注的战略性问题。本书从供应链企业自身的决策行为及供应链成员之间的博弈决策行为两个方面递进式展开，分别从常规运营决策在碳减排政策下的鲁棒性、减排投资决策的取舍、复杂供应链在碳政策下的运营与协调等多个侧面进行深入研究。采用分布式鲁棒优化、博弈论、风险决策、田口实验等方法探讨"双碳"目标下供应链的低碳运营策略与途径，为业界运营决策的制定提供理论依据和决策建议，为学术界低碳供应链的运营与协调提供研究基础和文献参考。

本书共包含11章，前两章介绍了本书研究的现实背景和发展动态。第3章到第6章从供应链企业的订购来源、是否投资、是否进行回收再制造等决策视角出发，研究碳减排政策下供应链企业的鲁棒运营策略。第7章到第10章主要研究具有不同特性的供应链在碳减排政策下的运营与协调策略。第11章是对本书研究成果的总结及后续研究方向的探讨和展望，指出了本书研究工作存在的局限性，并为今后的研究工作指明了方向。

本书凝聚了笔者近年来的研究成果，系统地对低碳供应链鲁棒运营策略及协调优化问题进行研究。一方面，为企业的鲁棒低碳运营、供应链低碳运营与协调的进一步研究提供了理论基础和文献参考，丰富与充实了低碳供应链运营管理的理论内容；另一方面，为面对不同碳减排政策的企业和供应链运营与协调提供了新思路和新方法，为运营策略的制定和协调提供了科学依据与决策建议。本书的贡献主要体现在以下四个方面：

第一，从社会经济实践出发，充分考虑需求信息获取的难度和不确定性，研究有限需求信息下供应链企业的低碳运营策略。一方面，给出供应链企业生产、订购、回收等常规运营决策在不同碳减排政策约束下的鲁棒调整策略；另一方面，探究实施碳减排投资等创新运营策略的必要条件及对企业经济和环境绩效的影响。

第二，针对不同类型企业的运营特点，探索对需求和碳减排参数变动具有鲁棒性的企业运营决策。对具有单一采购源和双采购源的企业在不同碳减排政策约束下的运营环境进行分析，重点解决由于需求信息的不确定性和不完全性给低碳运营策略带来的挑战，寻找对需求信息和碳减排参数具有稳健性的常规与创新型运营决策。

第三，研究不同碳减排政策约束下复杂供应链的运营与协调策略。在不同碳减排政策约束下，探讨新销售渠道的加入、供应链成员的风险偏好及供应链中产品的可替代性等要素对供应链低碳运营策略的影响以及供应链协调策略的差异。

第四，探索有限计划期内供应链的低碳运营与协调策略。考虑到多周期运营过程中人们在相同业务操作中的学习效应，分析并比较集中式和分散式供应链在有限计划期内的最佳低碳运营策略，发掘经济效益的改进空间，设计契约机制对有限计划期内的供应链进行协调以实现经济和环境绩效的帕累托改进。

综上所述，本书顺应时代变迁，充分考虑了需求信息的不确定性和获取难度、供应链影响要素的多样性和复杂性，从供应链成员和供应链整体两个层面研究低碳政策约束下的运营与协调策略，期望实现供应链成员和供应链整体经济绩效与环境绩效双赢的局面。这些研究成果丰富了低碳供应链运营管理的理论结果，为相关研究提供了分析方法和文献参考，为供应链决策者提供了运营决策建议和决策支持，具有重要的理论意义和实践价值。

本书是在山东省泰山学者专项基金（tsqn202103063）、山东省理论人才"百人工程"、济宁市理论人才"百人工程"的资助下，追踪最新研究前沿，基于国家自然科学基金青年项目"碳政策下双渠道零售商的分布式鲁棒联合策略研究"（71702087）以及山东省高等学校青创科技支持计划项目"新零售背景下生鲜品供应链的减排策略和协调优化"（2021RW024）的阶段性研究成果和已发表的相关研究成果撰写而成。

由于笔者的水平有限，错误在所难免，请读者批评指正。

笔者

2024 年 2 月 15 日

目 录

第 1 章 绪论 ··· 1

1.1 现实背景 ··· 1

1.2 研究目的与意义 ·· 4

1.3 主要研究内容与框架 ································· 4

第 2 章 低碳供应链运营策略及协调研究的发展动态 ·········· 6

2.1 碳政策下企业运营策略的研究动态 ··············· 6

2.2 碳政策下供应链运营及协调策略的研究动态 ······· 9

2.3 研究现状评析 ·· 12

第 3 章 碳限额和碳交易政策下的鲁棒订购策略 ············· 14

3.1 引言 ··· 14

3.2 问题描述和参数设定 ·································· 15

3.3 不同碳排放规制下的数学模型 ···················· 16

3.4 数值算例 ·· 28

3.5 小结 ··· 38

第 4 章 碳税和碳交易政策下双源采购的鲁棒订购策略 ········ 39

4.1 引言 ··· 39

4.2 问题描述与符号设定 ·································· 40

4.3 碳税政策下的订购决策 ······························ 42

4.4 碳配额与交易政策下的订购决策 ·················· 47

4.5 数值分析 ·· 53

4.6 小结 ………………………………………………………… 59

第5章 碳限额和碳交易政策下的鲁棒生产与投资策略 ………… 60

5.1 引言 ………………………………………………………… 60
5.2 问题描述与符号设定 ……………………………………… 60
5.3 模型构建与分析 …………………………………………… 61
5.4 算例分析 …………………………………………………… 68
5.5 小结 ………………………………………………………… 74

第6章 碳交易政策下再制造企业的鲁棒生产和回收策略 ……… 76

6.1 引言 ………………………………………………………… 76
6.2 问题描述与模型分析 ……………………………………… 77
6.3 数值分析 …………………………………………………… 94
6.4 小结 ………………………………………………………… 99

第7章 碳限额政策下双渠道供应链的定价与协调策略 ………… 101

7.1 引言 ………………………………………………………… 101
7.2 问题描述及符号设定 ……………………………………… 102
7.3 模型分析 …………………………………………………… 104
7.4 价格折扣契约 ……………………………………………… 115
7.5 小结 ………………………………………………………… 123

第8章 碳税政策下风险厌恶型供应链的投资与协调策略 ……… 125

8.1 引言 ………………………………………………………… 125
8.2 问题描述和模型假设 ……………………………………… 126
8.3 通过可持续技术投资协调制造商主导的供应链 ………… 135
8.4 数值分析 …………………………………………………… 141
8.5 小结 ………………………………………………………… 151

**第9章 碳交易政策下考虑产品可替代性的供应链投资
　　　　与协调策略** ………………………………………… 153

9.1 引言 ………………………………………………………… 153
9.2 问题描述和符号设定 ……………………………………… 155

9.3　零售商主导的分散式决策模型 ……………………………… 157

9.4　减排技术投资情形下分散式决策系统的协调 ……………… 166

9.5　数值分析 ……………………………………………………… 175

9.6　小结 …………………………………………………………… 181

第 10 章　碳交易政策下供应链的多周期订购与协调策略 ………… 183

10.1　引言 ………………………………………………………… 183

10.2　问题描述和基本假设 ……………………………………… 184

10.3　集中决策和分散决策分析与优化 ………………………… 186

10.4　两部制契约协调 …………………………………………… 195

10.5　数值分析 …………………………………………………… 197

10.6　小结 ………………………………………………………… 204

第 11 章　总结与展望 …………………………………………………… 206

11.1　研究总结 …………………………………………………… 206

11.2　研究展望 …………………………………………………… 208

参考文献 ………………………………………………………………… 210

后　记 …………………………………………………………………… 226

第1章 绪 论

1.1 现实背景

全球变暖作为世界生态系统和人类社会面临的严峻问题，受到各国政府和人民的广泛关注。2001 年政府间气候变化委员会（IPCC）的第三次报告指出，20世纪以来绝大多数可观测的气候变化是由温室气体（GHG）增加所引起的，其中二氧化碳是主要的温室气体。[①] 为了应对气候变化，有效减少二氧化碳排放，实现人口、环境、资源的可持续发展，各国政府和国际组织先后通过《联合国气候变化框架公约》（1992 年）、《京都议定书》（1997 年）、《巴黎协定》（2015年）构建国家（地区）的碳排放额度及促进排放权交易的一系列机制。在此背景下，碳排放限额（mandatory carbon emissions capacity）、碳配额与交易（cap-and-trade）和碳税（carbon emissions tax）等碳减排政策被各国政府和地区广泛使用。在碳限额政策下，企业的碳排放总量不能超过政府机构设定的上限，否则就会被迫停运整改。碳限额政策作为强制性减排手段，通常用于重污染企业和短时排放控制。如 2014 年召开亚太经济合作组织（APEC）会议时，北京提出碳排放上限规则，几千家工厂被勒令停产或减产。碳税是依照企业（商品或服务）的碳排放量征收的一种环境税。从 20 世纪 90 年代初开始一些国家（地区）陆陆续续开始实施碳税政策，如芬兰、瑞典、瑞士、爱尔兰、法国、新加坡等。[②] 碳税政策具有管理成本低的特点，可以很好地覆盖那些排放量较小的企业。而碳配额与交易政策是遵循总量控制原则，把碳排放权作为一种商品进行交易，比较适合排放量较大的大型企业。在碳配额与交易政策下，政府机构为企业设置碳排放上限（以下简称碳配额），如果企业的碳排放总额超过碳配额，则需在碳交易市场上购买碳排放许可（又称碳排放权）；相反，该企业可以出售盈余的碳排放许可

---

① IPCC. Synthesis report：The third assessment report of the intergovernmental panel on climate change [M]．London：Cambridge University Press，2001：45 – 50.

② State and Trends of Carbon Pricing. World Bank Group. < https：//openknowledge. worldbank. org/handle/10986/18415 > Accessed on August 23，2014.

（Avi-Yonah and Uhlmann，2009；Hua et al.，2011；He et al.，2012；Luo et al.，2016）。自 2005 年欧盟建立欧洲碳排放交易体系（EU ETS）以来，全球已有 20 多个碳交易平台，中国碳市场也在 2021 年 7 月 16 日正式启动交易。

2020 年 9 月 22 日，中国作为负责任大国应对全球气候变化的"30·60"目标被提出，即 2030 年前中国要碳达峰，2060 年实现碳中和。截至 2021 年，全球一半以上的温室气体排放已经被纳入净零排放目标，各国政府和地区纷纷向企业提出碳减排要求。这些减排目标和减排政策加深了企业和消费者对低碳经济的重视，激发了企业和消费者主动进行低碳减排的积极性。

企业作为碳排放的主要来源，在实现碳减排目标中扮演重要角色。碳减排政策的实施要求企业必须将减少碳排放纳入企业的经营管理，使企业的经营决策受到前所未有的挑战。在不同的碳排放法规面前，企业需要重新确定经营决策，在满足碳排放目标的同时实现利润最大化。目前企业或供应链实现碳减排目标的方式主要有两种：一种是通过调整传统运营决策（生产量或销售价格等）满足碳排放约束；另一种是通过投资减排技术或设备主动减排，实现碳减排目标。进入碳中和时代后，许多企业发现仅仅通过调整传统运营决策满足碳排放约束已经无法满足企业对利润最大化的追求。随着国家、股东和消费者可持续发展诉求的提升，一些企业开始探索减排投资策略并设法消化减排增加的成本，从中寻找新的经济机遇。一些跨国公司，如宝洁、惠普、沃尔玛等，较早地探索如何在供应链管理中实现低碳运营，提升品牌形象和竞争力，确保企业的可持续发展。2020 年，伊利环保总投入 1.89 亿元，其中 9 000 万元用于推动低碳食品加工制造；开展节能项目 591 个，"十三五"期间综合能耗累计下降 18%。[①] 伊利在牧场、生产加工、包装、运输等方面都有颇为显著的绿色成果，其在生产加工方面的实践最受《企业碳中和路径图》重视。华为一直以绿色信息和通信技术（ICT）创新端到端地降低 ICT 产品能耗，助力千行百业节能减排。在减排道路上，惠普持续加大对可回收塑料的投入和使用，以替代在惠普电脑上无法回避使用的塑料原材料，通过循环再生的方式减少浪费和污染。截至 2021 年，惠普共采购了超过 771 吨用于产品制造的可回收海洋塑料，并已累计推出超过 50 款包含海洋塑料的个人电脑产品。[②] 由此可见，由于行业运营特点的差异，企业和供应链实施的碳减排策略也各不相同。在实现碳中和的进程中，各行业积极创新和探索减排方式与

---

① 联合国首份《企业碳中和路径图》的"中国智慧"：再现伊利减碳之路［EB/OL］. 伊利官网，https：//www.yili.com/news/responsibility/2000，2021 – 07 – 27.

② 周信宏. 将可持续发展理念贯穿产品全生命周期［EB/OL］. 光明网，https：//kepu.gmw.cn/eco/2021 – 09/24/content_35188365.htm，2021 – 09 – 24.

方法，急需科学的方法指导并提供决策依据。因此，在碳达峰和碳中和的"双碳"背景下，供应链企业的低碳运营策略成为当前业界和学术界关注的热点。

　　碳减排政策的实施不仅影响企业减排目标实现方式的选择，还对供应链成员之间的协调合作提出挑战。2021 年 5 月 19 日，华为首次供应商碳减排大会在深圳坂田基地举行，并指出"碳减排既是挑战，更是机遇。它需要的是各方协作"。华为采购部门强调，供应商企业应该践行"绿色环保"等可持续发展理念，并积极承担社会责任。对于违反"红线"、违法违规排放的供应商，华为一经发现，将立即推动限期整改、限制合作乃至暂停合作程序，直到其完全改进。2021 年伊利启动了对所有产品品类的碳足迹核查，收集了 200 多家主要原辅料供应商的碳排放信息，并进行产品碳足迹核算。① 欧莱雅面向 2020 ~ 2030 年的全新可持续发展，提出"欧莱雅为明天"的承诺，为包括范围 1、2、3 在内的整个价值链设定减排目标，这将减少包括供应、生产、研发以及产品生命周期对环境产生的直接和间接影响。② 对供应链上游而言，这个过程意味着核心企业可以依靠其强大的行业影响力，对利益相关方进行潜移默化的引领；对供应链下游而言，这一过程或将助力品牌企业后续进行面向消费者的低碳消费倡导。由此可见，碳减排不单单是企业自己的事情，而是涉及供应链中的每个成员，供应链成员之间的协调与合作将是实现高效减排的有效途径之一。然而，由于供应链结构本身的复杂性，以及不同碳减排政策给供应链带来的挑战，供应链成员如何协调与合作才能实现碳减排目标和利润最大化目标，是当前供应链减排面临的主要困难之一，也是学术界研究的重点内容之一。

　　另外，生活节奏的加快和消费者需求的变化使现代人们生活与消费习惯改变，造成产品市场需求的不稳定和不确定。这使得企业在制定运营决策时很难获得全部的需求信息，进而给运营决策的制定带来很多不确定因素。很多企业只能依靠部分需求信息制定运营策略。例如，一些电子电器行业的新产品上市后，决策者只能根据相似产品的历史数据估计新产品需求的均值和方差，而无法估计需求的概率分布。在此背景下，解答以下问题对企业和供应链运营效益与环境效益的提高至关重要：（1）碳排放法规和部分需求信息对企业运营决策是否存在交互影响；（2）如何保证企业经营决策对需求分布及关键系统参数的稳健性；（3）不同碳减排政策下，何种运营和协调策略能够使供应链企业实现高利润低

---

① 联合国首份《企业碳中和路径图》的"中国智慧"：再现伊利减碳之路［EB/OL］. 伊利官网，https：//www.yili.com/news/responsibility/2000，2021 – 07 – 27.
② 丁茜茜. 在苏外企，持续加码深耕江苏［N］. 新华日报，2022 – 08 – 16（2）.

排放的目标。这些问题将在本书中得到解答。

1.2　研究目的与意义

为了抓住"双碳"目标给企业和供应链创新运营带来的机遇，迎接碳减排给企业和供应链经济与环境效益带来的挑战，本书从企业运营及供应链协调两个方面对低碳供应链鲁棒运营和协调策略展开研究。

通过对碳减排政策下企业鲁棒运营策略的研究，发掘有限需求信息和不同碳减排政策对不同行业运营决策的交互效应，寻找对需求分布信息稳健的鲁棒运营和减排策略，探索能够使企业实现高利润低排放的碳减排政策和运营策略组合。相应的研究结果将为不同行业的企业根据碳减排政策调整和创新运营减排决策提供科学指导；研究揭示的关键系统参数能给企业提供信息预警，提高企业对关键系统参数的关注度；研究得到的鲁棒运营和减排策略可以为不同企业高利润低排放目标的实现提供决策建议与理论依据。

通过对碳减排政策下供应链运营与协调策略的研究，揭示碳减排政策对不同结构供应链成员决策行为和作用关系的影响，探索能够在经济和环境两个方面实现帕累托改进的供应链协调方案。相应的研究结果丰富了供应链运营管理的研究内容和研究视角，可以为碳达峰和碳中和环境下不同结构供应链重新认识成员关系提供理论依据，为供应链运营管理提供创新协调方案，为供应链成员实现经济和环境双重目标提供决策建议与科学指导。

1.3　主要研究内容与框架

本书由 11 章构成，各章主要内容和逻辑关系如下。

前两章介绍本书研究的现实背景和发展动态。第 1 章绪论，在介绍低碳供应链的现实背景后，陈述了本书的研究目的和研究价值，并简要介绍了本书的主要研究内容和整体框架。第 2 章梳理了低碳供应链的理论研究成果，对研究现状及发展动态进行评析和展望。

第 3 章到第 10 章是本书的核心，分为两个部分。第一部分由第 3 章到第 6 章组成，主要根据不同行业各自的特点研究企业的鲁棒运营策略。该部分从供应链企业的订购来源、是否投资、是否进行回收再制造等决策视角出发，研究碳减排政策下供应链企业的鲁棒运营策略。具体来说，第 3 章分析碳限额和碳交易政策下企业从单一供应源采购的鲁棒订购策略，第 4 章比较碳税和碳交易政策下企业从两个供应源采购的鲁棒订购策略，第 5 章对比碳限额和碳交易政策下企业进行减排投资的运营效果，第 6 章研究碳交易政策下企业是否应该进行回收再制造的问题。第二部分由第 7 章到第 10 章构成，主要研究具有不同特性的供应链在碳减排政策下的运营与协调策略。第 7 章研究双渠道供应链在碳限额政策下的定价和协调策略，第 8 章为风险厌恶型供应链的减排投资和协调策略提供可行方案，第 9 章为市场中存在可替代产品的供应链提供最优的投资和协调方案，第 10章研究具有学习效应的供应链在碳减排政策下的多周期订购与协调策略。

第 11 章是对本书研究成果的总结及后续研究方向的探讨和展望。

本书章节结构与主要研究内容之间的逻辑关系如图 1.1 所示。

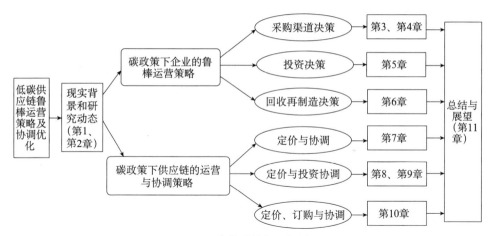

图 1.1 章节结构与逻辑关系

第2章　低碳供应链运营策略及协调研究的发展动态

本章归纳和梳理低碳减排环境下供应链企业运营策略及协调的研究动态，分析其发展方向，为本书的研究提供理论背景，为低碳供应链运营管理的实践工作提供理论基础和决策建议。

2.1　碳政策下企业运营策略的研究动态

近年来，随着人们环保意识的增强，碳减排得到了社会和业界的广泛关注。国际组织和政府颁布的各种碳减排政策给企业的运营决策（包括生产、采购、存储、定价和减排投资等）设置了不同的要求与规制。为了满足不同碳政策提出的排放要求，众多业界管理者和学者研究面对不同碳政策规制，企业应如何调整运营策略才能最大化自身利益。如陈曦等（Chen X. et al.，2013）、本贾法尔等（Benjaafar et al.，2013）、托普塔尔等（Toptal et al.，2014）、李进和张江华（2014）研究确定性需求情形下企业订购、减排投资、路径优化等策略的调整方案。陈旭和王晓军（Chen X. and Wang X.，2016）、江文和陈旭（Jiang W. and Chen X.，2016）、宋爽等（Song S. et al.，2017）、任杰等（Ren J. et al.，2020）、杜少甫等（Du S. et al.，2020）以及屈绍建等（Qu S. et al.，2021）研究随机需求情形下企业生产、订购、运输等决策的调整策略。一些学者，如阿布西等（Absi et al.，2013）、张斌和徐良（Zhang B. and Xu L.，2013）、陈旭等（Chen X. et al.，2016）考虑了不同需求情形下具有多个供应源的企业订购调整策略。阳成虎等（Yang C. H. et al.，2016）、王永健等（Wang Y. et al.，2017）考虑再制造企业的低碳运营策略。这些文献的共同特点是，在研究碳政策下的企业运营策略时均假设需求信息完全已知。然而，在现代经济社会中，即使企业掌握了大数据，想准确预测不确定需求的完全信息也是非常困难的。鉴于以上背景，本书主要研究随机需求信息不完全情形下企业的鲁棒减排运营策略。

2.1.1　制造企业的鲁棒运营策略

随着科技的进步和经济社会的快速发展，影响市场需求的不确定性因素越来越多，消费节奏的加快使企业在有限时间内获得完整的市场需求信息变得越来越困难。因此，如何利用有限的需求信息确定企业的生产、订购等运营决策具有重要现实意义。斯卡夫（Scarf，1958）在已知需求均值和方差情形下建立鲁棒报童模型，并给出极大化极小期望利润准则下的最优订购量。加列戈和沐恩（Gallego and Moon，1993）使用柯西·施瓦茨（Cauchy Schwartz）不等式重新证明了斯卡夫的最优订购量。自此以后，分布式鲁棒报童问题受到广泛关注。一些学者在犹豫行为、短缺成本惩罚、可转售退货、广告支出和配送选择、风险态度、联合决策等方面对该模型进行了扩展（Moon and Choi，1995；Ouyang and Chang，2002；Alfares and Elmorra，2005；Mostard et al.，2005；Kevork，2010；Liao et al.，2011；Lee and Hsu，2011；Güray Güler，2014；Kwon and Cheong，2014；孙彩虹，2014）。还有一些学者基于后悔值、乐观准则或信息熵的决策原则和风险态度，研究需求信息有限情形下的企业订购决策（Yue et al.，2006；Perakis and Roels，2008；Lan et al.，2011；Andersson et al.，2013；Kamburowski，2014；Raza，2014；Han et al.，2014；Kamburowski，2015；Raza and Rathinam，2017；Raza et al.，2018；Ninh et al.，2019）。上述文献主要从模型扩展和决策准则的选择两个方面研究需求信息有限时企业鲁棒运营决策的制定问题，没有考虑外部因素对企业鲁棒运营策略的影响。

随着碳减排政策的实施，企业的决策环境发生重大变革，这迫使企业在追求利润最大化的同时必须考虑环境因素，部分企业鲁棒运营决策的研究结果无法满足碳排放政策的约束。因此，一些学者开始研究碳减排政策下企业的鲁棒运营策略。如阳成虎等（Yang C. H. et al.，2019）分析有限需求信息下，企业在碳限额、碳税和碳交易三种碳政策下的新产品引入策略。陆金等（Lu J. et al.，2021）考察需求信息不完全的情况下，碳限额与补偿政策和碳交易政策对新产品制造商生产能力及低碳技术水平的影响。柏庆国等（Bai Q. et al.，2022）基于分布式鲁棒报童模型，采用胡尔维茨（Hurwicz）决策准则建立碳减排约束下的鲁棒优化模型，研究碳限额和碳税两种碳政策对有限需求信息下制造商最优生产决策的影响。与上述文献不同的是，本书在企业仅能获得随机需求部分信息的情形下，从不同碳减排政策、采购来源、减排投资等角度研究企业的生产、采购和减排投资等运营决策，分析这些运营决策在碳政策规制下对有限需求信息的鲁棒性。

2.1.2 再制造企业的运营策略

随着市场需求不确定性影响因素的增加，越来越多的学者和管理者基于报童模型来分析再制造系统的运营决策（Zhang，2008；Zhang and Ma，2009；Shi and Zhang，2010；Shi et al.，2011）。戈文丹等（Govindan et al.，2015）对再制造系统的早期研究成果进行了综合评述。穆塔等（Mutha et al.，2016）受手机回收再制造的启发，在需求不确定的基础上构建第三方再制造企业的两阶段序贯收购模型，研究再制造产品的生命周期如何影响最优采购决策。李响等（Li X. et al.，2016）分析需求不确定的再制造系统，比较按库存再制造和按订单再制造两种策略，利用报童模型求解两种再制造策略的最佳联合运作决策。王启飞等（Wang Q. et al.，2016）研究再制造企业的最优定价和生产策略，其中回收模式为自己定价的竞价机制。王冲等（Wang C. et al.，2017）利用报童模型求解随机需求和客户回报与价格相关时的最优定价和订购决策，着重研究顾客回报对企业经营战略的影响，并将单周期的结论推广到多周期场景。张富强和张仁玉（Zhang F. and Zhang R.，2018）研究客户购买行为和再制造效率对再制造企业经济与环境价值的影响，其中企业通过以旧换新收集旧产品并进行再制造。拉迪和张国庆（Radhi and Zhang G.，2019）利用报童模型研究不同的退货策略对双渠道零售系统经营决策的影响。

以上文献在研究过程中均假设再制造企业的运营决策不受外界政策的干扰，很少有文献研究碳排放政策规制下，面对随机需求的再制造企业运营策略。王永健等（2017）认为，在垄断制造体系中，制造商生产新产品和再制造产品以满足细分市场的资本约束、资本与贸易政策。他们在报童模型框架下确定这两种产品的最优生产决策。恩德海夫等（Ndhaief et al.，2020）研究环境约束下的联合生产与维护问题，以及制造/再制造环境下的可靠性问题。针对系统产生的排放量超过政府规定的碳排放上限会面临制裁的情形，他们构建三种模型来解决生产问题。哈吉吉等（Hajej et al.，2020）研究回收产品对制造/再制造系统生产和维修策略的影响，目标是确定制造与再制造单元在给定服务水平和有限时间内满足随机需求的经济生产计划。他们通过考虑降解对失效率和排放率的影响，确定每个生产单元的最佳预防性维护策略，使生产、维护和碳排放的总成本最小。以上文献在研究碳政策对再制造企业运营策略的影响过程中，均假设随机需求信息完全已知，因此采用期望损益值为决策目标。而刘碧玉等（Liu B. et al.，2015）则考虑回收品拆解利用率和需求信息获取的有限性，为再制造企业分别构建碳限额、碳税和碳交易三种政策下的分布式鲁棒报童模型，比较不同碳减排参数、拆解利用率和需求信息对再制造数量与利润的影响。而本书则从需求信息有限的角度出发，研究碳交易政策下再制造企业的生产和回收策略，并利用附加信息的价值（EVAI）考察模型对需求分布信息的鲁棒性。

2.2 碳政策下供应链运营及协调策略的研究动态

2.2.1 碳政策下供应链的单周期运营与协调策略

近年来，越来越多的业界管理者和学者研究碳排放政策对供应链运营决策的影响。陈剑（2012）对当前低碳供应链管理研究现状进行综述，并指出低碳供应链管理值得关注的方向。贾比尔等（Jaber et al.，2013）以二级供应链总成本最小为目标，在对碳排放量和生产率的函数关系进行假设后，通过数值分析的方法研究不同碳政策下供应链的最佳生产和零售商数量。杜少甫等（Du S. et al.，2015）假设当制造商的碳配额不足时可以向供应商购买碳排放许可，研究二级供应链的最优定价和生产决策。任杰等（Ren J. et al.，2015）考虑碳排放监管下按订单生产（make-to-order）的二级供应链，提出四个斯坦伯格博弈模型检验供应链碳减排目标的分配策略。丁慧平等（Ding H. et al.，2016）通过构建一个包含环境约束和碳限额约束的两级可持续供应链模型，探索使系统净现值最大化的供应链运营决策。董慈蔚等（Dong W. et al.，2016）研究碳交易政策下分散决策供应链和集中决策供应链的可持续产品投资决策。萨卡尔等（Sarkar et al.，2016）考虑可变运输和多次运输对三级供应链成本与碳排放的影响。李健等（Li J. et al.，2017）假设二级供应链的碳排放主要来源于制造商的生产和运输过程，构建碳交易管制和碳税联合管制下的决策优化模型，推导供应链的最优生产和运输决策。戈什等（Ghosh et al.，2017）在碳排放限额规制下，研究使供应链总期望成本最小的出货量。达里安托等（Daryanto et al.，2019）假设运输和减排政策影响燃料消耗、成本与碳排放，研究包括运输、仓储和变质品处理的三级供应链成本与碳排放优化问题。安思敏等（An S. et al.，2021）构建一个由制造商和供应商组成的二级供应链，在供应商面临不确定的需求、资金受限的制造商可以向银行寻求绿色融资的情况下，研究制造商的最优生产量和供应商的最优批发价格。保罗和吉里（Paul and Giri, 2022）通过建立线性和等弹性需求模型，研究由政府、制造商和零售商组成的三级供应链，阐明碳交易机制下可持续发展和盈利能力之间的关系。

上述文献的共同特点是针对碳政策下链式供应链的运营策略进行研究，还有一些文献研究碳排放政策对多渠道供应链运营决策的影响。例如，熊中楷等（2014）分析并比较碳税和消费者环保意识对两种渠道结构下制造商单位碳排放量及供应链成员利润的影响。何容瑶等（He R. et al., 2016）研究采用双渠道销售模式的二级闭环供应链，主要探讨在碳税政策约束下消费者"搭便车"行为对碳排放的影响，但没有考虑供应链的协调问题。纪静娜等（Ji J. et al., 2017）将碳交易和消费者低碳偏好引入双渠道供应链，研究供应链成员的定价和减排决策。陈山等（Chen S. et al., 2017）研究双渠道供应链在集中决策和分散决策下的最优可持续性水平与最优定价策略，发现在集中和分散决策系统中渠道的可持续性水平对定价决策有不同的影响。祁琪等（Qi Q. et al., 2017）考虑零售商之间的竞争性，探索碳限额管制下两级供应链的最优批发价格和零售价格。辛冲等（Xin C. et al., 2019）将碳减排技术创新和消费者渠道偏好引入双渠道供应链，利用斯坦克尔伯格（Stackelberg）博弈方法确定最优定价、减排水平和利润。古斯特等（Ghosh et al., 2020）考虑产品的兼容性和随机需求对碳排放量的敏感性，研究碳交易政策下双渠道供应链的渠道策略，认为产品的兼容性是决定供应链成员最优渠道策略的关键因素。曹开颖等（Cao K. et al., 2020）在再制造产品和新产品同时销售的场景下，研究再制造补贴政策和碳税政策下双渠道供应链的最优生产与定价决策，并比较两种政策的社会效益。汪忠瑞和吴庆华（Wang Z. and Wu Q., 2021）研究碳交易政策监管下闭环供应链的碳减排策略和废旧产品回收策略。上述文献在研究过程中主要关注双渠道供应链在不同碳减排政策规制下运营策略的调整和创新，忽略了供应链帕累托改进的可能性和空间。

还有一些学者重点研究碳排放规制对供应链协调的影响。例如杜少甫等（2013）在碳排放来自生产过程的假设下，研究碳交易政策下二级供应链系统实现帕累托改进的条件。谢鑫鹏和赵道致（2013）通过研究制造型企业间的合作减排问题，证明合作减排和联合定价能够实现高效减排且获得较高利润。鲁力和陈旭（2014）利用回购契约，分别对碳排放限额、碳税和碳交易政策下面对随机市场需求的二级供应链进行协调。董慈蔚等（2016）考虑碳排放管制下分散决策和集中决策供应链的可持续投资问题。通过考察不同契约对供应链协调的有效性，他们发现在回购契约、两部制契约和收益共享契约中，只有收益共享契约能够协调供应链。徐健腾等（Xu J. et al.，2016）考虑碳交易政策下按订单生产的二级供应链，假设碳排放主要由生产过程产生，分析并比较两种契约对供应链的协调效果。泰瑞和切廷卡亚（Toptal and Cetinkaya，2017）考虑一个具有恒定需求率的二级供应链，在碳排放来源于生产和库存活动时，研究碳交易和碳税政策对供应链协调的影响。徐朗和汪传旭（Xu L. and Wang C.，2017）在分析集中决策供应链与分散决策供应链的最优定价与减排投资决策的基础上，设计收益—成本分担契约来协调供应链。他们发现该收益—成本分担契约可以鼓励供应链成员增加投资，降低零售价格。徐小平等（Xu X. et al.，2017）和徐朗等（Xu L. et al.，2018）分别研究碳交易政策下供应链的绿色技术投资协调与渠道协调问题。柏庆国等（Bai Q. et al.，2019）考虑一个供应商管理库存（VMI）的二级供应链，其中两个零售商竞争销售易变质产品。他们研究碳减排规制对该供应链运营决策的影响，并提出用收益共享契约来改善分散系统的经济和环境效益。马雪丽等（Ma X. et al.，2020）将第三方物流服务供应商（TPLSPs）的保鲜工作作为研究对象，探讨供应链的协调机制。海达里等（Heydari et al.，2021）假设需求受到销售价格和产品绿色质量的影响，研究两级供应链的绿色渠道协调问题，并提出一种"绿化成本共享"和"收益共享"相结合的契约来协调供应链。

与上述文献相比，本书的特点表现在：（1）考察碳限额规制对两级双渠道供应链运营决策的影响，并比较该规制下两种价格折扣契约的协调效果。（2）将风险态度引入供应链运营决策，研究碳政策下风险厌恶型供应链的减排技术投资与协调问题。（3）探索产品的可替代性在供应链减排技术投资和协调中的作用机制。

2.2.2　碳政策下供应链的多周期运营与协调策略

由于多周期运营的复杂性，目前研究碳政策下供应链多周期运营与协调的文献相对较少。穆罕默德等（Mohammed et al.，2017）在两种不确定性下提出研究碳足迹的多周期多产品闭环供应链设计与规划优化模型。通过多场景研究需求和收益的不确定性，通过有界盒子集研究供应链相关活动引起的碳排放的不确定性，并采用鲁棒优化方法求解。原白云等（Yuan B. et al.，2019）研究碳交易政策下制造商的多期减排问题，利用离散时间最优控制理论探讨使净利润之和最大化的各时段最优减排策略。冯玉强等（Feng Y. et al.，2022）针对市场需求和单位运输碳排放不确定的情况，提出基于碳限额和碳交易机制的碳排放约束的鲁棒多供应商多周期库存模型。选取产品质量、订货成本、服务水平、应急能力作为各供应商的评价标准，运用层次分析法（AHP）对各供应商进行综合评价和评分。

上述文献在研究过程中主要关注不同碳减排政策规制下供应链多周期运营策略的制定和调整，只有少数文献研究供应链多周期运营的协调问题。蔡燦明（Choi T. M.，2016）通过均值—方差方法探索时装产品的多期风险最小化库存模型，在模型扩展中对供应链协调进行探索，并为上游制造商提供可执行的供应契约来改进供应链的收益。战雪丽等（Zhan X. et al.，2019）构建碳税政策下两个制造商和消费者的双寡头博弈模型，在求解单周期均衡解后，进一步建立多周期动态博弈模型对多渠道回收进行协调，并分析碳税对系统稳定性的影响。与上述研究不同的是，本书从产品的易腐性、学习效应等角度构建多周期供应链运营与协调优化模型，重点研究碳交易监管和成本学习效应对供应链运营与协调的影响。

2.3 研究现状评析

从以上研究动态可以看出，对低碳经济环境下供应链运营与协调策略的研究，范围广泛、成果丰富，推动了现代供应链运营管理理论的发展。然而，当前的研究在以下方面还存在不足。

从碳政策下企业鲁棒运营策略的研究动态可以看出，从信息有限性的角度研究企业运营策略的文献较多，而在碳减排环境下研究企业鲁棒运营策略的文献相对较少，少数研究碳减排环境下企业运营策略的文献也主要集中在需求和相关信息完全已知的假设之上。这说明碳政策下企业鲁棒运营策略的研究正处于初级阶段，面对有限的需求信息，企业的经营决策和社会实践需要科学的理论指导与决策支持。鉴于此，本书从不同碳减排政策、多个采购来源、减排投资和回收再制造等角度研究碳政策下企业的鲁棒运营策略，探索不同角度下企业运营策略对有限需求信息的稳健性。

从碳政策下供应链运营与协调策略的研究动态可以看出，研究单周期供应链运营与协调策略的文献相对较多，而研究多周期供应链运营与协调策略的文献较少。其中，研究单周期供应链运营策略的文献主要集中在单一渠道的链式供应链结构，重点研究碳减排政策对供应链生产、运输和存储等运营决策的影响，很少考虑销售渠道、风险态度、产品可替代性等因素对碳政策下供应链运营与协调策略的影响。这说明碳减排政策的实施不但给供应链低碳运营管理带来挑战，使供应链协调的内容和意义更加丰富，而且增加了供应链多周期运营与协调的难度，使其成为生产实践中亟须解决的问题之一。鉴于此，本书从销售渠道、风险态度、产品可替代性等角度研究单周期供应链的低碳运营与协调策略，并从产品的易腐性、成本学习效应等角度研究多周期供应链的低碳运营与协调策略。

第3章 碳限额和碳交易政策下的鲁棒订购策略

3.1 引　言

近年来随着人们环境意识的增强，碳减排政策下企业订购决策的变化受到了不少学者的关注。如宋敬普和冷明明（Song J. and Leng M.，2012）基于报童模型研究碳限额、碳税和碳配额与交易（以下简称碳交易）三种政策下制造企业的最优生产决策。蔡燦明（Choi T. M.，2013）、阿里坎和贾默内格（Arikan and Jammernegg，2014）基于报童模型分别研究碳税和碳限额政策下时尚行业快速反应系统的最优库存策略与两种供应选择策略。马尼卡斯和克罗斯（Manikas and Kroes，2015）假设企业订货和库存环节产生碳排放，基于报童问题设计了一种正向购买启发式算法来确定碳配额与交易政策下的最优生产计划和排放交易策略。德雷克等（Drake et al.，2016）在碳交易和碳税政策下构建技术选择模型，通过比较发现碳交易政策下碳排放价格不确定性时的期望利润比碳税政策下恒定碳排放价格时的期望利润大。

上述研究的主要特点是假设市场需求的概率分布是完全已知的，在历史数据充分的情况下，这是一个有效的假设。然而，随着生活节奏的加快和产品生命周期的缩短，企业能获得的历史数据十分有限，准确估计市场需求的概率分布存在很大困难。因此，根据有限需求信息制定运作决策成为企业运营决策的常态。为了帮助企业根据有限信息作出对参数变动具有鲁棒性的运营策略，斯卡夫（Scarf，1958）以及加列戈和沐恩（Gallego and Moon，1993）在假设有限信息为需求的均值和方差时，为报童问题构建分布式鲁棒优化模型，得到了最优鲁棒订购量的解析式，并讨论了几种扩展形式。后来这个模型被很多学者从犹豫行为、短缺成本惩罚、可转售退货、广告支出、免费配送等方面进行了扩展（Moon and Choi，1995；Alfares and Elmorra，2005；Lee and Hsu，2011；Kwon and Cheong，2014；Pal et al.，2015）。基于这个方法，一些学者研究碳减排政策下企业如何根据有限信息制定企业运营策略。例如，阳成虎和陆金等分别研究有限需求信息下，碳减排政策对新产品引入和生产能力的影响。柏庆国和陈明远（Bai Q. and Chen M.，2016）研究碳减排政策对双货源企业订购策略的影响。假设订购数量少于需求，企业从第二供应商采购产品满足剩余需求，通过构建碳税和碳交易政策下的分布式鲁棒优化模型，求解和比较两种政策下企业的最优订购策略。本章研究碳限额和碳交易政策下企业的订购决策，重点比较在有限信息情形下这两种碳减排政策对企业订购决策的影响。

3.2　问题描述和参数设定

假设一个企业销售一种产品，产品的市场需求 D 是随机的，其概率分布 G 属于均值为 u、方差为 σ^2 的累积分布函数族 Ψ（Gallego and Moon，1993；Moon and Choi，1995；Lee and Hsu，2011）。在销售季节开始前企业以单位成本 c 订购 Q 单位的产品以满足市场需求。当 Q > D 时，剩余库存将以单价 v 被回收；反之会出现缺货。假设 s 为单位缺货成本，p 为单位销售价格。不失一般性，可以假设 p > c > v。本章使用的主要参数及含义见表 3.1。

表 3.1　　　　　　　　　主要参数符号及含义

参数符号	含义
p	单位销售价格
c	单位订购成本
v	单位未出售产品残值
s	单位短缺成本
D	随机市场需求
u	需求期望值
s	需求的标准差
G	u 和 s 已知时，需求的分布函数
ψ	u 和 s 已知时，需求的累积分布函数
$\hat{c}$	订购过程中产生的单位碳排放
$\hat{v}$	存储过程中产生的单位碳排放
C	碳排放限额
c_p	单位碳排放交易价格

续表

参数符号	含义
决策变量	
Q	订购量
目标函数	
$\Pi_0(Q)$	不考虑碳排放时的期望利润
$J(Q)$	碳排放量
$\Pi_1(Q)$	碳限额政策下的期望利润
$\Pi_2(Q)$	碳交易政策下的期望利润

根据上述参数定义，在给定概率分布 G 的情形下企业的期望利润可以表示为：

$$\Pi_0(Q) = pE(\min(D,Q)) + vE(Q-D)^+ - sE(D-Q)^+ - cQ \qquad (3.1)$$

其中 $x^+ = \max\{x, 0\}$，$x = Q - D$ 或 $x = D - Q$。式（3.1）中第一项是企业的销售收入，第二项是剩余库存的残值收入，第三项是缺货成本，第四项是订货成本。

由于订购和存储过程是碳排放的两个主要来源，依据本贾法尔（Benjaafar et al.，2013）和金明洲等（Jin M. et al.，2014）的研究，期望碳排放总量可以表示为：

$$J(Q) = \hat{c}Q + \hat{v}E(Q-D)^+ \qquad (3.2)$$

利用 $\min(D, Q) = D - (D-Q)^+$ 和 $(Q-D)^+ = Q - D + (D-Q)^+$，式（3.1）和式（3.2）可以简化为：

$$\Pi_0(Q) = (P-v)u - (p-v+s)E(Q-Q)^+ + (v-c)Q \qquad (3.3)$$

和

$$J(Q) = (\hat{c}+\hat{v})Q - \hat{v}u + \hat{v}E(D-Q)^+ \qquad (3.4)$$

3.3 不同碳排放规制下的数学模型

本节建立碳限额和碳交易政策下的分布式鲁棒报童模型，给出最优解的解析表达式并对结果进行比较。

3.3.1　碳限额政策下的分布式鲁棒优化模型

在碳限额政策下，政府为企业设置碳排放上限 C，当企业的总碳排放量超过 C 时，将被迫停止运营。在碳限额政策下，企业只能根据有限的需求信息制定最优订购决策，在最大化自身期望利润的同时，还要保证碳排放总量在碳限额范围内才能保证正常运营。从式（3.3）和式（3.4）可知，企业的期望利润和总碳排放量受到需求不确定性影响。为了保证最终订购决策能应对所有可能的需求分布，我们以最坏分布下的期望利润和碳排放量为目标构建数学模型。此时，碳限额政策下的分布式鲁棒优化模型表示为：

$$(\mathrm{P}_1) \ \max_{Q} \min_{G \in \psi} \Pi_1(Q) \tag{3.5}$$

$$\mathrm{s.\,t.} \quad \max_{G \in \psi} J(Q) \leqslant C \tag{3.6}$$

$$Q \geqslant 0 \tag{3.7}$$

其中 $\Pi_1(Q) = \Pi_0(Q)$。

引理 3.1　若已知随机变量 D 的均值 u 和方差 σ^2，则有 $E(D-Q)^+ \leqslant \dfrac{\sqrt{\sigma^2 + (Q-u)^2} - (Q-u)}{2}$，且存在两点分布使等号成立（Gallego and Moon, 1993）。

根据引理 3.1 可知 $E(D-Q)^+ \leqslant \dfrac{\left[\sigma^2 + (Q-u)^2\right]^{\frac{1}{2}} - (Q-u)}{2}$。令 P_0 为一个无碳排放约束的分布式鲁棒优化模型，则 $\Pi_0(Q)$ 为给定需求分布时问题 P_0 的期望利润。设 $\Pi_0^G(Q) = \min\limits_{G \in \psi} \Pi_0(Q)$ 为所有需求分布中对应的最小期望利润，Q_0^* 为问题 P_0 的最优订购量。利用式（3.3）和引理 3.1 可以得到问题 P_0 的最优订购量和期望利润分别为：

$$Q_0^* = u + \frac{\sigma}{2}\left(\sqrt{\frac{A_0}{B_0}} - \sqrt{\frac{B_0}{A_0}}\right) \tag{3.8}$$

和

$$\Pi_0^G(Q_0^*) = (p-c)u - \sigma\sqrt{A_0 B_0} \tag{3.9}$$

其中 $A_0 = p + s - c$ 和 $B_0 = c - v$。式（3.8）和式（3.9）的计算参考阿尔法斯和埃尔莫拉（Alfares and Elmorra, 2005）的研究。引理 3.1 中两点分布存在的条件

是 $\sqrt{\dfrac{A_0}{B_0}} \geqslant \dfrac{\sigma}{u}$，利用这个不等式，可以从式（3.8）中得到 $Q_0^* \geqslant \dfrac{\sigma^2 + u^2}{2u}$。

令 $\Pi_1^G(Q) = \min\limits_{G \in \psi} \Pi_1(Q)$，$J^G(Q) = \max\limits_{G \in \psi} J(Q)$。利用引理 3.1 和式（3.3）、式（3.4）可以发现存在两点分布使 $J(Q)$ 最大时 $\Pi_1(Q)$ 最小。因此有：

$$\Pi_1^G(Q) = (p - v)u - (p - v + s) \frac{[\sigma^2 + (Q - u)^2]^{\frac{1}{2}} - (Q - u)}{2} + (v - c)Q$$

$$\tag{3.10}$$

和

$$J^G(Q) = (\hat{c} + \hat{v})Q - \hat{v}u + \hat{v} \frac{[\sigma^2 + (Q - u)^2]^{\frac{1}{2}} - (Q - u)}{2} \tag{3.11}$$

由式（3.11）可以得出如下结论。

引理 3.2 对于问题 P_1，$J^G(Q)$ 是一个递增凸函数。

证明：对式（3.11）中的 $J^G(Q)$ 关于 Q 求一阶导数，得到：

$$\frac{\partial J^G(Q)}{\partial Q} = \hat{c} + \hat{v} + \frac{1}{2}\hat{v}\{[\sigma^2 + (Q - u)^2]^{-\frac{1}{2}}(Q - u) - 1\}$$

$$= 2[\sigma^2 + (Q - u)^2]^{-\frac{1}{2}}\{(2\hat{c} + \hat{v})[\sigma^2 + (Q - u)^2]^{\frac{1}{2}} + \hat{v}(Q - u)\}$$

$$\tag{3.12}$$

显然，若 $Q \geqslant u$，$\dfrac{\partial J^G(Q)}{\partial Q} > 0$ 成立。否则，根据 $(2\hat{c} + \hat{v})^2\sigma^2 + 4\hat{c}(\hat{c} + \hat{v})$ $(Q - u)^2 > 0$ 有 $(2\hat{c} + \hat{v})^2[\sigma^2 + (Q - u)^2] > \hat{v}^2(Q - u)^2$ 和 $(2\hat{c} + \hat{v})[\sigma^2 + (Q - u)^2]^{\frac{1}{2}} > \hat{v}(u - Q)$。从 $\dfrac{\partial J^G(Q)}{\partial Q} > 0$ 可以得出，$J^G(Q)$ 是增函数。因为 $J^G(0) = \dfrac{\hat{v}}{2}(\sigma^2 + u^2)^{\frac{1}{2}} - u > 0$，可以得到 $J^G(Q) > 0$ 对所有的 $Q \geqslant 0$ 成立。

$J^G(Q)$ 关于 Q 求二阶导数有 $\dfrac{\partial^2 J^G(Q)}{\partial Q^2} = \dfrac{\hat{v}\sigma^2}{2}[\sigma^2 + (Q - u)^2]^{-\frac{3}{2}} > 0$。所以 $J^G(Q)$ 是关于 Q 的递增凸函数。

引理 3.2 表明对于问题 P_1，增加订购量会导致碳排放的增加。值得注意的是，较高的碳排放上限在一定程度上能激励企业执行碳减排政策。结合引理 3.1 中两点分布的可行性，我们假设在问题 P_1 中有 $C \geqslant \dfrac{\hat{c}(\sigma^2 + u^2) + \hat{v}\sigma^2}{2u}$ 成立［陈曦等（Chen X. et al.，2013）进行了类似假设］。

设问题 P_1 的最优订购量为 Q_1^*，则有以下结论。

定理 3.1 问题 P_1 的最优订货量 $Q_1^* = \min\{Q_0^*, Q_{11}\}$，其中 Q_0^* 满足式

（3.8）和式（3.13）：

$$Q_{11} = \frac{(2\hat{c} + \hat{v})C + \hat{c}\hat{v}u - \hat{v}\sqrt{C^2 - 2C\hat{c}u + \hat{c}[\hat{c}(\sigma^2 + u^2) + \hat{v}\sigma^2]}}{2\hat{c}(\hat{c} + \hat{v})} \quad (3.13)$$

而且当 $Q_1^* = Q_0^*$ 时，有 $J^G(Q_1^*) < C$。

证明：对式（3.10）中的 $\Pi_1^G(Q)$ 关于 Q 求一阶和二阶导数可得：

$$\frac{\partial \Pi_1^G(Q)}{\partial Q} = -\frac{1}{2}(p - v + s)\{[\sigma^2 + (Q - u)^2]^{-\frac{1}{2}}(Q - u) - 1\} + v - c \quad (3.14)$$

$$\frac{\partial^2 \Pi_1^G(Q)}{\partial Q^2} = -\frac{1}{2}(p - v + s)\sigma^2[\sigma^2 + (Q - u)^2]^{-\frac{3}{2}} \quad (3.15)$$

因为 $\dfrac{\partial^2 \Pi_1^G(Q)}{\partial Q^2} < 0$，因此 $\Pi_1^G(Q)$ 是 Q 的凹函数。又因为 $J^G(Q) \leqslant C$ 是凸集，所以问题 P_1 的最优解存在。

构建拉格朗日函数：

$$L(Q, \lambda) = (p - v)u - \frac{(p - v + s)}{2}\{[\sigma^2 + (Q - u)^2]^{\frac{1}{2}} - (Q - u)\} + (v - c)Q$$

$$+ \lambda\left\{C - (\hat{c} + \hat{v})Q + \hat{v}u - \hat{v}\frac{[\sigma^2 + (Q - u)^2]^{\frac{1}{2}} - (Q - u)}{2}\right\} \quad (3.16)$$

根据 KKT 条件可得：

$$-\frac{1}{2}(p - v + s + \lambda\hat{v})\{[\sigma^2 + (Q - u)^2]^{-\frac{1}{2}}(Q - u) - 1\} + v - c - \lambda(\hat{c} + \hat{v}) = 0 \quad (3.17)$$

$$\lambda\left\{C - (\hat{c} + \hat{v})Q + \hat{v}u - \hat{v}\frac{[\sigma^2 + (Q - u)^2]^{\frac{1}{2}} - (Q - u)}{2}\right\} = 0 \quad (3.18)$$

$$\lambda \geqslant 0 \quad (3.19)$$

下面通过对两种情形的讨论完成证明。

情形 1：$\lambda > 0$。从式（3.18）可得：

$$C - (\hat{c} + \hat{v})Q + \hat{v}u - \hat{v}\frac{[\sigma^2 + (Q - u)^2]^{\frac{1}{2}} - (Q - u)}{2} = 0 \quad (3.20)$$

和

$$\hat{v}[\sigma^2 + (Q - u)^2]^{\frac{1}{2}} = 2C + \hat{v}u - (2\hat{c} + \hat{v})Q \quad (3.21)$$

记式（3.21）的两个根分别为 Q_{11} 和 Q_{12}，则有：

$$Q_{11} = \frac{(2\hat{c} + \hat{v})C + \hat{c}\hat{v}u - \hat{v}\sqrt{C^2 - 2C\hat{c}u + \hat{c}[\hat{c}(u^2 + \sigma^2) + \hat{v}\sigma^2]}}{2\hat{c}(\hat{c} + \hat{v})} \quad (3.22)$$

$$Q_{12} = \frac{(2\hat{c} + \hat{v})C + \hat{c}\hat{v}u + \hat{v}\sqrt{C^2 - 2C\hat{c}u + \hat{c}[\hat{c}(u^2 + \sigma^2) + \hat{v}\sigma^2]}}{2\hat{c}(\hat{c} + \hat{v})} \quad (3.23)$$

可以证明 $C^2 - 2C\hat{c}u + \hat{c}[\hat{c}(u^2 + \sigma^2) + \hat{v}\sigma^2] > 0$。因此，对任意的 C，$Q_{11}$ 和 Q_{12} 都存在。

由于 $[\sigma^2 + (Q - u)^2]^{\frac{1}{2}} > 0$，式（3.21）的根应该满足以下条件：

$$Q < \frac{2C + \hat{v}u}{2\hat{c} + \hat{v}} \quad (3.24)$$

下面我们证明 $Q_{12} \geqslant \dfrac{2C + \hat{v}u}{2\hat{c} + \hat{v}}$ 和 $Q_{11} < \dfrac{2C + \hat{v}u}{2\hat{c} + \hat{v}}$。如果 $Q_{12} < \dfrac{2C + \hat{v}u}{2\hat{c} + \hat{v}}$，则有：

$$\frac{(2\hat{c} + \hat{v})C + \hat{c}\hat{v}u + \hat{v}\sqrt{C^2 - 2C\hat{c}u + \hat{c}[\hat{c}(u^2 + \sigma^2) + \hat{v}\sigma^2]}}{2\hat{c}(\hat{c} + \hat{v})} < \frac{2C + \hat{v}u}{2\hat{c} + \hat{v}}$$

$$(3.25)$$

化简后可得：

$$(2\hat{c} + \hat{v})\sqrt{C^2 - 2C\hat{c}u + \hat{c}[\hat{c}(u^2 + \sigma^2) + \hat{v}\sigma^2]} < \hat{v}(\hat{c}u - C) \quad (3.26)$$

显然，当 $\hat{c}u < C$ 时，出现矛盾。当 $\hat{c}u > C$ 时，化简式（3.26）可得：

$$4\hat{c}(\hat{c} + \hat{v})C^2 - 8u\hat{c}^2(\hat{c} + \hat{v})C + (2\hat{c} + \hat{v})^2[\hat{c}^2(u^2 + \sigma^2) + \hat{c}\hat{v}\sigma^2] - (\hat{c}\hat{v}u)^2 < 0$$

$$(3.27)$$

令 $f(C) = 4\hat{c}(\hat{c} + \hat{v})C^2 - 8u\hat{c}^2(\hat{c} + \hat{v})C + (2\hat{c} + \hat{v})^2[\hat{c}^2(u^2 + \sigma^2) + \hat{c}\hat{v}\sigma^2] - (\hat{c}\hat{v}u)^2$，则有 $f'(C) = 8\hat{c}(\hat{c} + \hat{v})(C - \hat{c}u)$。当 $\hat{c}u > C$ 时 $f'(C) < 0$，所以 $f(C)$ 是 C 的减函数且有 $f(C) > f(\hat{c}u)$，其中 $f(\hat{c}u) = (2\hat{c} + \hat{v})^2\hat{c}(\hat{c} + \hat{v})\sigma^2 > 0$。所以，$f(C) > 0$，这与式（3.27）矛盾。因此，$Q_{12} \geqslant \dfrac{2C + \hat{v}u}{2\hat{c} + \hat{v}}$ 成立。

类似地，可以证明 Q_{11} 满足式（3.24），即 $Q_{11} < \dfrac{2C + \hat{v}u}{2\hat{c} + \hat{v}}$。此外，从式（3.20）可以得到 $J^G(Q_{11}) = C$。利用 $C \geqslant \dfrac{\hat{c}(\sigma^2 + u^2) + \hat{v}\sigma^2}{2u}$，$J^G\left(\dfrac{\sigma^2 + u^2}{2u}\right) = \dfrac{\hat{c}(\sigma^2 + u^2) + \hat{v}\sigma^2}{2u}$ 和引理 3.2 中 $J^G(Q)$ 的单调性可得，$Q_{11} \geqslant \dfrac{\sigma^2 + u^2}{2u}$。因为 $C \geqslant \dfrac{\hat{c}(\sigma^2 + u^2) + \hat{v}\sigma^2}{2u}$，所以 $\dfrac{2C + \hat{v}u}{2\hat{c} + \hat{v}} > \dfrac{\sigma^2 + u^2}{2u}$，这意味着 Q_{11} 存在。

另外，根据式（3.17）可得：

$$Q_\lambda = u + \frac{\sigma}{2}\Big[\Big(\frac{p+s-c-\lambda\hat{c}}{\lambda\hat{c}+\lambda\hat{v}+c-v}\Big)^{\frac{1}{2}} - \Big(\frac{\lambda\hat{c}+\lambda\hat{v}+c-v}{p+s-c-\lambda\hat{c}}\Big)^{\frac{1}{2}}\Big]。 \tag{3.28}$$

由于 $\lambda > 0$，我们有 $p+s-c-\lambda\hat{c} < p+s-c$ 且 $\lambda\hat{c}+\lambda\hat{v}+c-v > c-v$。因此，以下不等式成立：

$$\frac{p+s-c-\lambda\hat{c}}{\lambda\hat{c}+\lambda\hat{v}+c-v} < \frac{p+s-c}{c-v} \tag{3.29}$$

故 $Q_\lambda < Q_0^*$。显然，如果式（3.22）中的 $Q_{11} < Q_0^*$，则有 $Q_1^* = Q_{11}$。

情形 2：$\lambda = 0$。此时将 $\lambda = 0$ 代入式（3.17），整理可得：

$$Q = u + \frac{\sigma}{2}\Big[\Big(\frac{p+s-c}{c-v}\Big)^{\frac{1}{2}} - \Big(\frac{c-v}{p+s-c}\Big)^{\frac{1}{2}}\Big] \tag{3.30}$$

式（3.30）中 Q 与式（3.8）中的 Q_0^* 相同。下面考察式（3.30）的最优条件。利用引理 3.2 和 $J^G(Q) \leqslant C$ 可以得到 $Q \leqslant Q_{11}$，因为 Q_{11} 是式（3.21）中 $J^G(Q) = C$ 的唯一解。根据 $\Pi_1^G(Q)$ 的凸性可知，如果 Q_0^* 满足 $Q_0^* \leqslant Q_{11}$，则 $Q_1^* = Q_0^*$；否则 $Q_1^* = Q_{11}$。

定理 3.1 给出了问题 P_1 的最优订购量。从该定理可以看出当 $Q_0^* < Q_{11}$ 时，根据碳排放上限的规定，企业的最优订购量和没有碳减排政策规制时的最优订购量一样，且碳排放量低于碳限额。这意味着当 $Q_0^* < Q_{11}$ 时，企业订购决策不受碳限额影响。当 $Q_0^* \geqslant Q_{11}$ 时，碳限额政策下的最优订购量低于或等于没有碳减排政策规制时的最优订购量，并且碳排放量正好等于碳限额。此外，在碳限额政策管制下企业的最优订购量是依赖碳限额 C 的，这意味着碳限额政策确实会影响企业的订购决策。

由定理 3.1 还可以得到以下结果。

推论 3.1　对于问题 P_1 下面的结论成立：

（1）如果 $Q_0^* < Q_{11}$，有限信息下的最大期望利润是销售价格的递增凸函数，碳排放量是销售价格的递增凹函数；

（2）如果 $Q_0^* \geqslant Q_{11}$，有限信息下的最大期望利润是销售价格的增函数，碳排放量不受销售价格的影响。

证明：（1）当 $Q_0^* < Q_{11}$ 时，从定理 3.1 可得 $Q_1^* = Q_0^*$。将其代入式（3.10）、式（3.11）可得：

$$\Pi_1^G(Q_1^*) = (p-c)u - \sigma\sqrt{A_0 B_0} \tag{3.31}$$

$$J^G(Q_1^*) = \hat{c}u + \frac{(\hat{c}+\hat{v})\sigma}{2}\sqrt{\frac{A_0}{B_0}} - \frac{\hat{c}\sigma}{2}\sqrt{\frac{B_0}{A_0}} \tag{3.32}$$

将式（3.31）中的 $\Pi_1^C(Q_1^*)$ 关于 p 求一阶和二阶导数，并利用 $\sqrt{\dfrac{A_0}{B_0}} > \dfrac{\sigma}{u}$ 化简可得：

$$\frac{\partial \Pi_1^C(Q_1^*)}{\partial p} = u - \frac{\sigma}{2}\sqrt{\frac{B_0}{A_0}} > 0 \tag{3.33}$$

$$\frac{\partial^2 \Pi_1^C(Q_1^*)}{\partial p^2} = \frac{\sigma}{4A_0}\sqrt{\frac{B_0}{A_0}} > 0 \tag{3.34}$$

上面两式意味着 $\Pi_1^C(Q_1^*)$ 是 p 的递增凸函数。

对式（3.32）中的 $J^C(Q_1^*)$ 关于 p 求一阶和二阶导数可得：

$$\frac{\partial J^C(Q_1^*)}{\partial p} = \frac{\sigma(\hat{c}+\hat{v})B_0}{4\sqrt{A_0 B_0}} + \frac{\sigma\hat{c}}{4A_0}\sqrt{\frac{B_0}{A_0}} > 0 \tag{3.35}$$

$$\frac{\partial^2 J^C(Q_1^*)}{\partial p^2} = \frac{\sigma(\hat{c}+\hat{v})}{8A_0\sqrt{A_0 B_0}} - \frac{3\sigma\hat{c}}{8A_0^2}\sqrt{\frac{B_0}{A_0}} < 0 \tag{3.36}$$

上面两式说明 $J^C(Q_1^*)$ 是 p 的递增凹函数。

（2）当 $Q_0^* \geq Q_{11}$ 时，从定理 3.1 可得 $Q_1^* = Q_{11}$。将其代入式（3.10），并对 $\Pi_1^C(Q_1^*)$ 关于 p 求一阶导数可得：

$$\frac{\partial \Pi_1^C(Q_1^*)}{\partial p} = \frac{Q_{11} + u - [\sigma^2 + (Q_{11}-u)^2]^{\frac{1}{2}}}{2} > 0 \tag{3.37}$$

这说明 $\Pi_1^C(Q_1^*)$ 是 p 的增函数。从定理 3.1 可知，当 $Q_0^* \geq Q_{11}$ 时 $J^C(Q_1^*) = C$。因此，此时 $J^C(Q_1^*)$ 与 p 无关。

推论 3.1 分析了问题 P_1 中销售价格对最优期望利润和碳排放量的影响。推论 3.1（1）表明如果 $Q_0^* < Q_{11}$，较高的销售价格会带来更高的利润，但同时也会增加碳排放量。推论 3.1（2）表明如果 $Q_0^* \geq Q_{11}$，较高的销售价格会带来更高的利润，而碳排放量不会受到影响。

通过比较问题 P_1 和 P_0 可以得到以下结论。

定理 3.2 问题 P_1 的最优期望利润和碳排放量小于问题 P_0 的最优期望利润和碳排放量，即 $\Pi_1^C(Q_1^*) \leq \Pi_0^C(Q_0^*)$，$J^C(Q_1^*) \leq J^C(Q_0^*)$。

证明：因为 Q_1^* 和 Q_0^* 分别是问题 P_0 的可行解和最优解，所以有 $\Pi_1^C(Q_1^*) \leq \Pi_0^C(Q_0^*)$。根据定理 3.1 可以得到 $J^C(Q_1^*) \leq J^C(Q_0^*)$。

定理 3.2 表明碳限额政策对碳排放的管控有效。定理 3.1 和定理 3.2 表明，当 $Q_{11} > Q_0^*$ 时，有 $\Pi_1^C(Q_1^*) = \Pi_0^C(Q_0^*)$ 和 $J^C(Q_1^*) = J^C(Q_0^*)$ 成立。否则，有

$\Pi_1^C(Q_1^*) < \Pi_0^C(Q_0^*)$ 和 $C = J^C(Q_1^*) < J^C(Q_0^*)$ 成立。这些结果可以通过以下现象得到解释。在实践中，当政府制定碳减排政策（碳限额政策）时，投机心理会使企业决策者想要使企业的碳排放量接近或等于政府规定的排放上限。在这种情况下，企业获得的利润较少。定理 3.2 建议企业在碳限额政策下通过采用与无碳减排政策下相同的订货决策避免上述现象的发生。

3.3.2　碳配额与交易政策下的分布式鲁棒优化模型

在碳配额与交易政策下，政府为企业设定碳排放配额 C。如果企业的碳排放总量 $J(Q)$ 低于配额 C，企业可以通过碳排放权交易市场以单位市场价格 c_p 出售 $C - J(Q)$ 单位的碳排放权。否则，企业需要以相同的市场价格购买 $J(Q) - C$ 单位的碳排放许可。在碳配额与交易政策下，企业需要根据有限的需求信息确定最优订购量来最大化期望利润。因此，碳配额与交易管制下的分布式鲁棒优化模型为：

$$(P_2) \quad \max_Q \min_{G \in \psi} \Pi_2(Q) \tag{3.38}$$

$$\text{s. t.} \quad Q \geqslant 0 \tag{3.39}$$

其中 $\Pi_2(Q) = \Pi_0(Q) + c_p[C - J(Q)]$。

对于问题 P_2，令 $\Pi_2^C(Q) = \min_{G \in \psi} \Pi_2(Q)$ 为最坏情况下的期望利润，Q_2^* 为最优鲁棒订购量。令 $A_1 = p + s - c - c_p \hat{c}$ 和 $B_1 = c_p(\hat{c} + \hat{v}) + c - v$，则利用引理 3.1 可以得到以下结论。

定理 3.3　对于问题 P_2，当 $\sqrt{\dfrac{A_1}{B_1}} \geqslant \dfrac{\sigma}{u}$ 时，最优订购量为 $Q_2^* = Q_{21}$；否则 $Q_2^* = 0$。其中：

$$Q_{21} = u + \frac{\sigma}{2}\left(\sqrt{\frac{A_1}{B_1}} - \sqrt{\frac{B_1}{A_1}}\right) \tag{3.40}$$

证明：根据引理 3.1，存在两点分布使得 $\Pi_2(Q)$ 最小。所以有：

$$\Pi_2^C(Q) = (p - v + c_p \hat{v})u - (p - v + s + c_p \hat{v})\frac{[\sigma^2 + (Q - u)^2]^{\frac{1}{2}} - (Q - u)}{2}$$
$$+ c_p C + (v - c - c_p \hat{c} - c_p \hat{v})Q \tag{3.41}$$

对 $\Pi_2^C(Q)$ 关于 Q 求一阶和二阶导数可得：

$$\frac{\partial \Pi_2^C(Q)}{\partial Q} = -\frac{1}{2}(p - v + s + c_p\hat{v})\left\{\left[\sigma^2 + (Q - u)^2\right]^{-\frac{1}{2}}(Q - u) - 1\right\}$$
$$+ v - c - c_p\hat{c} - c_p\hat{v}$$

$$(3.42)$$

$$\frac{\partial^2 \Pi_2^C(Q)}{\partial Q^2} = -(p - v + s + c_p\hat{v})\left[\sigma^2 + (Q - u)^2\right]^{-\frac{3}{2}}\sigma^2 \quad (3.43)$$

由式（3.43）可知 $\frac{\partial^2 \Pi_2^C(Q)}{\partial Q^2} < 0$，这意味着 $\Pi_2^C(Q)$ 是 Q 的凹函数。利用

$A_1 = p + s - c - c_p\hat{c} > 0$ 和 $B_1 = c_p(\hat{c} + \hat{v}) + c - v > 0$，求解 $\frac{\partial \Pi_2^C(Q)}{\partial Q} = 0$ 可得：

$$Q_{21} = u + \frac{\sigma}{2}\left(\sqrt{\frac{A_1}{B_1}} - \sqrt{\frac{B_1}{A_1}}\right) \quad (3.44)$$

令 $f(x) = \sqrt{x} - \frac{1}{\sqrt{x}}$，可以证明 $f(x)$ 是严格增函数，因为 $f'(x) = \frac{1}{2}(x + 1)$

$x^{-\frac{3}{2}} > 0$。如果 $\sqrt{\frac{A_1}{B_1}} \geqslant \frac{\sigma}{u}$，利用 $f(x)$ 的单调性可得 $\frac{A_1 - B_1}{\sqrt{A_1 B_1}} \geqslant \frac{\sigma^2 - u^2}{\sigma u}$。根据引理

3.1 两点分布的可行性可得 $Q_{21} \geqslant \frac{\sigma^2 + u^2}{2u}$。此时最差情况对应的最优订购量为

$Q_2^* = Q_{21}$。

由式（3.44）可得：

$$\left[\sigma^2 + (Q_2^* - u)^2\right]^{\frac{1}{2}} = \frac{A_1 + B_1}{A_1 - B_1}(Q_2^* - u) \quad (3.45)$$

$$\left[\sigma^2 + (Q_2^* - u)^2\right]^{\frac{1}{2}} - (Q_2^* - u) = \sigma\sqrt{\frac{B_1}{A_1}} \quad (3.46)$$

将式（3.45）、式（3.46）代入式（3.41）和式（3.11），可以得到问题 P_2 的最优期望利润和碳排放量：

$$\Pi_2^C(Q_2^*) = \Pi_2^C(Q_{21}) = (p - c - c_p\hat{c})u - \sigma\sqrt{A_1 B_1} + c_p C \quad (3.47)$$

$$J_2^C(Q_2^*) = J_2^C(Q_{21}) = \hat{c}u + \frac{1}{2}(\hat{c} + \hat{v})\sigma\sqrt{\frac{A_1}{B_1}} - \frac{1}{2}\hat{c}\sigma\sqrt{\frac{B_1}{A_1}} \quad (3.48)$$

另外，由式（3.14）可得：

$$\Pi_2^C(0) = c_p C - su \quad (3.49)$$

这意味着由于非负随机变量 $ED^+ = u$，订购量为 0 时最差情况期望利润为

$c_p C - su$。如果 $\sqrt{\dfrac{A_1}{B_1}} < \dfrac{\sigma}{u}$，则有 $\Pi_2^C(Q_{21}) < \Pi_2^C(0)$。这说明在最差情况下不管如何订购，企业的期望利润都小于 $\Pi_2^C(0)$。这时企业更倾向于不订购，即 $Q_2^* = 0$。此外，从式（3.11）还可以看出在这种情形下企业没有产生碳排放。

从定理 3.3 可以看出：（1）当企业只能获得需求分布的均值和方差时，较高的 $\dfrac{\sigma}{u}$ 可能导致订购量为 0 的保守决策。例如，一方面，当 $\dfrac{\sigma}{u}$ 高于 $\sqrt{\dfrac{A_1}{B_1}}$ 时，企业的订购量为 0，市场需求不能得到满足。在这种情况下，企业只是通过出售碳排放配额获得收益。另一方面，当 $\dfrac{\sigma}{u}$ 低于 $\sqrt{\dfrac{A_1}{B_1}}$ 时，企业会订购 Q_{21} 单位的产品以满足市场需求。（2）当 $Q_2^* = Q_{21}$ 时，碳排放量为 $J^C(Q_{21})$；当 $Q_2^* = 0$ 时，碳排放量为 0。当 $Q_2^* = Q_{21}$ 时，如果 $J^C(Q_{21}) < C$，企业可以通过在碳交易市场出售过剩的碳排放配额来获得收益；否则，企业必须从碳交易市场购买排放许可。而当 $Q_2^* = 0$ 时，企业通过出售所有排放配额获得收益。此外，我们注意到 $p + s > c_p \hat{c}$ 是保证 Q_{21} 可行的条件，$C > \dfrac{su}{c_p}$ 是保证企业可以从出售所有碳排放配额获益的条件。

由定理 3.3 还可以得到以下结果。

推论 3.2　对于问题 P_2，下面的结果成立：

（1）如果 $\sqrt{\dfrac{A_1}{B_1}} \geqslant \dfrac{\sigma}{u}$，最坏情况下的期望利润是销售价格的递增凸函数，碳排放量是销售价格的递增凹函数；

（2）如果 $\sqrt{\dfrac{A_1}{B_1}} < \dfrac{\sigma}{u}$，最坏情况下的期望利润和碳排放量均不受销售价格影响。

证明：（1）当 $\sqrt{\dfrac{A_1}{B_1}} \geqslant \dfrac{\sigma}{u}$ 时，从定理 3.3 可得 $Q_2^* = Q_{21}$。对式（3.47）中的 $\Pi_2^C(Q_2^*)$ 关于 p 求一阶和二阶导数可得：

$$\frac{\partial \Pi_2^C(Q_2^*)}{\partial p} = u - \frac{\sigma}{2}\sqrt{\frac{B_1}{A_1}} > 0 \tag{3.50}$$

$$\frac{\partial^2 \Pi_2^C(Q_2^*)}{\partial p^2} = \frac{\sigma}{4A_1}\sqrt{\frac{B_1}{A_1}} > 0 \tag{3.51}$$

从式（3.50）、式（3.51）可以看出 $\Pi_2^C(Q_2^*)$ 是 p 的递增凸函数。

对式（3.48）中的 $J^G(Q_2^*)$ 关于 p 求一阶和二阶导数可得：

$$\frac{\partial J^G(Q_2^*)}{\partial p} = \frac{(\hat{c}+\hat{v})\sigma}{4\sqrt{A_1 B_1}} + \frac{\hat{c}\sigma}{4A_1}\sqrt{\frac{B_1}{A_1}} > 0 \tag{3.52}$$

$$\frac{\partial^2 J^G(Q_2^*)}{\partial p^2} = -\frac{(\hat{c}+\hat{v})\sigma}{8A_1\sqrt{A_1 B_1}} - \frac{3\hat{c}\sigma}{8A_1^2}\sqrt{\frac{B_1}{A_1}} < 0 \tag{3.53}$$

从式（3.52）、式（3.53）可以看出 $J^G(Q_2^*)$ 是 p 的单调凹函数。

（2）当 $\sqrt{\dfrac{A_1}{B_1}} < \dfrac{\sigma}{u}$ 时，从定理 3.3 可知 $Q_2^* = 0$。通过式（3.49）可以轻松证明期望利润和碳排放量均与销售价格 p 无关。

推论 3.2 分析了销售价格对问题 P_2 期望利润和碳排放量的影响。其中推论 3.2（1）表明如果 $\sqrt{\dfrac{A_1}{B_1}} \geq \dfrac{\sigma}{u}$，较高的销售价格会带来更高的利润，同时也会增加碳排放量。通过比较推论 3.1（1）和推论 3.2（1），我们发现在碳限额政策和碳配额与交易政策下，销售价格对期望利润和碳排放量的影响是相同的。推论 3.2（2）表明，如果 $\sqrt{\dfrac{A_1}{B_1}} < \dfrac{\sigma}{u}$，在碳配额与交易政策下，销售价格的变动不会影响企业的期望利润和碳排放量。

令 $C_{L1} = \hat{c}u + \dfrac{\sigma}{c_p}(\sqrt{A_1 B_1} - \sqrt{A_0 B_0})$ 和 $C_{L2} = \dfrac{1}{c_p}[(p+s-c)u - \sigma\sqrt{A_0 B_0}]$。比较问题 P_2 和 P_0 得出以下结果。

定理 3.4　对于问题 P_2 和 P_0，以下结论成立：

（1）$Q_2^* < Q_0^*$。

（2）当 $\sqrt{\dfrac{A_1}{B_1}} \geq \dfrac{\sigma}{u}$ 且 $C > C_{L1}$，或 $\sqrt{\dfrac{A_1}{B_1}} < \dfrac{\sigma}{u}$ 且 $C > C_{L2}$ 时，$\Pi_2^G(Q_2^*) > \Pi_0^G(Q_0^*)$。

当 $\sqrt{\dfrac{A_1}{B_1}} \geq \dfrac{\sigma}{u}$ 且 $C \leq C_{L1}$ 或 $\sqrt{\dfrac{A_1}{B_1}} < \dfrac{\sigma}{u}$ 且 $C \leq C_{L2}$ 时，$\Pi_2^G(Q_2^*) \leq \Pi_0^G(Q_0^*)$。

证明：（1）利用 $A_0 > A_1 > 0$ 和 $B_1 > B_0 > 0$ 可得 $\dfrac{A_1}{B_1} < \dfrac{A_0}{B_0}$。比较式（3.8）和式（3.15）可得 $Q_{21} < Q_0^*$。又因为 $Q_0^* > 0$，因此有 $Q_2^* < Q_0^*$。

（2）当 $\sqrt{\dfrac{A_1}{B_1}} \geq \dfrac{\sigma}{u}$ 时，比较式（3.9）和式（3.47）可得：

$$\Pi_2^G(Q_2^*) - \Pi_0^G(Q_0^*) = c_p\left[C - \hat{c}u + \frac{\sigma}{c_p}(\sqrt{A_0 B_0} - \sqrt{A_1 B_1})\right] = c_p(C - C_{L1})$$

$$\tag{3.54}$$

显然，当 $C > C_{L_1}$ 时，$\Pi_2^C(Q_2^*) > \Pi_0^C(Q_0^*)$；否则 $\Pi_2^C(Q_2^*) \leqslant \Pi_0^C(Q_0^*)$。

当 $\sqrt{\dfrac{A_1}{B_1}} < \dfrac{\sigma}{u}$ 时，比较式（3.9）和式（3.49）可得：

$$\Pi_2^C(Q_2^*) - \Pi_0^C(Q_0^*) = c_p\left\{C - \frac{1}{c_p}\left[(p + s - c)u - \sigma\sqrt{A_0 B_0}\right]\right\} = c_p(C - C_{L_2})$$

$$(3.55)$$

式（3.55）表明如果 $C > C_{L_2}$，则 $\Pi_2^C(Q_2^*) > \Pi_0^C(Q_0^*)$；否则 $\Pi_2^C(Q_2^*) \leqslant \Pi_0^C(Q_0^*)$。

定理 3.4（1）比较了问题 P_2 和 P_0 对应的最优鲁棒订购量与最坏情形下的期望利润。由定理 3.4（1）我们得出结论：在碳配额与交易政策下，企业的订购量低于没有碳政策约束情况下的订购量。定理 3.4（2）比较了问题 P_2 和 P_0 对应的企业最坏情况下的期望利润。当 $\sqrt{\dfrac{A_1}{B_1}} \geqslant \dfrac{\sigma}{u}$ 或 $\sqrt{\dfrac{A_1}{B_1}} < \dfrac{\sigma}{u}$ 时，如果碳配额较大，如 $C > C_{L_1}$ 或 $C > C_{L_2}$，企业在碳配额与交易政策下获得的利润高于没有碳排放政策约束情况获得的利润。这意味着较高的碳配额可能会帮助企业在碳配额与交易机制下获得更多利润。

将问题 P_2 和 P_1 进行比较，得到如下结果。

定理 3.5　存在一个可行的 C，使得 $\Pi_2^C(Q_2^*) > \Pi_1^C(Q_1^*)$ 且 $J^C(Q_2^*) < J^C(Q_1^*)$。

证明：通过考虑以下两种情形，我们证明碳配额与交易政策可以使企业的期望利润和碳排放满足以下条件，即 $\Pi_2^C(Q_2^*) > \Pi_1^C(Q_1^*)$，$J^C(Q_2^*) < J^C(Q_1^*)$。

情形 1：$Q_{11} < Q_0^*$。根据定理 3.2 有 $Q_1^* = Q_{11}$，$\Pi_0^C(Q_0^*) > \Pi_1^C(Q_1^*)$ 和 $J^C(Q_1^*) = C$。当 $\sqrt{\dfrac{A_1}{B_1}} \geqslant \dfrac{\sigma}{u}$ 时，根据定理 3.4（2）可知，如果 $C > \max\{C_{L_1}, J(Q_2^*)\}$，则有 $\Pi_2^C(Q_2^*) > \Pi_0^C(Q_0^*) > \Pi_1^C(Q_1^*)$，$J^C(Q_2^*) < J^C(Q_1^*)$ 成立。当 $\sqrt{\dfrac{A_1}{B_1}} < \dfrac{\sigma}{u}$ 时，根据定理 3.4（2）可知，如果 $C > \max\{C_{L_2}, J(Q_2^*)\}$，则有 $\Pi_2^C(Q_2^*) > \Pi_0^C(Q_0^*) > \Pi_1^C(Q_1^*)$，$J^C(Q_2^*) < J^C(Q_1^*)$ 成立。

情形 2：$Q_{11} \geqslant Q_0^*$。根据定理 3.2 有 $Q_1^* = Q_0^*$，$\Pi_0^C(Q_0^*) = \Pi_1^C(Q_1^*)$ 和 $J^C(Q_1^*) = J^C(Q_0^*) \leqslant J^C(Q_{11}) = C$。根据定理 3.4（1）有 $Q_2^* < Q_0^* = Q_1^*$。利用引理 3.2 可以得到 $J^C(Q_2^*) < J^C(Q_1^*)$。当 $\sqrt{\dfrac{A_1}{B_1}} \geqslant \dfrac{\sigma}{u}$ 时，根据定理 3.4（2）可知，如果 $C > C_{L_1}$，$\Pi_2^C(Q_2^*) > \Pi_0^C(Q_0^*) = \Pi_1^C(Q_1^*)$ 和 $J^C(Q_2^*) < J^C(Q_1^*)$ 成立。当 $\sqrt{\dfrac{A_1}{B_1}} < \dfrac{\sigma}{u}$

时，根据定理 3.4（2）可知，如果 $C > C_{L_2}$，$\Pi_2^G(Q_2^*) > \Pi_0^G(Q_0^*) = \Pi_1^G(Q_1^*)$ 和 $J^G(Q_2^*) < J^G(Q_1^*)$ 成立。

定理 3.5 表明，与碳限额政策相比，存在一个碳配额可以使企业在碳配额与交易政策下获得更高的利润和更低的碳排放。

3.4　数值算例

本节利用数值算例来说明本章的理论结果。参数的基本取值分别为：$p = 30$，$c = 5$，$v = 2$，$s = 3$，$\hat{c} = 2$，$\hat{v} = 3$，$u = 600$，$\sigma = 196$，$c_p = 2.5$，$C = 2\ 000$。三种模型的最优订购量、对应最坏情况下的期望利润和碳排放量见表 3.2。

表 3.2　三种模型的计算结果

问题 P_i	Q_i^*	$\Pi_i^G(Q_i^*)$	$J^G(Q_i^*)$
P_0	867.32	13 204	2 632.80
P_1	728.20	12 972	2 000
P_2	638.93	13 299	1 636

从表 3.2 可以看出，问题 P_1 的碳排放量等于碳限额。由于 $J^G(Q_2^*) < C$，在碳配额与交易政策下，企业出售 364 单位的碳排放权来获得收益。此外，比较问题 P_0、P_1 和 P_2 的最优订购量、期望利润和碳排放量可以发现 $Q_0^* > Q_1^* > Q_2^*$、$\Pi_2^G(Q_2^*) > \Pi_0^G(Q_0^*) > \Pi_1^G(Q_1^*)$ 和 $J^G(Q_0^*) > J^G(Q_1^*) > J^G(Q_2^*)$。与问题 P_0 的碳排放量相比，碳限额和碳配额与交易政策下企业的碳排放量分别减少 24.04% 和 37.86%。这意味着碳减排政策在控制碳排放方面确实发挥了积极的作用。与问题 P_0 最坏情况下的期望利润相比，碳配额与交易政策下期望利润增加了 0.72%，而碳限额政策下的期望利润减少了 1.76%。这意味着与不实施碳减排政策相比，碳配额与交易政策会使企业获得更多期望利润，而碳限额政策则会降低企业的期望利润。因此，我们可以得出以下结论：在碳配额与交易政策下，企业可以获得更大的利润和更低的碳排放。

在需求信息有限的情况下，变异系数 $\dfrac{\sigma}{u}$ 可以用来度量不确定信息对市场需求的影响。下面将进一步探索碳限额和碳配额与交易政策下，$\dfrac{\sigma}{u}$ 和 C 对企业订购决策、经济和环境绩效的影响。计算结果见图 3.1 和图 3.2。

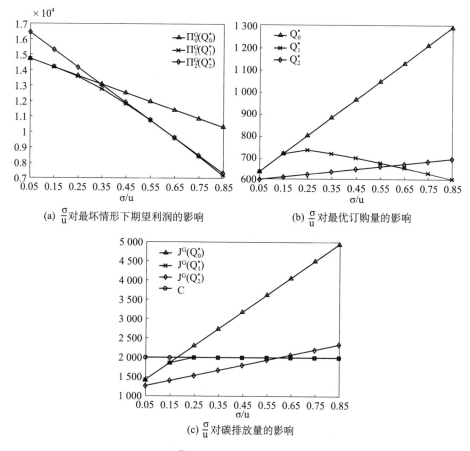

(a) $\dfrac{\sigma}{u}$ 对最坏情形下期望利润的影响　　　(b) $\dfrac{\sigma}{u}$ 对最优订购量的影响

(c) $\dfrac{\sigma}{u}$ 对碳排放量的影响

图 3.1　$\dfrac{\sigma}{u}$ 对企业订购决策和绩效的影响

从图 3.1 可以看出：

（1）在碳限额政策下，随着 $\dfrac{\sigma}{u}$ 的增加，最优订购量先增加后减少；对应的碳排放量增加达到 2 000 后保持不变，而最坏情况下的期望利润逐渐减少。$\dfrac{\sigma}{u}$ 的增加促使企业提高订购量以降低需求不确定性的影响。订购量的增加进一步导致碳排放和订购成本增加、销售收入减少。在这种情况下，虽然残值和缺货成本之和增加，但不足以增加企业的总利润。例如，当 $\dfrac{\sigma}{u}$ 从 0.05 增加到 0.15，残值和缺货成本之和增加 212.76，而销售收入减少 294.59，订购成本增加 409.16，因此最后企业的总利润减少 490.99。$\dfrac{\sigma}{u}>0.25$ 时，企业的碳排放量等于碳限额。

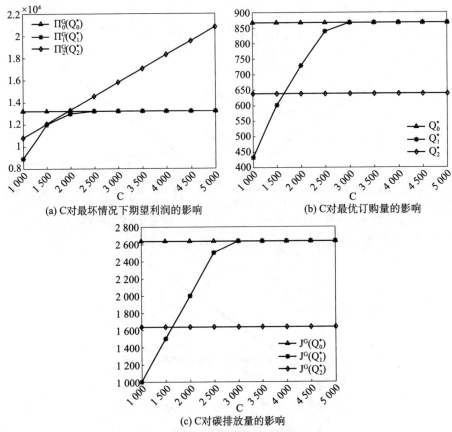

(a) C对最坏情况下期望利润的影响   (b) C对最优订购量的影响

(c) C对碳排放量的影响

图3.2 C对企业订购决策和绩效的影响

在碳排放量约束下，企业不得不减少订购量来保证订购和存储过程产生的碳排放量与碳限额相等，进而维持正常的企业运营。减少订购量会降低订购成本、增加缺货成本。此外，在 $\dfrac{\sigma}{u}$ 增加和订购量减少的共同作用下，企业的销售收入和残值之和减少。在这种情况下，企业的总利润随着 $\dfrac{\sigma}{u}$ 的增加而减少。

（2）碳配额与交易政策下，随着 $\dfrac{\sigma}{u}$ 的增加，最优订购量和对应的碳排放量增加，而最坏情况下的期望利润减少。当 $\dfrac{\sigma}{u}$ 增加时，企业订购更多的产品以减少需求不确定性的影响，因为 $\dfrac{\sigma}{u}$ 的升高会给企业带来更多的负面影响，订购量的增加会导致碳排放量和订货成本的增加。当 $\dfrac{\sigma}{u} < 0.6$ 时，企业的碳排放量低于碳限

额。在这种情况下，随着碳排放量的增加，碳排放权的销售收入减少。这也导致了企业收入（包括销售收入、残值和碳排放许可销售收入）的减少，最终降低企业的总利润。当 $\frac{\sigma}{u} \geq 0.6$ 时，企业的碳排放量高于碳限额，企业需要从碳交易市场购买碳排放许可。因此，公司继续增加订购量以减少 $\frac{\sigma}{u}$ 升高带来的负面影响。在购买碳排放许可和增加订购成本的综合作用下企业的总利润下降。

（3）当无碳排放政策约束时，随着 $\frac{\sigma}{u}$ 的升高，企业的最优订购量逐渐增加，而最坏情况下的期望利润逐渐减少。由于政府没有对企业实施碳排放管制，企业总是增加产品的订购量以减少需求不确定性的影响。增加订购量会导致订货成本增加，最终导致利润下降。此外，与碳限额政策或碳配额与交易政策相比，无碳排放政策约束时企业最优订购量对 $\frac{\sigma}{u}$ 的敏感性较高。问题 P_0、P_1 和 P_2 期望利润的变化是相反的。例如，当 $\frac{\sigma}{u}$ 从 0.55 增加到 0.65，问题 P_0 和 P_2 的订购量分别增加了 7.79% 和 1.79%，问题 P_1 的订购量减少了 3.41%，而相应的期望利润分别减少了 4.59%、10.51% 和 10.52%。此外，与碳限额或碳配额与交易政策下的碳排放量相比，订购 Q_0^* 单位的产品产生的碳排放量更多。这意味着碳限额或碳配额与交易政策在抑制碳排放方面确实起到了积极的作用。

从图 3.2 可以观察到：

（1）在碳限额政策下，随着 C 的增加，最优订购量、最坏情况下的期望利润和对应碳排放量在不考虑碳排放情形的基础上先增加后保持不变。当 C < 2 632.8 时，增加 C 的值促使企业增加订购量以保证碳排放量与碳限额一致，这也被视为决策者的投机心理行为。而增加订购量会增加销售收入和残值，减少缺货成本。在这种情况下，虽然订购成本增加了，但不足以增加企业的总利润。例如，当 C 从 1 500 增加到 2 000 时，销售收入增加了 1 324.40，残值增加了 164.68，订购成本增加了 632.44，而缺货成本减少了 137.44。因此，企业的总利润减少了 988.08。当 C ≥ 2 632.80 时，增加 C 的值会松弛对企业的碳排放限额约束。此时，企业会采取与无碳排放政策约束时相同的订购决策。相反，当不考虑企业经营活动中的碳排放时，改变 C 不会影响企业的最优订购决策和利润。因此，当 C 从 2 632.8 继续增加时，企业的利润与不考虑碳排放时的利润相同。

（2）在碳配额与交易政策下，随着 C 的增加，最优订购量和对应的碳排放量保持不变，而最坏情况下的期望利润增加。这意味着 C 不影响公司的订购决策及相应的碳排放量。但是，由于碳配额与交易政策的影响，企业的最优订购量严格小于不考虑碳排放时的最优订购量。另外，在碳配额与交易政策下，增加 C 的值会让企业产生更多的碳排放权剩余，进而可以帮助企业获得更多利润。例如，当 C 从 2 000 增加到 2 500，剩余的碳排放权交易让公司的利润增加了 1 250。

（3）一方面，当 C≥1 636 时，碳配额与交易政策下的最坏情况期望利润不低于碳限额政策下的最坏情况期望利润，碳配额与交易政策下的碳排放量不高于碳限额政策下的碳排放量。这意味着碳配额与交易政策可以带来高利润和低碳排放。此外，增加碳排放限额 C 会导致期望利润在碳配额与交易政策下的增长率比在碳限额政策下的增长率高。例如当 C 从 2 500 增加到 3 000 时，前者的期望利润增加了 8.59%，后者的期望利润增加了 0.05%。

为了检验碳排放法规与部分需求信息对最坏情况下期望利润和碳排放量的影响，我们利用田口（Taguchi，1960）提出的鲁棒参数设计分析两种碳排放政策下最优期望利润与碳排放量的信噪比（SN ratio）。该方法的详细解释参见田口（1960）、林清河和林義旭（Lin Q. and Lin Y.，2007）的研究。我们关注的参数包括成本参数（p，c，v，s）、需求信息参数（u，σ）和碳排放参数（ĉ，v̂，c_p，C）。

在碳限额政策下，选用田口正交阵 $L_{12}(2^9)$ 设计控制参数。根据田口提出的信噪比公式，利用 Minitab 软件分别选用"越大越好"与"越小越好"计算最坏情况下期望利润和碳排放量的信噪比。计算结果见表 3.3，其中每个控制参数有两个水平，水平 1 和水平 2 分别表示在初始值基础上增加 25% 和减少 25%。

表 3.3　　　　碳限额政策下最坏情况期望利润与碳排放量的信噪比

编号	p	c	v	s	ĉ	v̂	u	σ	C	$\Pi_1^C(Q_1^*)$	Π_1^C 的信噪比	$J^C(Q_1^*)$	J^C 的信噪比
1	1	1	1	1	1	1	1	1	1	19 211	85.67	2 500	−67.96
2	1	1	1	1	2	2	2	2	2	11 879	81.50	1 500	−63.52
3	1	1	2	2	2	1	1·	1	2	18 356	85.28	1 500	−63.52
4	1	2	1	2	2	1	2	1	1	14 195	83.04	2 500	−67.96
5	1	2	2	1	2	2	1	1	1	23 962	87.59	2 223	−66.94
6	1	2	2	1	2	2	2	1	2	10 928	80.77	1 500	−63.52
7	2	1	2	2	2	1	1	1	1	5 935	75.47	1 939	−65.75

续表

编号	p	c	v	s	$\hat{c}$	$\hat{v}$	u	σ	C	$\Pi_1^G(Q_1^*)$	Π_1^G 的信噪比	$J^G(Q_1^*)$	J^G 的信噪比
8	2	1	2	1	2	2	2	1	1	4 925	73.85	1 528	-63.68
9	2	1	1	2	2	2	1	2	2	10 899	80.75	1 500	-63.52
10	2	2	2	1	1	1	1	2	2	9 206	79.28	1 500	-63.52
11	2	2	2	2	2	2	2	1	1	12 055	81.62	2 500	-67.96
12	2	2	1	1	2	1	2	1	2	6 345	76.04	1 500	-63.52

　　从表 3.3 可以看出，试验 1、试验 4 和试验 11 具有相同的碳排放量和不同的最差情况期望利润。其中，最优最差情况期望利润在试验 1 中是最大的。试验 2、试验 3、试验 6、试验 9、试验 10 和试验 12 的碳排放量相同，而试验 3 的最优最差情况期望利润最大。这意味着即使在碳排放量相同的情况下，不同参数组合对应的最优最差情况期望利润也可能不同。

　　在碳限额政策下，我们从最优最差情况期望利润和碳排放的信噪比响应值中得到各参数对企业经济和环境绩效的影响程度，具体见表 3.4 和表 3.5。由表 3.4 可以看出，在碳限额政策下，需求信息参数对最优最差情况期望利润的影响大于碳排放参数对最优最差情况期望利润的影响。在碳排放参数中，碳限额对最优最差情况期望利润的影响较大。在所有参数中，参数 p 对最优最差情况期望利润的影响最大，参数 $\hat{v}$ 对最优最差情况期望利润的影响最小。由表 3.5 可知，在碳限额政策下，除均值外的需求信息参数对碳排放的影响小于碳排放参数和成本参数对碳排放的影响。在碳排放参数中，碳限额对碳排放的影响最大，订购和存储过程产生的单位碳排放对企业的总碳排放量具有同样的影响。在所有参数中，参数 C 对企业碳排放量的影响最大，参数 σ 对碳排放量的影响最小。与需求方差相比，需求均值对最优最差情况期望利润和碳排放量都有更大的影响。

表 3.4　　　　　　　　　碳限额政策下利润信噪比的响应情况

水平	p	c	v	s	$\hat{c}$	$\hat{v}$	u	σ	C
1	83.97	80.42	81.44	80.66	80.72	80.80	83.36	80.54	81.21
2	77.84	81.39	80.37	81.15	81.09	81.01	78.45	81.27	80.60
Δ	6.14	0.98	1.07	0.50	0.37	0.21	4.92	0.73	0.60
等级	1	4	3	7	8	9	2	5	6

表 3.5　　　　　　　　碳限额政策下碳排放信噪比的响应情况

水平	p	c	v	s	$\hat{c}$	$\hat{v}$	u	σ	C
1	−65.57	−64.66	−65.74	−64.86	−65.37	−65.37	−65.57	−65.03	−66.71
2	−64.66	−65.57	−64.49	−65.37	−64.86	−64.86	−64.66	−65.20	−63.52
Δ	0.91	0.91	1.25	0.51	0.51	0.51	0.91	0.17	3.19
等级	4	4	2	7	7	7	4	9	1

为了得到参数变化的最优组合，我们给出了碳限额政策下最优最差情况期望利润与碳排放信噪比的主效应图，具体见图 3.3。

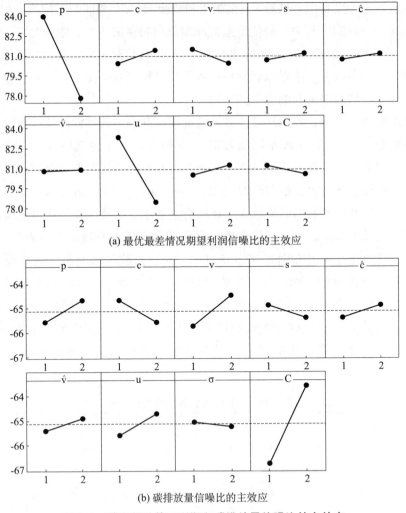

(a) 最优最差情况期望利润信噪比的主效应

(b) 碳排放量信噪比的主效应

图 3.3　碳限额政策下利润和碳排放量信噪比的主效应

图 3.3（a）表明，在碳限额政策下，最大化最差情况期望利润的最优条件为 p 在水平 1，c 在水平 2，v 在水平 1，s 在水平 2，$\hat{c}$ 在水平 2，$\hat{v}$ 在水平 2，u 在水平 1，σ 在水平 2，C 在水平 1。由图 3.3（b）可知，最小碳排放量的最优条件为 p 在水平 2，c 在水平 1，v 在水平 2，s 在水平 1，$\hat{c}$ 在水平 2，$\hat{v}$ 在水平 2，u 在水平 2，σ 在水平 1，C 在水平 2。这意味着在碳限额政策下，企业应减少订购和存储过程中产生的单位碳排放量以实现高利润及低排放，同时应谨慎处理其他参数平衡最优最差情况期望利润和最小碳排放量。

在碳交易政策下，碳排放管制参数不仅包括碳排放配额，还包括碳交易价格。因此，我们在控制参数中加入参数 c_p，并选田口正交阵 $L_{12}(2^{10})$ 来分配控制参数。与碳限额规制下最优最差情况期望利润和碳排放信噪比的计算类似，碳配额与交易政策下的计算结果见表 3.6。

表 3.6　碳配额与交易政策下最优最差情况期望利润和碳排放量的信噪比

编号	p	c	v	s	$\hat{c}$	$\hat{v}$	u	σ	C	c_p	$\Pi_2^G(Q_2^*)$	$J^G(Q_2^*)$	Π_2^G 的信噪比	J^G 的信噪比
1	1	1	1	1	1	1	1	1	1	1	19 227	2 419.0	85.68	−67.67
2	1	1	1	1	1	2	2	2	2	2	11 886	1546.6	81.50	−63.79
3	1	1	2	2	2	1	1	1	2	2	18 956	1 930.9	85.55	−65.72
4	1	2	1	2	1	2	2	1	1	1	17 434	1 106.1	84.83	−60.88
5	1	2	2	1	2	2	1	2	2	1	25 253	1 600.8	88.05	−64.09
6	1	2	2	2	1	2	1	2	2	2	10 981	1 633.7	80.81	−64.26
7	2	1	1	1	2	1	2	2	1	2	5 799	1 345.1	75.27	−62.58
8	2	1	1	2	1	2	1	2	2	1	9 125	927.4	79.20	−59.35
9	2	1	1	2	2	1	2	1	2	1	11 211	1 268.8	80.99	−62.07
10	2	2	1	1	1	2	1	1	2	2	10 261	2 028.5	80.22	−66.14
11	2	2	2	2	1	2	1	1	1	1	12 081	2 370.8	81.64	−67.50
12	2	2	2	1	2	1	2	1	2	2	6 364	1 393.8	76.07	−62.88

由表 3.6 可以看出，试验 5 的最优最差情况期望利润最大，但其碳排放量却不是最小的。试验 8 的碳排放量最小，但对应的最优最差情况期望利润非常小。试验 5 和试验 6 的碳排放量几乎相同，但它们的最优最差情况期望利润却截然不同。这意味着在不同参数变化组合下，即使这些组合对应的碳排放量相同，它们对应的最优最差情况期望利润通常也是不同的。因此，有必要寻找参数变化的最佳组合来帮助企业实现高利润和低排放的双赢效果。

碳配额与交易政策下最优最差情况期望利润与碳排放信噪比的响应值见表3.7和表3.8。表3.7表明，碳配额与交易政策下，除方差外的需求信息参数对最优最差情况期望利润的影响大于碳排放参数对最优最差情况期望利润的影响。碳排放参数对最优最差情况期望利润的影响大于除单位销售价格外其他成本参数对最优最差情况期望利润的影响。在碳排放参数中，订购过程产生的单位碳排放对最优最差情况期望利润的影响最大。而在所有参数中，参数 p 对最优最差情况期望利润的影响最大，参数 v 对最优最差情况期望利润的影响最小。由表3.8可知，在碳配额与交易政策下，需求信息参数对企业碳排放量的影响最大。在碳排放参数中，订购过程产生的单位碳排放量对企业总碳排放量的影响最大。而在所有参数中，参数 u 对企业碳排放量的影响最大，参数 s 对企业碳排放量的影响最小。与需求的方差相比，需求均值对企业的最优最差情况期望利润和碳排放量都有更大的影响。

表 3.7　　　　　　碳配额与交易政策下最优最差情况期望利润信噪比的响应情况

水平	p	c	v	s	$\hat{c}$	$\hat{v}$	u	σ	C	c_p
1	84.40	81.37	81.79	81.79	80.85	81.27	83.69	81.49	82.44	81.96
2	78.90	81.94	81.52	81.52	82.45	82.03	79.61	81.81	80.86	81.35
Δ	5.50	0.57	0.27	0.27	1.60	0.76	4.08	0.32	1.58	0.61
等级	1	7	10	9	3	5	2	8	4	6

表 3.8　　　　　　　　碳交易政策下碳排放量信噪比的响应情况

水平	p	c	v	s	$\hat{c}$	$\hat{v}$	u	σ	C	c_p
1	−64.40	−63.53	−64.13	−63.99	−65.32	−64.31	−65.53	−64.56	−63.68	−63.39
2	−63.42	−64.29	−63.69	−63.83	−62.50	−63.51	−62.29	−63.26	−64.14	−64.42
Δ	0.98	0.76	0.44	0.15	2.83	0.80	3.24	1.31	0.47	1.03
等级	5	7	9	10	2	6	1	3	8	4

为了得到参数变化的最优组合，碳配额与交易政策下最优最差情况期望利润和碳排放信噪比的主效应见图3.4。由图3.4（a）可知，在碳配额与交易政策管制下，最优最差情况期望利润的最优条件为 p 在水平1，c 在水平2，v 在水平1，s 在水平1，$\hat{c}$ 在水平2，$\hat{v}$ 在水平2，u 在水平1，σ 在水平2，C 在水平1，c_p 在水平1。由图3.4（b）可知，在碳配额与交易政策管制下，碳排放量最小的最优条件为 p 在水平2，c 在水平1，v 在水平2，s 在水平2，$\hat{c}$ 在水平2，$\hat{v}$ 在水平2，u 在水平2，σ 在水平2，C 在水平1，c_p 在水平1。这些参数变化的最优组合表

明，在碳配额与交易政策下，企业可以采用碳排放参数变动和需求参数同方向变动的方法来获得更高的利润与更低的碳排放，而其他参数则应谨慎处理以权衡最优最差情况期望利润的增加和碳排放量的减少。

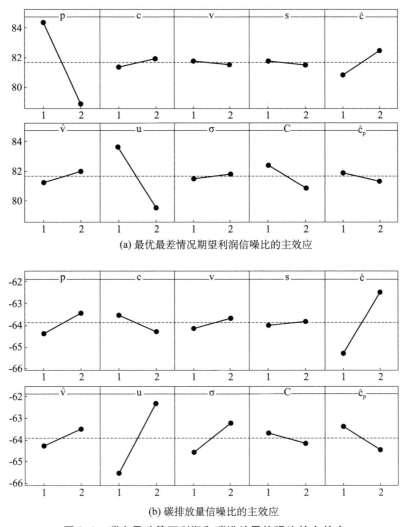

(a) 最优最差情况期望利润信噪比的主效应

(b) 碳排放量信噪比的主效应

图 3.4　碳交易政策下利润和碳排放量信噪比的主效应

综合以上分析结果可知：在碳限额政策下，需求信息参数对最优最差情况期望利润的影响大于碳排放参数的影响。然而，除需求均值外的需求信息参数对企业碳排放量的影响小于碳排放参数对企业碳排放量的影响。在碳配额与交易政策下，需求信息参数对最优最差情况期望利润和碳排放量的影响大于碳排放参数对最优最差情况期望利润和碳排放量的影响。在碳限额和碳配额与交易政策下，单位产品的销售价格对最优最差情况期望利润的影响最大。两种碳排放政策下表现出的共同点是：与需求方差相比，需求均值对最优最差情况期望利润和碳排放的影响更大。在碳限额政策和碳配额与交易政策管制下，对企业碳排放量影响最大的参数分别是 C 和 u。

3.5　小　结

本章研究两种碳排放政策下，企业在仅知道需求均值和方差时的最优订购决策。以最大化最差情况下的期望利润为目标，得到了碳限额和碳配额与交易政策下企业最优鲁棒订购量的解析表达式。通过比较两种碳排放管制下的分布式鲁棒报童模型，我们发现只有当碳排放限额满足一定条件时，碳配额与交易政策才会优于碳限额政策。为了研究碳排放法规和部分需求信息对最优订购决策的影响，我们将参数分为成本参数、碳排放参数和需求信息参数三组，并对这些参数进行鲁棒敏感性分析。分析结果表明：（1）在碳限额政策下，碳排放参数对最优最差情况期望利润的影响比需求信息参数对最优最差情况期望利润的影响小，而对企业碳排放量的影响大于需求信息参数（除需求均值外）对企业碳排放量的影响。（2）在碳配额与交易政策下，除方差外的需求信息参数对最优最差情况期望利润和碳排放量的影响比碳排放参数对最优最差情况期望利润和碳排放量的影响更大。（3）在两种碳减排政策下，需求均值对最优最差情况期望利润和碳排放量的影响都要比需求方差对最优最差情况期望利润和碳排放量的影响更大一些。

本章在研究过程中将销售价格视为一个外生变量，集中研究最优订购决策的变化，今后还可以将销售价格作为内生变量，考虑市场需求受产品销售价格影响的情况。另外，在当前竞争激烈的商业环境下，供应链协调对许多决策者来说是一个挑战，将碳足迹纳入供应链系统将会使供应链协调机制更加复杂。因此，研究有效的契约机制来协调多级供应链的碳排放也将成为后续的研究方向。

第4章　碳税和碳交易政策下双源
采购的鲁棒订购策略

4.1　引　言

作为碳排放的主要来源，制造和服务企业开始寻找经济与环境的平衡战略，以更好的客户服务和最小的碳排放实现利润最大化。供应链管理中的双源采购方法是为应对不确定的市场需求而提出的一种快速响应系统。根据沃伯顿和斯特拉顿（Warburton and Stratton，2005）、罗西奇和贾默内格（Rosič and Jammernegg，2013）的研究，双源采购意味着在供应链系统中，零售商有两个供应源。第一个供应源供货价格低，补货周期长；而第二个供应源供货价格较高，但可以在短时间内交货。此外，第一个供应源可以是海外供应商，通常距离市场较远。海外供应商供应产品时可能会由于运输或不成熟的生产技术而导致高碳排放。第二个供应源可以是国内供应商，其特点是距离市场较近、碳排放量低，但产品的供应价格更高。在该双源采购系统中，零售商先向海外供应商订购产品来满足不确定的市场需求。一旦需求超过订购数量，零售商就使用国内供应商及时满足超过订购量的市场需求。此外，这两个供应源也可能属于同一个供应商，该供应商提供两种订购策略。双源采购系统在某些行业非常流行，如时尚服装（Choi，2013；Rosič and Jammernegg，2013）。另外，由于市场需求的不确定性越来越显著，需求的分布信息可能并不总是可用的（Kumar and Goswami，2015）。对于零售商来说，根据有限的需求信息在不同的碳排放政策下作出正确的采购决策极具挑战性。

为了解决不同碳排放规制下的双源采购决策问题，本章考虑碳税政策和碳配额与交易政策下具有双源采购的报童问题。假设碳排放来自产品的订购和储存环节，且市场需求的分布信息有限（仅知道均值和方差），构建了两个分布式鲁棒优化模型。为了使企业最坏情况下的期望利润最大，我们使用极大—极小值法来求解本章所建立的鲁棒优化模型。最后，给出数值算例来验证这些模型并深化理论分析结果。

4.2　问题描述与符号设定

考虑一个企业（零售商）的双源采购问题（结构示意图见图4.1），其中零售商拥有两种供货渠道（国外供应商和国内供应商），以便在旺季时可以紧急下单来满足具有不确定性的随机需求 d。第一个供货渠道（国外供应商）具有较长的交货期和较低的成本，但缺乏灵活性。第二个供货渠道（国内供应商）能提供快速和灵活的服务，但成本较高。国内供应商被认为是国外供应商的备选供货渠道。为了最大限度地满足市场需求，零售商向国外供应商订购数量为 q 的产品，单位采购成本为 c。如果 q≥d，未售出的产品单位残值为 v。如果 q < d，零售商立即以单位成本 c + a（a > 0）从国内供应商处订购 d − q 单位的产品来满足实际市场需求。假设市场需求的累积分布 F(d) 属于一个均值为 μ、方差为 σ^2 的分布族 Ψ。

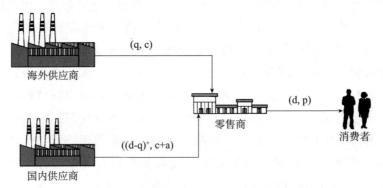

图 4.1　零售商的双源采购问题结构示意

与经典报童模型相同，这里假设产品的单位售价 p 是外生的，满足 p > c > v。为了保障模型的可行性，这里假设 a > c − v。因此，当给定市场需求的概率分布时，零售商的期望总利润可表示为：

$$\Pi_0(q) = E(pd + v(q - d)^+ - cq - (c + a)(d - q)^+) \tag{4.1}$$

其中 $x^+ = \max(x, 0)$。式（4.1）的期望利润由销售收入、剩余产品的残值和两次订购成本组成。

由于产品的订购和存储环节产生碳排放，因此零售商双源采购的总碳排放量是来自海外供应商的第一次订购、剩余产品的库存和来自国内供应商的第二次订购产生的碳排量之和。让 e_1、e_2 和 $e_3(e_1 > e_3)$ 分别表示第一次订购、剩余产品的存储和第二次订购产生的单位碳排放量。则零售商双源采购的总期望排放量可表示为：

$$C(q) = E(e_1 q + e_2 (q - d)^+ + e_3 (d - q)^+) \tag{4.2}$$

利用 $(q - d)^+ = q - d + (d - q)^+$ 可将式（4.1）和式（4.2）化简为：

$$\Pi_0(q) = (p - v)\mu - (c - v)q - (c + a - v)E(d - q)^+ \tag{4.3}$$

和

$$C(q) = (e_1 + e_2)q - e_2\mu + (e_2 + e_3)E(d - q)^+ \tag{4.4}$$

表 4.1 总结了本章使用的主要参数及含义。其他符号和假设将在需要时进行解释。

表 4.1　　　　　　　　　　　主要参数及含义

参数符号	含义
p	单位产品的销售价格
c	从国外供应商采购的单位成本
v	剩余产品的单位残值
a	国内供应商与国外供应商的单位产品采购成本差，$a > 0$
d	市场随机需求
μ	市场需求的期望值
σ	市场需求的标准差
F	市场需求的分布函数
Ψ	均值为 μ，方差为 σ^2 的概率分布族
e_1	从国外供应商订购单位产品产生的碳排放量
e_2	剩余单位产品在存储过程中产生的碳排放量
e_3	从国内供应商订购单位产品产生的碳排放量
K	碳排放限额/碳配额
c_b	碳配额与交易政策下碳排放许可的单位购买价格
c_s	碳配额与交易政策下碳排放许可的单位销售价格
c_t	政府从每单位碳排放量收取的税费
模型编号	
P_i	$i = 0, 1, 2$ 分别表示无碳排放政策、碳税政策和碳配额与交易政策下零售商的双源采购问题

参数符号	含义
决策变量	
q	在国外供应商处的订购量
目标函数	
$\Pi_i(q)$	问题 P_i 的期望利润，$i = 0, 1, 2$
$C(q)$	零售商的期望碳排放量

4.3 碳税政策下的订购决策

根据碳税政策的规定，零售商要为每单位的碳排放量缴纳一笔税费。在该碳排放政策下，零售商的决策目标是确定从国外供应商处采购时的最优订购量，使包含碳税在内的总利润最大。从式（4.1）和式（4.2）可知，市场需求的不确定性不仅影响利润，还影响碳排放量。由于需求分布的均值 μ 和方差 σ^2 是已知的，我们使用分布式鲁棒优化的方法来确定最优订购量，使零售商最坏情形下的期望利润最大。在碳税政策下，双源采购的分布式鲁棒优化模型可以表述为：

$$(P_1) \quad \max_q \min_{F \in \Psi} \Pi_1(q) = \Pi_0(q) - c_t C(q) \tag{4.5}$$

$$\text{s. t.} \quad q \geqslant 0 \tag{4.6}$$

若令式（4.5）中 $c_t = 0$，则 P_1 模型退化成 P_0 模型，即没有碳排放政策时的分布式鲁棒优化模型。令 $\Pi_0^F(q)$ 表示 P_0 模型在最坏情形下的期望利润，相应的最优鲁棒订购量为 q_0^*。利用式（4.3）和引理3.1可知，P_0 模型的最优订购量和期望利润分别为：

$$q_0^* = \mu + \frac{\sigma}{2}\left[\left(\frac{a}{c-v}\right)^{\frac{1}{2}} - \left(\frac{c-v}{a}\right)^{\frac{1}{2}}\right] \tag{4.7}$$

$$\Pi_0^F(q_0^*) = (p-c)\mu - \sigma\sqrt{(c-v)a} \tag{4.8}$$

根据假设 $a > c - v$ 可知 $q_0^* > 0$，这意味着在没有碳排放政策规制的情况下，零售商通常会从国外供应商处订购产品。

令 $C^F(q) = \max_{F \in \Psi} C(q)$，根据据式（4.4）和引理3.1有以下等式和结论成立。

$$C^F(q) = (e_1 + e_2)q - e_2\mu + (e_2 + e_3)\frac{\sqrt{\sigma^2 + (q-\mu)^2} - (q-\mu)}{2} \tag{4.9}$$

引理4.1 $C^F(q)$ 是 q 的递增凸函数。

证明：对式（4.9）中的 $C^F(q)$ 关于 q 求一阶导数可得，$\dfrac{\partial C^F(q)}{\partial q} = e_1 + e_2 +$

$\dfrac{e_2 + e_3}{2}\left(\dfrac{q - \mu}{\sqrt{\sigma^2 + (q - \mu)^2}} - 1\right)$。容易看出当 $q \geqslant \mu$ 时，$\dfrac{\partial C^F(q)}{\partial q} > 0$。当 $q < \mu$ 时，

$(2e_1 + e_2 - e_3)[\sigma^2 + (q - \mu)^2]^{\frac{1}{2}} > (2e_1 + e_2 - e_3)(\mu - q)$。利用 $e_1 > e_3$ 可得，

$(2e_1 + e_2 - e_3)[\sigma^2 + (q - \mu)^2]^{\frac{1}{2}} + (e_2 + e_3)(q - \mu) > 2(e_1 - e_3)(\mu - q) > 0$。所

以有 $\dfrac{\partial C^F(q)}{\partial q} > 0$，即 $C^F(q)$ 是 q 的增函数。根据 $C^F(0) = \dfrac{e_2 + e_3}{2}(\sigma^2 + \mu^2)^{\frac{1}{2}} -$

$\dfrac{e_2 - e_3}{2}\mu > 0$ 和 $q \geqslant 0$ 可得，$C^F(q) \geqslant C^F(0) > 0$。对 $C^F(q)$ 关于 q 求二阶导数可

得，$\dfrac{\partial^2 C^F(q)}{\partial^2 q} = \dfrac{(e_2 + e_3)\sigma^2}{2}[\sigma^2 + (q - \mu)^2]^{-\frac{3}{2}} > 0$，这说明 $C^F(q)$ 是 q 的递增凸

函数。

令 $\Pi_1^F(q) = \min\limits_{F \in \Psi} \Pi_1(q)$ 表示最坏情形下零售商的期望利润，q_1^* 是 P_1 模型的

最优订购量。将式（4.3）~式（4.4）代入式（4.5）并结合引理 3.1 可得：

$$\Pi_1^F(q) = (p - v + c_t e_2)\mu - [c + a - v + c_t(e_2 + e_3)]\dfrac{\sqrt{\sigma^2 + (q - \mu)^2} - (q - \mu)}{2}$$
$$- [c + c_t(e_1 + e_2) - v]q$$

$$(4.10)$$

通过分析式（4.10）的最优性质可以得到以下结论。

定理 4.1 模型 P_1 存在一个阈值 q_t 使 $q_1^* = \max\{q_t, 0\}$，其中 $q_t = \mu +$

$\dfrac{\sigma}{2}\left(\sqrt{\dfrac{A_1}{B_1}} - \sqrt{\dfrac{B_1}{A_1}}\right)$，$A_1 = a - c_t e_1 + c_t e_3$，$B_1 = c - v + c_t e_1 + c_t e_2$。

证明：对 $\Pi_1^F(q)$ 关于 q 求二阶导数可得，$\dfrac{\partial^2 \Pi_1^F(q)}{\partial^2 q} = -\dfrac{1}{2}\sigma^2[c + a - v +$

$c_t(e_2 + e_3)][\sigma^2 + (q - \mu)^2]^{-\frac{3}{2}} < 0$，这说明 $\Pi_1^F(q)$ 是 q 的凹函数。令 $\Pi_1^F(q)$ 关

于 q 的一阶导数等于零可得：

$$\dfrac{q - \mu}{[\sigma^2 + (q - \mu)^2]^{\frac{1}{2}}} = \dfrac{v - c + a + c_t(e_3 - 2e_1 - e_2)}{c + a - v + c_t(e_2 + e_3)} \qquad (4.11)$$

式（4.11）有解的充分必要条件为：$q \geqslant \mu$ 当且仅当 $\sigma + c_t(e_3 - e_1) \geqslant c - v +$

$c_t(e_1 + e_2)$。据此求解式（4.11）可得，$q_t = \mu + \dfrac{\sigma}{2}\left(\sqrt{\dfrac{A_1}{B_1}} - \sqrt{\dfrac{B_1}{A_1}}\right)$。显然，若 $q_t > 0$，

即 $\dfrac{\mu}{\sigma} > \dfrac{B_1 - A_1}{2\sqrt{A_1 B_1}}$ 时，P_1 的最优鲁棒订购量 $q_1^* = q_t$，否则，根据 $\Pi_1^F(q)$ 的凹性有 $q_1^* = 0$。因此有 $q_1^* = \max\{q_t, 0\}$ 成立。

从以上定理可以看出，q_t 可行性由条件 $a > c_t(e_1 - e_3)$ 得到保障。在碳税政策下，零售商有可能不向国外供应商订货，这时市场需求全部由国内供应商来满足。令 $A_2 = p - c - a - c_t e_3$，$B_2 = p - v + c_t e_2$。因为现实中产品的销售价格应该高于总成本（包括订购成本和碳排放税），因此有 $A_2 > 0$。从以上定理可以得到如下推论。

推论 4.1 对于模型 P_1，当 $B_1 > A_1$ 时，以下结论成立：

（1）若 $\dfrac{\sigma}{\mu} > \dfrac{2\sqrt{A_1 B_1}}{B_1 - A_1}$，零售商从国内供应商处订购数量为 d 的产品。此时，当 $A_1 B_2 < A_2 B_1$ 且 $\dfrac{\sigma}{\mu} < \dfrac{2\sqrt{A_2 B_2}}{B_2 - A_2}$ 时，零售商的期望总利润大于零；当 "$A_1 B_2 \geqslant A_2 B_1$" 或者 "$A_1 B_2 < A_2 B_1$ 且 $\dfrac{\sigma}{\mu} \geqslant \dfrac{2\sqrt{A_2 B_2}}{B_2 - A_2}$" 时，零售商的期望总利润小于等于零。

（2）若 $\dfrac{\sigma}{\mu} \leqslant \dfrac{2\sqrt{A_1 B_1}}{B_1 - A_1}$，则零售商从国外供应商处订购数量为 q_t 的产品。当 $p > c + c_t e_1 + \dfrac{2 A_1 B_1}{B_1 - A_1}$ 时，零售商的期望总利润大于零。

证明：令 $f(x) = x - \dfrac{1}{x}$，从 $f'(x) = 1 + \dfrac{1}{x^2}$ 可知，$f(x)$ 是 x 的增函数。当 $\dfrac{\sigma}{\mu} > \dfrac{2\sqrt{A_1 B_1}}{B_1 - A_1}$ 且 $B_1 > A_1$ 时，由 $q_t = \mu + \dfrac{\sigma}{2}\left(\sqrt{\dfrac{A_1}{B_1}} - \sqrt{\dfrac{B_1}{A_1}}\right)$ 可得，$q_t = \mu\left(1 - \dfrac{\sigma(B_1 - A_1)}{2\mu\sqrt{A_1 B_1}}\right) < 0$。从定理 4.1 可知有 $q_1^* = \max(q_t, 0) = 0$。将 $q_1^* = 0$ 代入式（4.10）可得：

$$\Pi_1^F(q_1^*) = \Pi_1^F(0) = \dfrac{1}{2}[2p - c - v - a + c_t(e_2 - e_3)]\mu - \dfrac{1}{2}[c + a - v$$
$$+ c_t(e_2 + e_3)](\mu^2 + \sigma^2)^{\frac{1}{2}} \tag{4.12}$$

下面利用式（4.12）证明结论（1）成立。

① 当 $A_1 B_2 < A_2 B_1$ 时，根据 $f(x)$ 的性质有 $\sqrt{\dfrac{B_1}{A_1}} - \sqrt{\dfrac{A_1}{B_1}} > \sqrt{\dfrac{B_2}{A_2}} - \sqrt{\dfrac{A_2}{B_2}}$，即 $\dfrac{\sqrt{A_2 B_2}}{B_2 - A_2} > \dfrac{\sqrt{A_1 B_1}}{B_1 - A_1}$。因此，当 $\dfrac{\sigma}{\mu} < \dfrac{2\sqrt{A_2 B_2}}{B_2 - A_2}$ 时，$(\mu^2 + \sigma^2)^{\frac{1}{2}} < \dfrac{\mu(B_2 + A_2)}{B_2 - A_2} =$

$\dfrac{\mu[2p - c - v - a + c_t(e_2 - e_3)]}{c + a - v + c_t(e_2 + e_3)}$ 成立。从此式和式（4.12）可得 $\Pi_1^F(q_1^*) = \Pi_1^F(0) > 0$。

② 当 $A_1B_2 < A_2B_1$ 且 $\dfrac{\sigma}{\mu} \geqslant \dfrac{2\sqrt{A_2B_2}}{B_2 - A_2}$ 时，有 $(\mu^2 + \sigma^2)^{\frac{1}{2}} \geqslant \dfrac{\mu(B_2 + A_2)}{B_2 - A_2} = $

$\dfrac{\mu[2p - c - v - a + c_t(e_2 - e_3)]}{c + a - v + c_t(e_2 + e_3)}$ 成立。因此，有 $\Pi_1^F(q_1^*) = \Pi_1^F(0) \leqslant 0$。而当 $A_1B_2 \geqslant$

A_2B_1 时，$\dfrac{\sqrt{A_2B_2}}{B_2 - A_2} \leqslant \dfrac{\sqrt{A_1B_1}}{B_1 - A_1}$ 成立。因为 $\dfrac{\sigma}{\mu} > \dfrac{2\sqrt{A_1B_1}}{B_1 - A_1}$，因此 $\dfrac{\sigma}{\mu} > \dfrac{2\sqrt{A_2B_2}}{B_2 - A_2}$ 成立。此

时，仍有 $(\mu^2 + \sigma^2)^{\frac{1}{2}} \geqslant \dfrac{\mu(B_2 + A_2)}{B_2 - A_2}$ 成立，因此 $\Pi_1^F(q_1^*) = \Pi_1^F(0) \leqslant 0$。

对于结论（2），当 $q_t > 0$ 时，根据表达式 $q_t = \mu + \dfrac{\sigma}{2}\left(\sqrt{\dfrac{A_1}{B_1}} - \sqrt{\dfrac{B_1}{A_1}}\right)$ 可知：

$$q_t - \mu = \dfrac{\sigma}{2}\left(\sqrt{\dfrac{A_1}{B_1}} - \sqrt{\dfrac{B_1}{A_1}}\right) = \dfrac{\sigma[a - c + v + c_t(e_3 - 2e_1 - e_2)]}{2[c - v + c_t(e_1 + e_2)]^{\frac{1}{2}}[a - c_t(e_1 - e_3)]^{\frac{1}{2}}}$$

$$\tag{4.13}$$

和

$$[\sigma^2 + (q_t - \mu)^2]^{\frac{1}{2}} - (q_t - \mu) = \sigma\left[\dfrac{c - v + c_t(e_1 + e_2)}{a - c_t(e_1 - e_3)}\right]^{\frac{1}{2}} \tag{4.14}$$

将上述两式代入式（4.10）可得：

$$\Pi_1^F(q_1^*) = \Pi_1^F(q_t) = (p - c - c_te_1)\mu - \sigma\sqrt{A_1B_1} \tag{4.15}$$

当 $\dfrac{\sigma}{\mu} \leqslant \dfrac{2\sqrt{A_1B_1}}{B_1 - A_1}$ 且 $B_1 > A_1$ 时，有 $q_t = \mu + \dfrac{\sigma}{2}\left(\sqrt{\dfrac{A_1}{B_1}} - \sqrt{\dfrac{B_1}{A_1}}\right) > 0$ 成立。根据定

理 4.1 可知 $q_1^* = \max(q_t, 0) = q_t$。因此，当 $p > c + c_te_1 + \dfrac{2A_1B_1}{B_1 - A_1}$ 时，式（4.15）

满足 $\Pi_1^F(q_1^*) = \Pi_1^F(q_t) = (p - c - c_te_1)\mu - \sigma\sqrt{A_1B_1} \geqslant \mu\left(p - c - c_te_1 - \dfrac{aA_1B_1}{B_1 - A_1}\right) > 0$。

以上推论总结了不同条件下零售商的最优订购量和期望总利润。在许多情况下，牛鞭效应导致随机需求的变异系数 $\dfrac{\sigma}{\mu}$ 值较高，零售商不得不作出具有风险的决策。例如，当变异系数高于 $\dfrac{2\sqrt{A_1B_1}}{B_1 - A_1}$ 时，零售商只会向国内供应商订货以避免风险带来的负面影响。推论 4.1 的结论（1）表明，当零售商在国外供应商处的订单量为零时，可以获得非负的期望总利润。而当变异系数过高时，零售商在国

外供应商处的订购量为零也会导致期望总利润为负数。当变异系数低于 $\dfrac{2\sqrt{A_1 B_1}}{B_1 - A_1}$ 时，零售商将从国外供应商处订购 q_t 单位的产品。推论 4.1 的结论（2）表明，当销售价格高于 $c + c_t e_1 + \dfrac{2A_1 B_1}{B_1 - A_1}$ 时，零售商在国外供应商处的非零订购量会让零售商获得正的期望总利润。

推论 4.2 对于模型 P_1，当 $B_1 \leqslant A_1$ 时，零售商将从国外供应商处订购 q_t 单位的产品。此时，若 $\dfrac{\sigma}{\mu} < \dfrac{p - c - c_t e_1}{\sqrt{A_1 B_1}}$，则零售商的期望利润为正数。否则，零售商的期望利润小于等于零。

从以上推论可以看出，当 $B_1 \leqslant A_1$ 时，$a \geqslant c - v + c_t(2e_1 + e_2 - e_3)$ 成立，这说明从国内供应商处采购时的单位订购成本比从国外供应商处采购时的单位订购成本至少高出 $c - v + c_t(2e_1 + e_2 - e_3)$。这意味着当变异系数小于 $\dfrac{p - c - c_t e_1}{\sqrt{A_1 B_1}}$ 时，需求风险较低，零售商从国外供应商处订购 q_t 单位的产品可以获得正的期望利润。

进一步分析碳排放税对模型 P_1 总利润及相应碳排放的影响，可以得到以下定理。

定理 4.2 $\Pi_1^F(q_1^*)$ 是 c_t 的递减凸函数，$C^F(q_1^*)$ 是 c_t 的非增函数。

证明：从定理 4.1 可知，当 $q_t > 0$ 时，$q_1^* = q_t$，否则 $q_1^* = 0$。当 $q_t > 0$ 时，根据式（4.15）对 $\Pi_1^F(q_1^*)$ 关于 c_t 求一阶和二阶导数可得，$\dfrac{\partial \Pi_1^F(q_1^*)}{\partial c_t} = -e_1 q_t - \dfrac{\sigma}{2}\left(e_2\sqrt{\dfrac{A_1}{B_1}} + e_3\sqrt{\dfrac{B_1}{A_1}}\right) < 0$，$\dfrac{\partial^2 \Pi_1^F(q_1^*)}{\partial c_t^2} = \dfrac{\sigma}{4}\left[a(e_1 + e_2) + (c - v)(e_1 - e_3)\right]^2 (A_1 B_1)^{-\frac{3}{2}} > 0$。当 $q_t < 0$ 时，根据式（4.12）对 $\Pi_1^F(q_1^*)$ 关于 c_t 求一阶导数可得，$\dfrac{\partial \Pi_1^F(q_1^*)}{\partial c_t} = \dfrac{1}{2}(e_2 - e_3)\mu - \dfrac{1}{2}(e_2 + e_3)(\mu^2 + \sigma^2)^{\frac{1}{2}} < 0$。综合两种情形可得 $\Pi_1^F(q_1^*)$ 是 c_t 的递减凸函数。

同样地，当 $q_t > 0$ 时，$C^F(q_1^*) = C^F(q_t) = e_1\mu + \dfrac{\sigma}{2}(e_1 + e_2)\left[\dfrac{a - c_t(e_1 - e_3)}{c - v + c_t(e_1 + e_2)}\right]^{\frac{1}{2}} - \dfrac{\sigma}{2}(e_1 - e_3)\left[\dfrac{c - v + c_t(e_1 + e_2)}{a - c_t(e_1 - e_3)}\right]^{\frac{1}{2}}$。$C^F(q_1^*)$ 关于 c_t 的一阶导数满足 $\dfrac{\partial C^F(q_1^*)}{\partial c_t} = -\dfrac{\sigma}{4}\left[a(e_1 + e_2) + (c - v)(e_1 - e_3)\right]^2 (A_1 B_1)^{-\frac{3}{2}} < 0$。这意味着 $C^F(q_1^*)$ 是 c_t 的

严格减函数。当 $q_t < 0$ 时，根据式（4.9）可知 $C^F(q_1^*)$ 不受 c_t 影响。综上所述，$C^F(q_1^*)$ 是 c_t 的非增函数。

上述定理表明随着 c_t 的增加，零售商利润逐渐下降，碳排放量也不会增加。比较模型 P_1 和 P_0 可得如下结论。

定理 4.3　对模型 P_1 和 P_0 有：$q_1^* < q_0^*$，$\Pi_1^F(q_1^*) < \Pi_0^F(q_0^*)$ 成立。

证明：根据定理 4.1 可知，当 $q_t > 0$ 时，$q_1^* = q_t$。比较式（4.7）和式（4.11），利用 $a - c_t(e_1 - e_3) < a$ 和 $c - v + c_t(e_1 + e_2) > c - v$ 可得，$q_t < q_0^*$。当 $q_t < 0$ 时，显然有 $q_0^* > 0 = q_1^*$。因此 $q_1^* < q_0^*$ 成立。

另外，从式（4.5）和式（4.6）可知，当 $q \geq 0$ 时，$\Pi_1(q) = \Pi_0(q) - c_t C(q)$。利用引理 3.1，对任意需求分布 F 有 $\Pi_1^F(q) = \Pi_0^F(q) - c_t C^F(q)$。因为 $C^F(q_1^*) > 0$，因此有 $\Pi_1^F(q_1^*) < \Pi_0^F(q_1^*)$。利用 q_0^* 在模型 P_0 中的最优性可得，$\Pi_0^F(q_1^*) \leq \Pi_0^F(q_0^*)$。因此，$\Pi_1^F(q_1^*) < \Pi_0^F(q_0^*)$ 成立。

以上定理表明征收碳税会减少零售商的订购量和期望利润。虽然如此，实际上零售商为了扩大自身的市场占有率，并不会轻易减少订购量。造成理论与实际不一致的因素是我们在构建模型时没有考虑零售商在销售市场中的竞争对手，只是单纯从碳排放政策出发，考察零售商的双源采购受到碳税政策的影响情况。

4.4　碳配额与交易政策下的订购决策

在碳配额与交易政策下，零售商被分配的碳排放配额为 K。当零售商的实际碳排放量低于 K 时，零售商在碳交易市场以单价 c_s 将过剩的碳排放权售出。当实际碳排放量高于 K 时，零售商需要在碳交易市场以单价 c_b 购买短缺的碳排放权，不妨设 $c_b \geq c_s$（Gong and Zhou，2013；Song and Leng，2012）。在碳配额与交易政策下，零售商双源采购的分布式鲁棒优化模型可以表述为：

$$(P_2) \max_q \min_{F \in \Psi} \Pi_2(q) = \Pi_0(q) + c_s(K - C(q))^+ - c_b(C(q) - K)^+ \quad (4.16)$$

$$\text{s. t.} \quad q \geq 0 \quad (4.17)$$

其中 $x^+ = \max(x, 0)$，$x = K - C(q)$ 或 $K = C(q) - K$。

从模型 P_2 可以看出市场需求的不确定性影响了零售商的期望总利润和碳排放量。伯特西马斯和蒂勒（Bertsimas and Thiele，2006）指出，鲁棒优化通过保证最坏情况下解的可行性和最优性来解决数据不确定性引发的决策问题。基于这个思想，我们将 $C(q)$ 替换为其最坏情况下的碳排放量 $\max\limits_{F\in\Psi} C(q)$。当 $C(q) \leq K$ 时，模型 P_2 转化为：

$$(P_{21}) \quad \max\limits_q \min\limits_{F\in\Psi} \Pi_{21}(q) = \Pi_0(q) + c_s[K - C(q)] \tag{4.18}$$

$$s.t. \quad \max\limits_{F\in\Psi} C(q) \leq K \tag{4.19}$$

$$q \geq 0 \tag{4.20}$$

通过求解以上模型可以得到碳排放量不超过碳配额时，最大化最差情况下的期望总利润对应的最优订购量。

当 $C(q) \geq K$ 时，模型 P_2 转化为：

$$(P_{22}) \quad \max\limits_q \min\limits_{F\in\Psi} \Pi_{22}(q) = \Pi_0(q) + c_b[C(q) - K] \tag{4.21}$$

$$s.t. \quad \max\limits_{F\in\Psi} C(q) \geq K \tag{4.22}$$

$$q \geq 0 \tag{4.23}$$

根据式（4.9）和引理4.1可知，当零售商不从国外供应商处订购，市场需求全部由国内供应商来满足时，零售商的最小碳排放量为 $\dfrac{(e_3 - e_2)\mu + (e_2 + e_3)\sqrt{\mu^2 + \sigma^2}}{2}$。因此不妨假设 $K \geq \dfrac{(e_3 - e_2)\mu + (e_2 + e_3)\sqrt{\mu^2 + \sigma^2}}{2}$。下面的引理将帮助求解模型 P_{21} 和 P_{22}。

引理4.2 当 $K \geq \dfrac{(e_3 - e_2)\mu + (e_2 + e_3)\sqrt{\mu^2 + \sigma^2}}{2}$ 时，存在唯一的解 $q_{c1} \geq 0$ 使得 $C^F(q) = K$，其中 $q_{c1} = \dfrac{2K(2e_1 + e_2 - e_3) + 2\mu(e_1 e_2 - e_1 e_3 - 2e_2 e_3) - (e_2 + e_3)\sqrt{\Delta}}{4(e_1 + e_2)(e_1 - e_3)}$，

$\Delta = 4[(K - e_1\mu)^2 + (e_1 + e_2)(e_1 - e_3)\sigma^2]$。

证明：将式（4.9）代入 $C^F(q) = K$，并令 $K_1 = 2K + (e_2 - e_3)\mu$，$\Delta = [K_1 - \mu(2e_1 + e_2 - e_3)]^2 + 4(e_1 + e_2)(e_1 - e_3)\sigma^2$，可得 $(e_2 + e_3)[\sigma^2 + (q - \mu)^2]^{\frac{1}{2}} = K_1 - (2e_1 + e_2 - e_3)q$。从而可得 $q < \dfrac{K_1}{2e_1 + e_2 - e_3}$ 和 $4(e_1 + e_2)(e_1 - e_3)q^2 + 2q[(e_2 + e_3)^2\mu - (2e_1 + e_2 - e_3)K_1] + K_1^2 - (e_2 + e_3)^2(\mu^2 + \sigma^2) = 0$。求解该方程可得：

$$q_{c1} = \dfrac{K_1(2e_1 + e_2 - e_3) - \mu(e_2 + e_3)^2 - (e_2 + e_3)\sqrt{\Delta}}{4(e_1 + e_2)(e_1 - e_3)} \tag{4.24}$$

和

$$q_{c2} = \frac{K_1(2e_1 + e_2 - e_3) - \mu(e_2 + e_3)^2 + (e_2 + e_3)\sqrt{\Delta}}{4(e_1 + e_2)(e_1 - e_3)} \tag{4.25}$$

下面证明两个根中只有 q_{c1} 满足 $q < \dfrac{K_1}{2e_1 + e_2 - e_3}$。当 $K_1 \geqslant (2e_1 + e_2 - e_3)\mu$ 时，以下不等式成立：

$$(2e_1 + e_2 - e_3)\sqrt{\Delta} > (e_2 + e_3)[(2e_1 + e_2 - e_3)\mu - K_1] \tag{4.26}$$

当 $K_1 < (2e_1 + e_2 - e_3)\mu$ 时，有 $4(e_1 + e_2)(e_1 - e_3)\{[(2e_1 + e_2 - e_3)\mu - K_1]^2 + (2e_1 + e_2 - e_3)^2\sigma^2\} > 0$。利用 $(2e_1 + e_2 - e_3)^2 - (e_2 + e_3)^2 = 4(e_1 + e_2)(e_1 - e_3)$，式（4.26）可化简为 $(2e_1 + e_2 - e_3)^2\Delta > (e_2 + e_3)^2[(2e_1 + e_2 - e_3)\mu - K_1]^2$。

从式（4.26）可得 $K_1(2e_1 + e_2 - e_3)^2 - \mu(e_2 + e_3)^2(2e_1 + e_2 - e_3) + (e_2 + e_3)(2e_1 + e_2 - e_3)\sqrt{\Delta} > 4K_1(e_1 + e_2)(e_1 - e_3)$。利用该式化简式（4.25）可得 $q_{c2} > \dfrac{K_1}{2e_1 + e_2 - e_3}$，矛盾。

同样地，对任意 K_1 可以证明，不等式 $(2e_1 + e_2 - e_3)\sqrt{\Delta} > (e_2 + e_3)[K_1 - (2e_1 + e_2 - e_3)\mu]$ 成立。利用 $(e_2 + e_3)^2 = (2e_1 + e_2 - e_3)^2 - 4(e_1 + e_2)(e_1 - e_3)$，化简该不等式可得 $4K_1(e_1 + e_2)(e_1 - e_3) > K_1(2e_1 + e_2 - e_3)^2 - \mu(e_2 + e_3)^2(2e_1 + e_2 - e_3) - (e_2 + e_3)(2e_1 + e_2 - e_3)\sqrt{\Delta}$。将式（4.24）代入此式可得 $q_{c1} < \dfrac{K_1}{2e_1 + e_2 - e_3}$，这说明只有 q_{c1} 是 $C^F(q) = K$ 方程的可行解。

当 $K \geqslant \dfrac{(e_3 - e_2)\mu + (e_2 + e_3)\sqrt{\mu^2 + \sigma^2}}{2}$ 时，有 $K_1 \geqslant (e_2 + e_3)\sqrt{\mu^2 + \sigma^2}$ 和 $K_1^2 - \mu^2(e_2 + e_3)^2 \geqslant (e_2 + e_3)^2\sigma^2$ 成立。因为 $e_1 > e_3$，上述不等式可转化为 $4(e_1 + e_2)(e_1 - e_3)[K_1 - \mu(e_2 + e_3)][K_1 + \mu(e_2 + e_3)] \geqslant 4(e_1 + e_2)(e_1 - e_3)(e_2 + e_3)^2\sigma^2$。利用 $2(e_1 + e_2) = (2e_1 + e_2 - e_3) + (e_2 + e_3)$ 和 $2(e_1 - e_3) = (2e_1 + e_2 - e_3) - (e_2 + e_3)$，上述不等式可改写为 $[K_1(2e_1 + e_2 - e_3) - \mu(e_2 + e_3)^2]^2 - [K_1(e_2 + e_3) - \mu(e_2 + e_3)(2e_1 + e_2 - e_3)]^2 \geqslant 4(e_1 + e_2)(e_1 - e_3)(e_2 + e_3)^2\sigma^2$ 和 $K_1(2e_1 + e_2 - e_3) - \mu(e_2 + e_3)^2 \geqslant (e_2 + e_3)\sqrt{\Delta}$。结合式（4.24）可得 $q_{c1} \geqslant 0$，这意味着 q_{c1} 是 $C^F(q) = K$ 方程的唯一非负解。将 $K_1 = 2K + (e_2 - e_3)\mu$ 代入 Δ 和式（4.24）可得 $q_{c1} = \dfrac{2K(2e_1 + e_2 - e_3) + 2\mu(e_1e_2 - e_1e_3 - 2e_2e_3) - (e_2 + e_3)\sqrt{\Delta}}{4(e_1 + e_2)(e_1 - e_3)}$，$\Delta = 4[(K - e_1\mu)^2 + (e_1 + e_2)(e_1 - e_3)\sigma^2]$。

令 $\Pi_{21}^F(q) = \min_{F \in \Psi} \Pi_{21}(q)$，$q_{21}^*$ 为模型 P_{21} 的最优订购量。利用引理 4.1 和引理 4.2 可以得到如下结论。

定理 4.4　对于问题 P_{21}，存在唯一的最优解 $q_{21}^* = \min\{\max(q_{21}, 0), q_{c1}\}$ 使零售商的期望利润最大，其中 $q_{21} = \mu + \dfrac{\sigma}{2}\left(\sqrt{\dfrac{A_3}{B_3}} - \sqrt{\dfrac{B_3}{A_3}}\right)$，$A_3 = a - c_s(e_1 - e_3)$，$B_3 = c - v + c_s(e_1 + e_2)$。

证明：将式（4.3）和式（4.4）代入式（4.18），利用引理 3.1 可得：

$$\Pi_{21}^F(q) = (p - v + c_s e_2)\mu - \frac{1}{2}[c + a - v + c_s(e_2 + e_3)]\{[\sigma^2 + (q - \mu)^2]^{\frac{1}{2}}$$
$$- (q - \mu)\} - [c + c_s(e_1 + e_2) - v]q + c_s K$$

$$(4.27)$$

对 $\Pi_{21}^F(q)$ 关于 q 求二阶导数可得，$\dfrac{\partial^2 \Pi_{21}^F(q)}{\partial q^2} = -\dfrac{[c + a - v + c_s(e_2 + e_3)]\sigma^2}{2[\sigma^2 + (q - \mu)^2]^{\frac{3}{2}}} < 0$。

因此，$\Pi_{21}^F(q)$ 是关于 q 的凹函数。利用 $a > c_s(e_1 - e_3)$ 和 $c > v$ 求解 $\dfrac{\partial \Pi_{21}^F(q)}{\partial q} = 0$ 可得，$q_{21} = \mu + \dfrac{\sigma}{2}\left(\sqrt{\dfrac{A_3}{B_3}} - \sqrt{\dfrac{B_3}{A_3}}\right)$。利用引理 4.1 和引理 4.2 化简 $C^F(q) \leqslant K$ 可得，$0 \leqslant q \leqslant q_{c1}$。结合 q_{21} 的表达式可知：当 $\dfrac{\mu}{\sigma} > \dfrac{1}{2}\left(\sqrt{\dfrac{B_3}{A_3}} - \sqrt{\dfrac{A_3}{B_3}}\right)$，即 $q_{21} > 0$ 时，若 $q_{21} > q_{c1}$，则根据 $\Pi_{21}^F(q)$ 的凹性有 $q_{21}^* = q_{c1}$。否则，$q_{21}^* = q_{21}$。当 $\dfrac{\mu}{\sigma} \leqslant \dfrac{1}{2}\left(\sqrt{\dfrac{B_3}{A_3}} - \sqrt{\dfrac{A_3}{B_3}}\right)$，即 $q_{21} \leqslant 0$ 时，根据 $\Pi_{21}^F(q)$ 的凹性有 $q_{21}^* = 0$。

注意碳配额与交易政策下模型的可行性由 $a > c_b(e_1 - e_3)$ 保障。根据假设 $c_b \geqslant c_s$ 和 $c > v$ 可知 $A_3 > 0$，$B_3 > 0$。上述定理表明，当碳排放量不超过碳配额时，零售商将从国外供应商处采购 q_{c1} 单位的产品使碳排放量达到政府设定的碳配额。如果订购量小于 q_{c1}，碳排放量也会低于碳配额的值。此外，从该定理还可以得到以下推论。

推论 4.3　对于模型 P_{21}，以下结论成立：

（1）当 "$B_3 \leqslant A_3$" 或 "$B_3 > A_3$ 且 $\dfrac{\sigma}{\mu} < \dfrac{2\sqrt{A_3 B_3}}{B_3 - A_3}$" 时，零售商将从国外供应商处订购 $\min(q_{21}, q_{c1})$ 单位的产品。此时，若 $q_{21} > q_{c1}$，则 $\Pi_{21}^F(q_{21}^*) < \Pi_0^F(q_0^*)$。否则，对任意 $K > C^F(q_0^*)$ 有 $\Pi_{21}^F(q_{21}^*) \geqslant \Pi_0^F(q_0^*)$ 成立。

（2）当 $B_3 > A_3$ 且 $\dfrac{\sigma}{\mu} \geq \dfrac{2\sqrt{A_3 B_3}}{B_3 - A_3}$ 时，零售商将从国内供应商处订购 d 单位的产品。此时，当 $K > K_L$ 时零售商的期望利润为正数，其中 $K_L = \dfrac{1}{2c_s}\{[c + a - v + c_s(e_2 + e_3)](\sigma^2 + \mu^2)^{\frac{1}{2}} - [2p - v - c - a + c_s(e_2 - e_3)]\mu\}$。

证明：（1）当 "$B_3 \leq A_3$" 或 "$B_3 > A_3$ 且 $\dfrac{\sigma}{\mu} < \dfrac{2\sqrt{A_3 B_3}}{B_3 - A_3}$" 时，有 $q_{21} = \mu + \dfrac{\sigma}{2}\left(\sqrt{\dfrac{A_3}{B_3}} - \sqrt{\dfrac{B_3}{A_3}}\right) > 0$。根据定理 4.4 有 $q_{21}^* = \min\{q_{21}, q_{c1}\}$。若 $q_{21} > q_{c1}$ 则 $q_{21}^* = q_{c1}$。根据引理 4.2 有 $C^F(q_{c1}) = K$。比较式（4.7）和 $q_{21} = \mu + \dfrac{\sigma}{2}\left(\sqrt{\dfrac{A_3}{B_3}} - \sqrt{\dfrac{B_3}{A_3}}\right)$，结合 $\dfrac{A_3}{B_3} < \dfrac{a}{c - v}$ 和 $\dfrac{B_3}{A_3} > \dfrac{c - v}{a}$ 可得，$q_{21} < q_0^*$ 和 $q_{c1} < q_0^*$。利用式（4.18）可知，$\Pi_{21}^F(q_{21}^*) = \Pi_{21}^F(q_{c1}) = \Pi_0^F(q_{c1}) + c_s[K - C^F(q_{c1})] = \Pi_0^F(q_{c1}) < \Pi_0^F(q_0^*)$。最后一个不等式成立是利用了 q_0^* 的最优性。否则，$q_{21} \leq q_{c1}$，此时有 $q_{21}^* = q_{21}$。当 $K > C^F(q_0^*)$ 时，q_0^* 是模型 P_{21} 的一个可行解。因此有 $\Pi_{21}^F(q_{21}^*) \geq \Pi_0^F(q_0^*)$。

（2）当 $B_3 > A_3$ 且 $\dfrac{\sigma}{\mu} \geq \dfrac{2\sqrt{A_3 B_3}}{B_3 - A_3}$ 时，$q_{21} = \mu + \dfrac{\sigma}{2}\left(\sqrt{\dfrac{A_3}{B_3}} - \sqrt{\dfrac{B_3}{A_3}}\right) < 0$ 成立。利用定理 4.4 有 $q_{21}^* = 0$。将其代入式（4.27）可得，$\Pi_{21}^F(q_{21}^*) = (p - v + c_s e_2)\mu - \dfrac{1}{2}[c + a - v + c_s(e_2 + e_3)][(\sigma^2 + \mu^2)^{\frac{1}{2}} + \mu] + c_s K$。因此，当 $K > K_L$ 时，有 $\Pi_{21}^F(q_{21}^*) > 0$ 成立。

以上推论 4.3 的结论（1）说明，当 "$a \geq c - v + c_s(2e_1 + e_2 - e_3)$" 或 "$a < c - v + c_s(2e_1 + e_2 - e_3)$ 且 $\dfrac{\sigma}{\mu} < \dfrac{2\sqrt{A_3 B_3}}{B_3 - A_3}$" 时，零售商愿意从国外供应商处订货。第一个条件表明国外供应商的单位订购成本比国内供应商的单位订购成本降低了 $c - v + c_s(2e_1 + e_2 - e_3)$，而第二个条件表明不确定信息对需求的影响是有限的。在此情景下，当碳排放量等于 K 时，零售商的期望利润将低于没有碳排放政策时零售商的期望利润。另外，若 K 高于 $C^F(q_0)$，零售商可能会获得更高的利润。零售商期望利润的这种灵活性也可以解释为什么碳配额与交易政策在实践中备受欢迎。推论 4.3 的结论（2）意味着当随机需求的变异系数较高 $\left(\text{不低于}\right.$ $\dfrac{2\sqrt{A_3 B_3}}{B_3 - A_3}\left.\right)$ 时，市场需求将全部由国内供应商的供货满足。若碳配额大于 K_L，则

零售商的期望利润为正数。

对模型 P_{22} 做类似的分析可得以下结论。

定理 4.5 对于模型 P_{22}，存在唯一的最优解 $q_{22}^* = \max(q_{22}, q_{c1})$ 使零售商的期望利润最大，其中 $q_{22} = \mu + \dfrac{\sigma}{2}\left(\sqrt{\dfrac{A_4}{B_4}} - \sqrt{\dfrac{B_4}{A_4}}\right)$，$A_4 = a - c_b(e_1 - e_3) > 0$，$B_4 = c - v + c_b(e_1 + e_2) > 0$。

利用与求解 $q_{21} = \mu + \dfrac{\sigma}{2}\left(\sqrt{\dfrac{A_3}{B_3}} - \sqrt{\dfrac{B_3}{A_3}}\right)$ 相似的方法可以得到 $q_{22} = \mu + \dfrac{\sigma}{2}\left(\sqrt{\dfrac{A_4}{B_4}} - \sqrt{\dfrac{B_4}{A_4}}\right)$，所以这里省略定理的证明。从该定理可知，当 $q_{22} > q_{c1}$ 时，零售商将从国外供应商处订购 q_{22} 单位的产品，此时碳排放量将高于碳配额。而订购 q_{c1} 单位产品时，碳排放量正好等于碳配额。

从以上定理还可以得到以下结论。

推论 4.4 当碳排放量不低于碳配额 K 时，零售商的期望利润总是小于没有碳排放政策时的期望利润，即 $\Pi_{22}^F(q_{22}^*) < \Pi_0^F(q_0^*)$。

推论 4.4 可以利用 q_{22}^* 和 q_0^* 在没有碳排放政策时对应模型的可行解和最优解得到。该推论说明碳配额与交易政策在某种条件下也会减少零售商的利润。减少的利润可以被视为碳排放量高于碳配额的惩罚。在这种情况下，政府应加强监管，以保证碳配额与交易政策在碳排放管控上的有效性。

令 $\Pi_2^F(q) = \min\limits_{F \in \Psi}\Pi_2(q)$，$q_2^*$ 为模型 P_2 的最优订购量。根据定理 4.4 和定理 4.5 可以得到以下结论。

定理 4.6 对于模型 P_{21} 和 P_{22}，有 $q_{21}^* \leqslant q_{22}^*$ 成立。模型 P_2 的最优订购量为

$$q_2^* = \begin{cases} q_{21}^*, & \Pi_{21}^F(q_{21}^*) \geqslant \Pi_{21}^F(q_{22}^*) \\ q_{22}^*, & \Pi_{21}^F(q_{21}^*) \leqslant \Pi_{21}^F(q_{22}^*) \end{cases}。$$

证明：先通过分析以下两种情况证明 $q_{21}^* \leqslant q_{22}^*$ 成立。

（1）$q_{22} > q_{c1}$。此时根据定理 4.5 有 $q_{22}^* = q_{22}$。又因为 $q_{21}^* = \min\{\max(q_{21}, 0), q_{c1}\}$，所以 $q_{c1} \geqslant q_{21}^*$，进而 $q_{21}^* \leqslant q_{22}^*$ 成立。

（2）$q_{22} \leqslant q_{c1}$。此时根据定理 4.5 和定理 4.6 以及 $q_{21}^* = \min\{\max(q_{21}, 0), q_{c1}\}$ 可得 $q_{22}^* = q_{c1} \geqslant q_{21}^*$，因此 $q_{21}^* \geqslant q_{22}^*$ 成立。

另外，通过分析模型 P_{21} 和 P_{22} 可以知道，模型 P_2 的最优鲁棒利润等价于

$$\max\limits_q \Pi_2^F(q) = \max\left\{\max\limits_{C^F(q) \leqslant K}\Pi_{21}^F(q), \max\limits_{C^F(q) \geqslant K}\Pi_{22}^F(q)\right\} = \max\left\{\Pi_{21}^F(q_{21}^*), \Pi_{22}^F(q_{22}^*)\right\}。$$

因此模型 P_2 的最优订购量为 $q_2^* = \begin{cases} q_{21}^*, & \Pi_{21}^F(q_{21}^*) \geqslant \Pi_{21}^F(q_{22}^*) \\ q_{22}^*, & \Pi_{21}^F(q_{21}^*) \leqslant \Pi_{21}^F(q_{22}^*) \end{cases}$。

为了对碳税和碳配额与交易政策进行比较，由定理 4.3 和推论 4.3（1）可以得到如下结论。

推论 4.5　当碳配额满足 $K > C^F(q_0^*)$ 时，零售商在碳配额与交易政策下的期望利润高于在碳税政策下的期望利润，即 $\Pi_1^F(q_1^*) < \Pi_2^F(q_2^*)$。

该推论表明，由于零售商可能获得更高的利润，因此碳配额与交易政策优于碳税政策。这也可以解释为什么碳配额与交易政策在实践中更受欢迎。

4.5　数值分析

本节通过数值分析说明上述理论结果，并通过灵敏度分析获得一些管理启示。参数的基本取值分别为 $p = 60$，$c = 10$，$v = 5$，$a = 18$，$c_t = 3.2$，$c_b = 3.2$，$c_s = 2$，$e_1 = 5$，$e_2 = 3$，$e_3 = 1$，$\mu = 800$，$\sigma = 196$，$K = 5\,000$。

此时，模型 P_1 和 P_2 的最优订购量与相应的最优期望利润分别为 $q_1^* = 602.67$，$\Pi_1^F(q_1^*) = 24\,728$，$q_2^* = 725.61$，$\Pi_2^F(q_2^*) = 39\,160$。碳税和碳配额与交易政策下对应的碳排放量分别为 $C^F(q_1^*) = 3\,372.30$ 和 $C^F(q_2^*) = 3\,972.90$。根据这些结果很容易得出结论 $q_2^* > q_1^*$，$\Pi_2^F(q_2^*) > \Pi_1^F(q_1^*)$ 和 $C^F(q_2^*) > C^F(q_1^*)$。这些结果验证了与碳税政策相比，碳配额与交易政策可以提高零售商在国外供应商处的订购量、期望利润和碳排放量。此时对应模型 P_0 的最优订购量和期望利润分别为 $q_0^* = 934.29$ 和 $\Pi_0^F(q_0^*) = 38\,141$。问题 P_0、P_1 和 P_2 的最优解满足 $q_0^* > q_2^* > q_1^*$ 和 $\Pi_2^F(q_2^*) > \Pi_0^F(q_0^*) > \Pi_1^F(q_1^*)$，与理论结果一致。由于在碳配额与交易政策下，零售商可以通过出售一些碳排放许可获得收入，因此零售商的利润要高于没有碳排放政策时零售商的利润。然而，在碳税政策下情况则正好相反。

为了书写简便，在上面的数值算例中使用的均值和方差均为整数。此外，由于最优订购量的存在性和唯一性是基于决策变量是一个连续变量的基本假设，因此订购量并不需要取整（Kevork，2010；Andersson et al.，2013；Choi，2013）。

下面通过需求标准差的变动分析需求不确定性对最优决策的影响。表 4.2 给出了不同标准差下模型 P_1 和 P_2 的计算结果。从表 4.2 可以看出，模型 P_1 和 P_2 的最优订购量与期望利润都随着 σ 的增加而减少。σ 的增大导致需求变异系数增大，这使零售商在需求分布最坏情况下变得更加保守，订购的产品更少。特别地，当 $\sigma = 980$ 时，在碳税政策下零售商从国外供应商处订购的产品数量为零，最优期望利润为 14 715。订购量减少导致利润和碳排放量均减少。结果还表明，碳税政策下的最优决策对 σ 的变化更为敏感。例如，当 σ 从 294 增加到 392 时，q_1^*、$\Pi_1^F(q_1^*)$ 和 $C^F(q_1^*)$ 分别减少 19.6%、5.3% 和 10.3%；而 q_2^*、$\Pi_2^F(q_2^*)$ 和 $C^F(q_2^*)$ 分别减少 5.4%，3.5% 和 0.3%。

表 4.2 　　　　　　　　　不同 σ 对应的计算结果

σ	q_1^*	$\Pi_1^F(q_1^*)$	$C^F(q_1^*)$	q_2^*	$\Pi_2^F(q_2^*)$	$C^F(q_2^*)$
98	701.33	25 964	3 686.10	762.81	40 580	3 986.50
196.50	602.17	24 721	3 370.70	725.42	39 152	3 972.90
294	504.00	23 491	3 058.40	688.42	37 740	3 959.40
392	405.35	22 255	2 744.50	651.22	36 319	3 945.90
980	0	14 715	1 730.00	428.06	27 798	3 864.70

碳税和碳配额与交易政策下，碳参数 c_t、K、c_b 和 c_s 对零售商订购量、利润和相应碳排放量的影响见图 4.2 ~ 图 4.5。

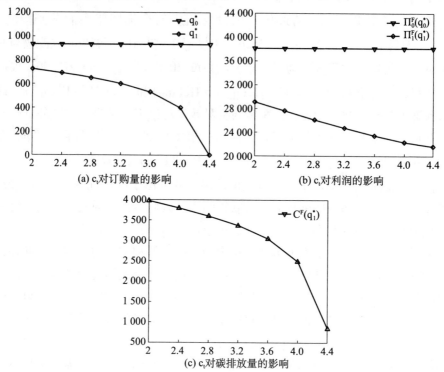

图 4.2　碳税政策下 c_t 对订购量、利润和碳排放量的影响

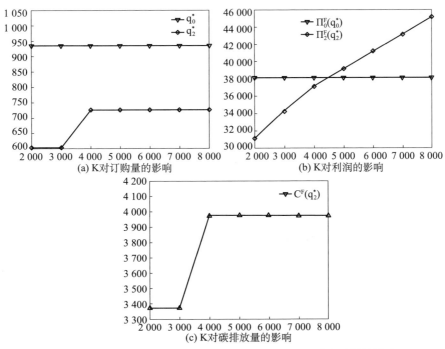

图 4.3　碳配额与交易政策下 **K** 对订购量、利润和碳排放量的影响

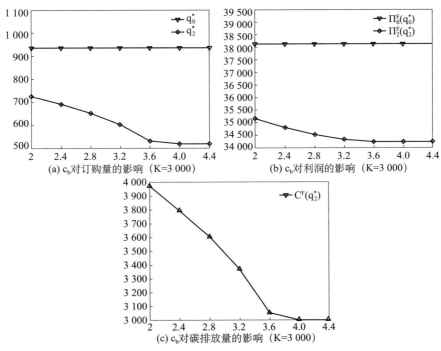

图 4.4　碳配额与交易政策下 **c_b** 对订购量、利润和碳排放量的影响

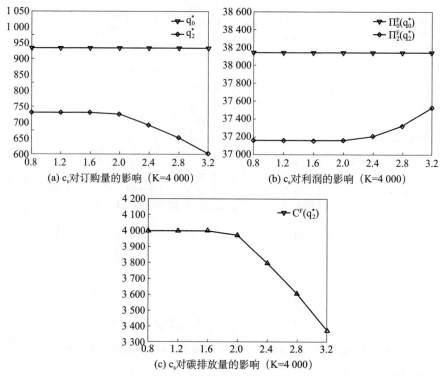

(a) c_s对订购量的影响 (K=4 000)

(b) c_s对利润的影响 (K=4 000)

(c) c_s对碳排放量的影响 (K=4 000)

图 4.5 碳配额与交易政策下 c_s 对订购量、利润和碳排放量的影响

图 4.2 给出了碳税政策下 c_t 对最优订购量、利润和相应碳排放量的影响。在碳税政策下有以下观察结果。

（1）随着 c_t 的增加，最优订购量、利润以及相应的碳排放量都降低。利润确实是 c_t 的递减凸函数，而订购量和碳排放量则是 c_t 的递减凹函数。c_t 的增加促使零售商减少在国外供应商处的订购量以减少碳排放量。在国外供应商处的订购量减少也会导致在国外供应商处的订购成本降低。同时，为了满足市场需求，零售商不得不在国内供应商处订购更多的产品，这增加了在国内供应商处的订购成本。在这种情况下，尽管零售商的碳税总成本随着 c_t 的增加而降低，但这可能不足以增加零售商的利润。例如，当 c_t 从 3.2 降至 3.6 时，在国外供应商处的订购量从 602.67 降至 531.70，碳排放量从 3 372.30 降至 3 054.70。在国外供应商处的订购成本和碳排放量分别降低了 227.10 和 935.34，而在国内供应商处的订购成本则增加了 1 751.52。零售商的利润随着 c_t 的增加而减少。此外，从零售商的角度来看，虽然政府可以通过增加 c_t 来降低零售商的碳排放量，但零售商必须以利润的减少为代价。这就迫使零售商要么投资减排技术，要么进行迁址。

另外，政府除了加强监管，还可以通过采取其他激励措施确保碳税政策在碳排放管控上的有效性。

（2）随着 c_t 的增大，零售商的最优订购量和最优利润严格小于没有碳排放政策的情形，即 $q_1^* < q_0^*$，$\Pi_1^F(q_1^*) < \Pi_0^F(q_0^*)$。特别地，当 $c_t = 4.4$ 时，为了避免出现高碳税成本，零售商不会从国外供应商处订购任何产品。在这种情况下，市场需求完全由碳排放较少的国内供应商满足。这意味着 c_t 的增加会使零售商采取更稳健的策略，即减少国外订购量以减少碳排放。

（3）随着 c_t 的增大，碳税规制下的模型与不考虑碳政策的模型在最优订购量和利润上的差异更加明显。例如，当 c_t 从 3.2 增加到 4.0 时，碳税政策与不考虑碳排放政策情形下的最优订购量差值增加了 60.73%，利润差值增加了 18.00%。这意味着当对零售商征收碳税时，零售商更愿意接受较低的碳税以实现利润最大化。

图 4.3 为碳配额 K 对最优订购量、利润及对应碳排放量的影响。在碳配额与交易政策下有以下观察结果。

（1）随着 K 的增加，最优订购量和相应的碳排放量先保持不变后增加，再保持不变。图 4.3（a）和（c）表明，当 K≤3 000 或 K≥4 000 时，最优订货量及其对应的碳排放量不受 K 变化的影响。另外，当 K < 3 000 时，碳排放量高于 K；当 K≥4 000 时，碳排放量小于 K。而且，当 3 000 < K < 4 000 时，最优订购量和相应的碳排放量均随碳配额的增加而增加。在这种情况下，零售商的碳排放量接近或等于 K。这意味着如果碳排放量和碳配额之间的差异相对较大，随着 K 的增加，零售商采用的鲁棒策略是保持在国外供应商处的订购量不变以获得更多的利润或花费更少的成本。如果 K 超出了这一范围，则随着 K 值增加，零售商会向国外供应商订购更多的产品，以减少其碳排放量与碳配额之间的差距。

（2）随着 K 的增加，零售商的利润近似线性增加。这说明零售商的利润对碳排放配额的变化较为敏感，当碳排放配额变化时，零售商要么需要购买更少的碳排放许可，要么可以出售更多的碳排放许可。从图 4.3（b）和（c）中也可以看出，提高排放配额导致利润的增加值大于碳排放量的增加值。例如，当 K 值从 4 000 增加到 6 000 时，零售商的利润增加了 10.76%，而碳排放量保持不变。当 K 接近 4 500 时，碳配额与交易政策下的利润比不考虑碳排放政策时的利润要高。这意味着当碳排放配额相对较大时，零售商可以出售更多的碳排放许可从而获得更多的收入。这一观察揭示了碳配额与交易政策优于碳税政策的原因。

令 K 为 3 000 和 4 000，从图 4.4 和图 4.5 可以进一步观察到碳配额与交易政

策下 c_b 及 c_s 的影响。

（1）随着 c_b 的增大，最优订购量、利润和碳排放量先减小后保持在碳配额 K 对应的水平上。例如，当 K = 3 000 时，碳排放量不低于碳配额。增加 c_b 的值促使零售商从国外供应商处订购更少的产品来减少碳排放。国外供应商处订购数量的减少导致订购成本的降低，碳排放量的减少使得购买碳排放许可的成本降低。尽管在国外供应商处的订购成本和购买碳排放许可成本有所降低，但在国内供应商处的订购数量和相应成本大幅增加，无法使零售商的利润得到提升。例如，当 c_b 从 2.8 增加到 3.2 时，在国外供应商处的订购量从 652.10 减少到 602.67，碳排放量从 3 603.70 减少到 3 372.30。在国外供应商处的订购成本和购买碳排放许可的成本分别降低了 494.34 和 499.00，而在国内供应商处的订购成本增加了 1 148.32。因此，利润会随着 c_b 的增加而减少。另外，在本例中，当 $c_b \geqslant 4.0$ 时，零售商向国外供应商订购相同数量的产品以保持碳排放量与碳配额相当。在此情形下，当 c_b 从 4.0 增加时零售商不需要购买碳排放许可，因此利润不变。

（2）随着 c_s 的增加，最优订购量、利润和碳排放量先保持在碳配额 K 对应的水平上，然后订购量和碳排放量降低、利润增加。在本例中，当 K = 4 000 时，碳排放量小于等于碳配额。当 c_s 的值小于等于 1.6 时，零售商不会销售碳排放许可。在国外供应商处的订购量保持不变，碳排放量等于碳配额。当 c_s 的值从 1.6 逐渐增加时，零售商减少在国外供应商处的订购量，以控制碳排放。此时，在国外供应商处的订购成本降低，零售商可以出售剩余的碳排放许可来获得更多收入。另外，由于零售商需要向国内供应商订购更多的商品以满足市场需求，因此在国内供应商处的订购成本增加。例如，当 c_s 从 2.4 增加到 2.8 时，国外供应商的订购量从 691.40 减少到 652.10，碳排放量从 3 796.50 减少到 3 603.70。在国外供应商处的订购成本降低了 392.97，而出售碳排放许可的收入和在国内供应商处的订购成本分别增加了 621.24 和 850.65。在国外供应商处的订购成本减少量与碳排放许可销售收入的增长量之和高于在国内供应商处的订购成本增加量，从而获得更高的利润。

（3）当 c_b 从 2.0 增加到 4.4 时，在国外供应商处的订购量和零售商的利润分别减少至少 22.3% 和 7.8%，低于不考虑碳排放政策的情形。较低的 c_b 值会使零售商利润接近不考虑碳排放政策的情形。当 c_s 从 0.8 增加到 3.2 时，在国外供应商处的订购量和零售商的利润分别减少 21.8% 和 1.6%，少于不考虑碳排放政策的情形。c_s 值越高，零售商的利润就越接近不考虑碳排放政策情形下的利润。

结合定理 4.3 和推论 4.5 可以得到，在碳配额与交易政策下，零售商的利润可能高于碳税政策下的利润。这表明与减少 c_b 相比，增加 c_s 更有可能使零售商的利润高于不考虑碳排放政策情形下的利润。

4.6　小　结

在供应商选择上作出正确的决定对提高服务质量和应对不断变化的市场需求起着重要作用。在现实背景下，本章在碳税和碳配额与交易政策下构建了两个具有双源采购的分布式鲁棒优化模型。遵循极大—极小值法求解每个模型的最优订购量。在只有需求分布的均值和方差已知情况下，对不同碳减排政策下的鲁棒优化模型进行了解析求解。本章还通过数值分析来说明模型求解的有效性，并进行灵敏度分析。理论和数值分析结果表明：（1）在碳税政策下，零售商在国外供应商处的订购量为零可以减少需求不确定性带来的负面影响，并可能带来非负利润。（2）零售商在碳税政策下的利润低于不考虑碳排放政策时的利润。（3）当碳排放许可买卖价格不同时，碳排放配额对零售商利润产生显著影响。

本章研究的问题还可以通过多种方式进行扩展。岳劲峰等（Yue J. et al.，2006）和安德森等（Andersson et al.，2013）指出在已知部分需求信息的情况下，当不考虑碳排放政策时，利用其他方法（如极小极大后悔值和最大熵等方法）求解报童问题可以得到保守性较小的解。因此，在不同的碳减排政策下，极大—极小值方法是否能比其他方法做得更好是一个有趣的研究方向。另外，在低碳经济时代，销售价格和减排投资可能会影响市场需求。在未来的研究中可以将它们整合到分布式鲁棒报童问题中进行研究。

第5章 碳限额和碳交易政策下的
鲁棒生产与投资策略

5.1 引　言

碳限额政策和碳配额与交易政策是两种不同的碳减排政策，其中碳配额与交易政策比碳限额政策更为灵活和宽松，但是两种碳减排政策的共同点是都要预先设定一个排放限额或配额。而设定的基础就是企业所在行业的碳排放数据。然而，在企业运营过程和碳排放核算过程中都存在不确定因素，如碳排放检测和核算标准不统一、市场需求的概率分布难以精确获取等。在这些不确定性因素的影响下，企业应如何实现有效减排并保持高额利润成为当前管理者亟须解决的问题。基于此背景，本章分别构建两种碳减排政策下的分布式鲁棒优化模型，探讨企业的最优生产和减排投资策略。

5.2 问题描述与符号设定

本章考虑的问题场景如下：制造商以单位成本 c 生产某种产品，生产量为 Q，并以单位价格 p 销售给顾客。产品的市场需求 D 是随机的，且制造商仅能获得其均值 u 和方差 σ^2，而无法获知其具体分布。过剩产品的单位残值为 v，单位产品的缺货成本为 s，$p > c > v$。制造商的生产过程产生碳排放，单位产品的碳排放量为 ĉ。政府为制造商设定的碳排放配额（限额）为 C。在碳减排政策的规制下，制造商决定进行可持续投资（投资绿色技术或设备，又称减排投资）以降低生产过程产生的碳排放。当投资额为 $G\left(0 \leqslant G \leqslant \dfrac{a}{b}\right)$ 时，碳排放量可以减少 $aG - bG^2$ [相同的假设见本贾法尔等（Benjaafar et al., 2013）以及黄和拉斯特（Huang M. H. and Rust R. T., 2011）的研究]。制造商需要确定能使其在碳减排政策规制下利润最大的生产量与投资额。

根据以上描述，对给定的需求分布，制造商的期望利润 $\Pi(Q, G)$ 可以表

示为:

$$\Pi(Q,G) = pE\min(D,Q) + vE\max\{Q-D,0\} - sE\max\{D-Q,0\} - cQ - G$$

$$(5.1)$$

通过变换可以将式 (5.1) 化简为:

$$\Pi(Q,G) = (p-c)u - (p-v+s)E\max\{D-Q,0\} + (v-c)Q - G \quad (5.2)$$

制造商的碳排放量为:

$$J(Q,G) = \hat{c}Q - (aG - bG^2) \quad (5.3)$$

由于减排技术不能将碳排放量减少到零,因此有 J(Q, G) >0。

5.3　模型构建与分析

本节利用鲁棒优化方法分别构建碳限额政策和碳交易政策下的分布式鲁棒优化模型,并对两种碳政策下的利润值和碳排放量进行比较。另外,因为所求的最优解满足 $G \leqslant \dfrac{a}{b}$ 这一条件,因此没有把这一不等式放在模型的约束条件中。

5.3.1　碳限额政策下的鲁棒优化模型

在碳限额政策下,制造商生产活动产生的碳排放量不能超过碳限额,否则将被勒令停产。由于制造商无法获知市场需求的具体分布,为了应对需求分布的不确定性带来的风险,我们先建立制造商在最坏需求分布情形下的期望利润,然后极大化该利润得出鲁棒解。记市场需求的分布函数为 F,属于分布函数族 $\Psi = \{F \mid E(F) = u, \mathrm{Var}(F) = \sigma^2\}$,以制造商期望总利润最大为目标建立的优化模型如下:

$$(P_1) \quad \max_{Q,G} \min_{F \in \Psi} \Pi_1(Q,G) = \Pi(Q,G) \quad (5.4)$$

$$\mathrm{s.\,t.} \quad J(Q,G) \leqslant C \quad (5.5)$$

$$Q, G \geqslant 0 \quad (5.6)$$

令 G=0,将引理 3.1 代入求解,可得无碳政策约束情形下制造商的最优生产量为:

$$Q_0 = u + \frac{\sigma}{2}\left(\sqrt{\frac{p+s-c}{c-v}} - \sqrt{\frac{c-v}{p+s-c}}\right) \quad (5.7)$$

对应的最优利润为：

$$\Pi(Q_0) = \Pi_1(Q_0,0) = (p-c)u - \sigma\sqrt{(p+s-c)(c-v)} \quad (5.8)$$

其中 $(p-c)u > \sigma\sqrt{(p+s-c)(c-v)}$ 是保证生产量与总利润具有非负性的条件。

为了保证碳限额政策下解的可行性，参数需要满足 $C \geqslant \hat{c}Q_a - \dfrac{a^2}{4b} > 0$，$\dfrac{p+s-c}{\hat{c}} > \dfrac{1}{a}$，其中，

$$Q_a = u + \frac{\sigma}{2}\left(\sqrt{\frac{(p+s-c)a-\hat{c}}{(c-v)a+\hat{c}}} - \sqrt{\frac{(c-v)a+\hat{c}}{(p+s-c)a-\hat{c}}}\right) \quad (5.9)$$

不妨令

$$Q_{11} = u + \frac{\sigma}{2}\left(\sqrt{\frac{(p+s-c)(a-2bG)-\hat{c}}{(c-v)(a-2bG)+\hat{c}}} - \sqrt{\frac{(c-v)(a-2bG)+\hat{c}}{(p+s-c)(a-2bG)-\hat{c}}}\right)$$
$$(5.10)$$

$$G_{11} = \frac{a - \sqrt{a^2 - 4b(\hat{c}Q - C)}}{2b} \quad (5.11)$$

则以下定理成立。

定理5.1 问题 P_1 存在唯一的生产和投资决策 (Q_1^*, G_1^*) 使制造商在最差分布情形下的期望利润最大，

$$(Q_1^*, G_1^*) = \begin{cases} (Q_0, 0), & C \geqslant \hat{c}Q_0 \\ \left(\dfrac{C}{\hat{c}}, 0\right), & \hat{c}Q_a < C \leqslant \hat{c}Q_0 \\ (Q_{11}, G_{11}), & \hat{c}Q_a - \dfrac{a^2}{4b} \leqslant C \leqslant \hat{c}Q_a \end{cases} \quad (5.12)$$

证明：结合引理3.1和式（5.4）可知，存在一个两点分布 $F^* \in \Psi$ 使 $\Pi_1(Q, G)$ 取得最小值，即：

$$\min_{F\in\Psi}\Pi_1(Q,G) = (p-v)u - \frac{p-v+s}{2}\left[\sqrt{\sigma^2+(Q-u)^2} - (Q-u)\right]$$
$$+ (v-c)Q - G$$
$$(5.13)$$

通过对海森矩阵的判断可知 $\min\limits_{F\in\Psi}\Pi_1(Q, G)$ 是关于 Q 和 G 的联合凹函数，因此模型存在最优解。

根据式（5.5）、式（5.6）和式（5.13）构造拉格朗日函数：

$$L(Q, G, \lambda, u_1, u_2) = (p - v)u - \frac{p - v + s}{2}\left[\sqrt{\sigma^2 + (Q - u)^2} - (Q - u)\right]$$
$$+ (v - c)Q - G + \lambda(C - \hat{c}Q + aG - bG^2) + u_1 Q + u_2 G$$

$$(5.14)$$

利用 KKT 条件求解可得：

$$-\frac{p - v + s}{2}\left[\frac{(Q - u)}{\sqrt{\sigma^2 + (Q - u)^2}} - 1\right] + v - c - \lambda\hat{c} + u_1 = 0 \qquad (5.15)$$

$$-1 + \lambda(a - 2bG) + u_2 = 0 \qquad (5.16)$$

$$\lambda(C - \hat{c}Q + aG - bG^2) = 0 \qquad (5.17)$$

$$u_1 Q = 0 \qquad (5.18)$$

$$u_2 G = 0 \qquad (5.19)$$

其中 λ、u_1、u_2 分别为非负的拉格朗日乘子。由于 $Q > 0$，可以分三种情况讨论。

情形 1： $\lambda = 0$，$u_1 = 0$，$u_2 > 0$。将 $\lambda = 0$，$u_1 = 0$ 代入式（5.15）和式（5.16）可得 $Q = u + \frac{\sigma}{2}\left(\sqrt{\frac{p + s - c}{c - v}} - \sqrt{\frac{c - v}{p + s - c}}\right) = Q_0$ 和 $u_2 = 1$。利用式（5.19）可得 $G = 0$。结合式（5.5）可知，当 $C \geq \hat{c}Q_0$ 时，问题的最优解为（Q_0，0），即 $(Q_1^*, G_1^*) = (Q_0, 0)$。

情形 2： $\lambda > 0$，$u_1 = 0$，$u_2 > 0$。由式（5.19）可得 $G = 0$。因此，式（5.16）可化简为 $-1 + \lambda a + u_2 = 0$。利用 $u_2 > 0$ 可得 $0 < \lambda < \frac{1}{a}$。将 $u_1 = 0$ 代入式（5.15）可得 $\lambda\hat{c}(Q) \triangleq \lambda\hat{c} = -\frac{p - v + s}{2}\left[\frac{(Q - u)}{\sqrt{\sigma^2 + (Q - u)^2}} - 1\right] + v - c$。对 $\lambda\hat{c}(Q)$ 求一阶导数可得 $\frac{\partial \lambda\hat{c}(Q)}{\partial Q} = -\frac{(p - v + s)\sigma^2}{\left[\sqrt{\sigma^2 + (Q - u)^2}\right]^3} < 0$，这说明 $\lambda\hat{c}(Q)$ 是关于 Q 的严格减函数。根据 $0 < \lambda < \frac{1}{a}$ 可得 $0 < \lambda\hat{c} < \frac{\hat{c}}{a}$。又因为 $\lambda\hat{c}(Q_0) = 0$，$\lambda\hat{c}(Q_a) = \frac{\hat{c}}{a}$，因此有 $Q_a < Q < Q_0$ 成立。将 $G = 0$ 代入式（5.17），利用 $\lambda > 0$ 可得 $Q = \frac{C}{\hat{c}}$。因此，当 $Q_a < \frac{C}{\hat{c}} < Q_0$ 时，问题的最优解为 $(Q_1^*, G_1^*) = \left(\frac{C}{\hat{c}}, 0\right)$。

情形 3： $\lambda > 0$，$u_1 = 0$，$u_2 = 0$。将 $u_2 = 0$ 代入式（5.16）可得 $\lambda = \frac{1}{a - 2bG}$。

由 G≥0 可得 $\lambda \geqslant \dfrac{1}{a}$。进一步利用 $\lambda > 0$ 可得 $0 \leqslant G < \dfrac{a}{2b}$。将 $u_1 = 0$ 代入式（5.15）

可知，当 $\dfrac{1}{a} \leqslant \lambda < \dfrac{p+s-c}{\hat{c}}$ 时，有：

$$Q = u + \frac{\sigma}{2}\left(\sqrt{\frac{p+s-c-\lambda\hat{c}}{c-v+\lambda\hat{c}}} - \sqrt{\frac{c-v+\lambda\hat{c}}{p+s-c-\lambda\hat{c}}} \right) \tag{5.20}$$

利用 $\lambda \geqslant \dfrac{1}{a}$ 可以验证 $p+s-c-\lambda\hat{c} \leqslant p+s-c-\dfrac{\hat{c}}{a}$ 和 $c-v+\lambda\hat{c} \geqslant c-v+\dfrac{\hat{c}}{a}$ 成

立，因此有 $Q \leqslant Q_a$。将 $\lambda = \dfrac{1}{a-2bG}$ 代入式（5.20）可得：

$$Q = Q_{11} = u + \frac{\sigma}{2}\left(\sqrt{\frac{(p+s-c)(a-2bG)-\hat{c}}{(c-v)(a-2bG)+\hat{c}}} - \sqrt{\frac{(c-v)(a-2bG)+\hat{c}}{(p+s-c)(a-2bG)-\hat{c}}} \right)$$
$$\tag{5.21}$$

因此，$Q_{11} \leqslant Q_a$ 成立。

由于 $\lambda > 0$，根据式（5.17）有：

$$bG^2 - aG + \hat{c}Q - C = 0 \tag{5.22}$$

对任意给定的 Q，当 $C \geqslant \hat{c}Q_a - \dfrac{a^2}{4b}$ 时，式（5.22）存在一个实根 $G_{11}\left(< \dfrac{a}{2b} \right)$ 且

$$G_{11} = \frac{a - \sqrt{a^2 - 4b(\hat{c}Q - C)}}{2b} \tag{5.23}$$

利用式（5.22）可以证明 $C \leqslant \hat{c}Q_a$。否则，由式（5.21）和式（5.23）确定的 (Q_{11}, G_{11}) 满足 $bG^2 - aG + \hat{c}Q_{11} = C > \hat{c}Q_a$。进一步有 $\hat{c}(Q_{11} - Q_a) > aG - bG^2 > 0$，从而得到 $Q_{11} > Q_a$，矛盾。因此，当 $\hat{c}Q_a - \dfrac{a^2}{4b} \leqslant C \leqslant \hat{c}Q_a$ 时，由式（5.21）和式（5.23）确定的 (Q_{11}, G_{11}) 为问题的最优解，即 $(Q_1^*, G_1^*) = (Q_{11}, G_{11})$。

定理 5.1 表明只有在碳限额不低于某一下界 $\left(\hat{c}Q_a - \dfrac{a^2}{4b} \right)$ 时碳限额政策的实施才有效，过低的碳限额不利于企业开展正常的生产活动。

推论 5.1　在碳限额政策下，当 $C \geqslant \hat{c}Q_0$ 时，制造商的碳排放量为 $\hat{c}Q_0$；否则，碳排放量刚好达到碳限额 C。

在碳限额政策下，记制造商不进行可持续投资时的最优生产量为 $Q_1^*(0)$。比较投资前后制造商的利润和碳排放量可得如下定理。

定理 5.2　在碳限额政策下，制造商的最优利润与碳排放量满足 $\Pi_1(Q_1^*, G_1^*) - \Pi_1(Q_1^*(0), 0) \geqslant 0$，$J(Q_1^*, G_1^*) - J(Q_1^*(0), 0) = 0$。

证明：由于 $(Q_1^*(0)，0)$ 与 $(Q_1^*，G_1^*)$ 分别是 P_1 问题的可行解与最优解，因此有 $\Pi_1(Q_1^*，G_1^*) - \Pi_1(Q_1^*(0)，0) \geq 0$。另外，在碳限额政策下，当不进行可

持续投资时，制造商的最优生产量为 $(Q_1^*(0)，0) = \begin{cases} (Q_0，0)，& C \geq \hat{c}Q_0 \\ \left(\dfrac{C}{\hat{c}}，0\right)，& C \leq \hat{c}Q_0 \end{cases}$。此时，

碳排放量为 $J(Q_1^*(0)，0) = \begin{cases} \hat{c}Q_0，& C \geq \hat{c}Q_0 \\ C，& C \leq \hat{c}Q_0 \end{cases}$。结合推论 5.1 有 $J(Q_1^*，G_1^*) = $ $J(Q_1^*(0)，0)$。

定理 5.2 表明在碳限额政策下，可持续投资不会有效降低碳排放量，但可能会提高制造商的利润。这在一定程度上解释了企业在碳限额政策下愿意进行可持续投资的原因。

定理 5.3　$\Pi(Q_0) \geq \Pi_1(Q_1^*，G_1^*)$。

证明：对于 P_1 问题的任何可行解 $(Q，G)$，有 $\Pi_1(Q，0) = \Pi_1(Q，G) + G$ 成立。所以有 $\Pi_1(Q_1^*，0) = \Pi_1(Q_1^*，G_1^*) + G_1^* \geq \Pi_1(Q_1^*，G_1^*)$。又因为 Q_0 为无碳排放政策约束情形下的最优解，所以 $\Pi(Q_0) = \Pi_1(Q，0) \geq \Pi_1(Q_1^*，0) = \Pi(Q_1^*)$。因此 $\Pi(Q_0) \geq \Pi_1(Q_1^*，G_1^*)$ 成立。

定理 5.3 表明，碳限额政策下企业的利润不超过无碳排放约束时的利润。当企业追求利润最大化时，碳限额政策下进行可持续投资不能带来更高的利润，企业在该政策下没有减排积极性。因此，碳限额政策只能作为一种短时间内使用的强制性碳排放管制政策。

5.3.2　碳交易政策下的鲁棒优化模型

在碳交易政策下记碳排放权交易数量与交易价格分别为 X 和 c_p，则 $X > 0$ 表示制造商在碳交易市场售出的碳排放权数量，而 $X < 0$ 则表示制造商在碳交易市场购买的碳排放权数量。以制造商的期望利润最大为目标可以建立如下鲁棒优化模型：

$$(P_2)\ \max_{Q,G}\ \min_{F \in \Psi} \Pi_2(Q,G) = \Pi(Q,G) + c_p X \tag{5.24}$$

$$\text{s. t.}\quad J(Q,G) + X = C \tag{5.25}$$

$$Q,G \geq 0 \tag{5.26}$$

为了保证碳交易政策下模型解的可行性，参数需要满足 $p + s - c - c_p\hat{c} > 0$，

$ac_p \geqslant 1$ 和 $p - c - c_p\hat{c} \geqslant \sigma \sqrt{(p + s - c - c_p\hat{c})(c + c_p\hat{c} - v)}$。利用引理 3.1 求解以上模型可得如下结论。

定理 5.4 问题 P_2 存在唯一的最优解 (Q_2^*, G_2^*) 使制造商在最坏分布下的期望利润最大,

$$(Q_2^*, G_2^*) = \left(u + \frac{\sigma}{2}\left(\sqrt{\frac{p + s - c - c_p\hat{c}}{c - v + c_p\hat{c}}} - \sqrt{\frac{c - v + c_p\hat{c}}{p + s - c - c_p\hat{c}}}\right), \frac{ac_p - 1}{2bc_p}\right)$$

(5.27)

证明:利用式 (5.2) 与式 (5.25) 将 $\Pi_2(Q, G)$ 化简为 $\Pi_2(Q, G) = (p - v)u - (p - v + s)E(D - Q)^+ + (v - c - c_p\hat{c})Q - G + c_pC + c_p(aG - bG^2)$。结合引理 3.1 可知,

$$\min_{F \in \Psi}\Pi_2(Q,G) = (p - v)u - (p - v + s)\frac{\sqrt{(Q - u)^2 + \sigma^2} - (Q - u)}{2}$$
$$+ (v - c - c_p\hat{c})Q - G + c_pC + c_p(aG - bG^2)$$

(5.28)

通过判断 $\min\limits_{F \in \Psi}\Pi_2(Q, G)$ 关于 Q 与 G 的海森矩阵可知 $\min\limits_{F \in \Psi}\Pi_2(Q, G)$ 是关于 Q 和 G 的凹函数。因此令一阶导数等于零可得最优的生产量 Q_2^* 和最优减排投资额 G_2^*,且 $Q_2^* > 0$, $G_2^* \geqslant 0$。

定理 5.4 表明制造商的可持续投资不受生产量的影响,但会受到碳交易价格的影响。

将式 (5.27) 代入式 (5.28) 与式 (5.3) 可以得到制造商的最优利润和碳排放量分别为:

$$\Pi_2(Q_2^*, G_2^*) = (p - c - \hat{c}c_p)u - \sigma\sqrt{(p + s - c - c_p\hat{c})(c - v + c_p\hat{c})}$$
$$+ c_pC + \frac{(ac_p - 1)^2}{4bc_p}$$

(5.29)

$$J(Q_2^*, G_2^*) = \hat{c}u + \frac{\hat{c}\sigma}{2}\left(\sqrt{\frac{p + s - c - c_p\hat{c}}{c - v + c_p\hat{c}}} - \sqrt{\frac{c - v + c_p\hat{c}}{p + s - c - c_p\hat{c}}}\right) + \frac{1 - a^2c_p^2}{4bc_p}$$

(5.30)

从式 (5.29)、式 (5.30) 可以看出,在碳交易政策下碳配额 C 越大,制造商的利润越高。由于在碳限额政策下,限额 C 需要大于某一阈值时才能保证碳限额政策的有效性。相比之下,碳交易政策下的配额具有更大的柔性。这在一定程

度上解释了碳交易政策被广泛应用的原因。

结合式（5.27）和式（5.30），还可以得到如下定理。

定理 5.5　问题 P_2 存在阈值 $Q_{t_1} = \dfrac{a^2 c_p^2 - 1}{4 \hat{b} c c_p^2} + \dfrac{C}{\hat{c}}$，$Q_{t_2} = \dfrac{a^2 c_p^2 - 1}{4 \hat{b} c c_p^2}$（$< Q_{t_1}$）满足：

（1）若 $Q_2^* > Q_{t_1}$，则 $X^* = C - J(Q_2^*, G_2^*) < 0$。

（2）若 $Q_{t_2} < Q_2^* < Q_{t_1}$，则 $X^* > 0$。

（3）若 $Q_2^* = Q_{t_1}$，则 $X^* = 0$。

证明：将式（5.27）代入式（5.30）可得 $J(Q_2^*, G_2^*) = \hat{c} Q_2^* + \dfrac{1 - a^2 c_p^2}{4 b c_p^2}$。因为 $J(Q_2^*, G_2^*) > 0$，所以 $Q_2^* > Q_{t_2}$。当 $Q_2^* > Q_{t_1}$ 时，$J(Q_2^*, G_2^*) > C$ 成立；当 $Q_{t_2} < Q_2^* < Q_{t_1}$ 时，$J(Q_2^*, G_2^*) < C$ 成立；而当 $Q_2^* = Q_{t_1}$ 时，$J(Q_2^*, G_2^*) = C$ 成立。

定理 5.5 表明，在碳交易政策下，为了应对需求分布的不确定性，制造商的最优生产量应该大于 Q_{t_2}，生产量的大小对制造商的碳排放权交易量有直接影响。阈值 Q_{t_1} 是制造商碳排放权买卖的分界点，对制造商的生产决策具有指导作用。

令 $Q_2^*(0)$ 表示可持续投资为零时制造商的最优生产量，利用式（5.29）和式（5.30）可以得到以下结论。

推论 5.2　问题 P_2 中制造商的最优利润与碳排放量满足 $\Pi_2(Q_2^*, G_2^*) - \Pi_2(Q_2^*(0), 0) \geqslant 0$ 与 $J(Q_2^*, G_2^*) - J(Q_2^*(0), 0) \leqslant 0$。

推论 5.2 表明在碳配额与交易政策下，进行可持续投资有利于制造商获得更多的利润并降低碳排放量。这是因为进行可持续投资时制造商的最优利润不低于减排投资为零时的利润，而进行可持续投资时的最优碳排放量却不高于可持续投资为零时的碳排放量。

令 $C_L = \hat{c} u + \dfrac{\sigma}{c_p} \sqrt{(p + s - c - c_p \hat{c})(c - v + c_p \hat{c})} - \dfrac{\sigma}{c_p} \sqrt{(p + s - c)(c - v)} - \dfrac{(ac_p - 1)^2}{4 b c_p^2}$。比较式（5.8）和式（5.29）可得如下推论。

推论 5.3　对于问题 P_2，以下结论成立：

（1）如果 $C_L \geqslant 0$，则当 $C > C_L$ 时，有 $\Pi_2(Q_2^*, G_2^*) > \Pi(Q_0)$ 成立，否则 $\Pi_2(Q_2^*, G_2^*) \leqslant \Pi(Q_0)$ 成立。

（2）如果 $C_L < 0$，则 $\Pi_2(Q_2^*, G_2^*) > \Pi(Q_0)$。

推论 5.3 比较了制造商在碳配额与交易政策下与无碳政策约束时的利润。结果表明，当考虑碳排放时，碳配额与交易政策下企业获得的利润有可能大于无碳政策约束时的利润。这是因为在此政策下制造商可以通过出售碳排放权获得额外收益。

为了比较碳限额政策和碳配额与交易政策，我们进一步计算了两种碳政策下制造商的利润与碳排放量的大小，并得到以下结论。

定理 5.6 对于问题 P_1 和 P_2，当 $C \geqslant \max\{J(Q_1^*, G_1^*), J(Q_2^*, G_2^*)\}$ 时，有 $\Pi_2(Q_2^*, G_2^*) \geqslant \Pi_1(Q_1^*, G_1^*)$ 与 $J(Q_1^*, G_1^*) \geqslant J(Q_2^*, G_2^*)$ 成立。

证明：比较式（5.4）和式（5.24）可知，对问题 P_1 的任意可行解（Q，G）有 $\Pi_2(Q, G) = \Pi_1(Q, G) + c_p X$ 成立，其中 $X = C - J(Q, G)$。因此当 $C \geqslant J(Q_1^*, G_1^*)$ 时，有 $\Pi_2(Q_1^*, G_1^*) = \Pi_1(Q_1^*, G_1^*) + c_p X \geqslant \Pi_1(Q_1^*, G_1^*)$ 成立。又因为（Q_2^*，G_2^*）为问题 P_2 的最优解，一定有 $\Pi_2(Q_2^*, G_2^*) \geqslant \Pi_2(Q_1^*, G_1^*)$。所以 $\Pi_2(Q_2^*, G_2^*) \geqslant \Pi_1(Q_1^*, G_1^*)$ 成立。

另外，由式（5.30）可得 $J[Q_2^*(0), 0] = \hat{c}u + \dfrac{\hat{c}\sigma}{2}\left(\sqrt{\dfrac{p+s-c-c_p\hat{c}}{c-v+c_p\hat{c}}} - \sqrt{\dfrac{c-v+c_p\hat{c}}{p+s-c-c_p\hat{c}}}\right) = \hat{c}Q_2^*$。由推论 5.2 可知 $J(Q_2^*, G_2^*) \leqslant J[Q_2^*(0), 0]$，从而有 $J(Q_2^*, G_2^*) \leqslant \hat{c}Q_2^*$，进而可得 $Q_2^* < Q_0$。因此 $J(Q_2^*, G_2^*) \leqslant \hat{c}Q_0$ 成立。由推论 5.1 可知当 $C > \hat{c}Q_0$ 时，$J(Q_1^*, G_1^*) = \hat{c}Q_0$。因此 $J(Q_1^*, G_1^*) > J(Q_2^*, G_2^*)$ 成立。而当 $C < \hat{c}Q_0$ 时有 $J(Q_1^*, G_1^*) = C$，此时若 $C > J(Q_2^*, G_2^*)$，则 $J(Q_1^*, G_1^*) > J(Q_2^*, G_2^*)$ 成立。

定理 5.6 表明与碳限额政策相比，碳配额与交易政策能使制造商实现高利润低排放。结合定理 5.3 与推论 5.3 可知在碳限额政策下制造商的利润不超过无碳政策约束时的利润，而在碳配额与交易政策下制造商获得的利润大于无碳政策约束的情形。这从理论上也解释了碳配额与交易政策被业界广为接受的原因。

5.4　算例分析

上述理论分析给出了制造商在碳限额和碳交易两种政策下的分布式鲁棒优化决策。下面通过算例对两种碳政策下的最优生产与可持续投资决策进行验证。假定产品销售价格 $p = 30$，单位成本 $c = 10$，产品的单位残值与缺货成本分别为 $v = 5$、$s = 7$，产品的单位碳排放量为 $\hat{c} = 5$。市场需求的期望和标准差分别为 $u = 600$、$\sigma = 196$，可持续投资系数为 $a = 100$。

将上述参数代入式（5.7）和式（5.9）得 $Q_0 = 785.56$ 与 $Q_a = 783.99$。另外当参数 b 的取值为 0.7 且碳排放配额 C 分别取 2 000、3 925 以及 4 000 时，利用 Matlab 可以计算出制造商在碳限额政策下的最优决策值（见表 5.1）。

表 5.1　　　　　　　　碳限额政策下制造商的最优决策

C	Q_1^*	G_1^*	$\Pi_1(Q_1^*, G_1^*)$	$J(Q_1^*, G_1^*)$
2 000	783.23	22.80	9 699.80	2 000
3 925	785.00	0	9 722.68	3 925
4 000	785.56	0	9 722.69	3 927.80

从表 5.1 可以看出，当 C = 4 000 时，制造商的最优生产量与可持续投资分别为 $Q_1^* = 785.56$ 和 $G_1^* = 0$，且 $Q_1^* = Q_0$。此时 $C > \hat{c}Q_0 = 3\,927.80$，这表明此时碳排放限额由于取值较大失去了对制造商碳排放的限制作用。当 C = 3 925 时，制造商的最优生产量与可持续投资额分别为 $Q_1^* = 785.00$ 和 $G_1^* = 0$。此时碳排放限额正好等于制造商的碳排放量并且此限额落在 $\hat{c}Q_a = 3\,919.95$ 与 $\hat{c}Q_0 = 3\,927.80$ 之间。而当 C = 2 000 时，制造商的最优生产量与可持续投资分别为 $Q_1^* = 783.23$ 和 $G_1^* = 22.80$。此时碳排放限额等于制造商的碳排放量并且落在 $\hat{c}Q_a - \dfrac{a^2}{4b} = 348.42$ 与 $\hat{c}Q_a = 3\,919.95$ 之间。这表明碳排放限额取值较小时制造商不得不采取可持续投资来降低碳排放量。因此当 C 的取值分别为 3 925 和 2 000 时，碳限额政策对企业的碳排放起到限制作用，这也验证了定理 5.1 与推论 5.1 的理论结果。

在碳配额与交易政策下，假定碳排放权交易价格 $c_p = 3$，b = 2 且碳排放配额 C 分别取 1 200、1 497 和 2 000 时，制造商的最优决策见表 5.2。

表 5.2　　　　　　　　碳配额与交易政策下制造商的最优决策

C	Q_2^*	G_2^*	$\Pi_2(Q_2^*, G_2^*)$	$J(Q_2^*, G_2^*)$	X	Q_{t_1}	Q_{t_2}
1 200	549.39	24.92	7 288.60	1 496.99	−296.99	489.99	249.99
1 497	549.39	24.92	8 179.60	1 496.99	0.01	549.40	249.99
2 000	549.39	24.92	9 688.60	1 496.99	503.02	649.99	249.99

从表 5.2 可以看出，当 C 的取值分别为 1 200、1 497 和 2 000 时，制造商的最优生产量和可持续投资保持不变，即 $Q_2^* = 549.39$ 和 $G_2^* = 24.92$。这表明碳排放配额对制造商的最优生产与可持续投资策略没有影响，但影响着制造商的利润值。另外，最优订购量的变化影响制造商是否购买碳排放权的决策。例如，当

$C = 1\ 200$ 时，制造商的最优生产量大于阈值 Q_{t_1}，所产生的碳排放量为 1 496.99，因此制造商只能购买碳排放权，此时有 $X = -296.99 < 0$；当 $C = 1\ 497$ 时，制造商的最优生产量几乎等于阈值 Q_{t_1}，所产生的碳排放量充分接近碳排放配额，因此制造商既不用购买也不用售出碳排放权；而当 $C = 2\ 000$ 时，制造商的最优生产量在 Q_{t_2} 与 Q_{t_1} 之间，所产生的碳排放量等于 1 496.99，因此制造商可以售出 503.02 个单位的碳排放权来获取部分利润，此时有 $X > 0$。

基于算例的基础数据以及 $c_p = 3$，$b = 2$，我们分别对两种碳政策下制造商的利润与碳排放量进行比较。当 C 的取值发生变化时，两种碳政策下制造商的利润与碳排放量变化趋势见图 5.1。

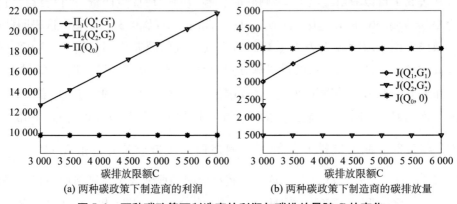

(a) 两种碳政策下制造商的利润　　　　(b) 两种碳政策下制造商的碳排放量

图 5.1　两种碳政策下制造商的利润与碳排放量随 C 的变化

从图 5.1（a）可以看出，制造商在碳配额与交易政策下获得的利润一直大于在碳限额政策下获得的利润，而后者则接近无碳政策约束时的利润。图 5.1（b）则表明制造商在碳配额与交易政策下的碳排放量严格小于碳限额政策下的碳排放量。而且此时制造商在两种碳政策下的碳排放量一直不超过碳配额 C 的值。这表明在这一条件下，碳配额与交易政策能够使制造商实现高利润低排放的效果。

接下来，利用原始算例的数据进一步分析碳排放配额 C 与碳排放权交易价格 c_p 对上述两类分布式鲁棒优化模型的影响。当 $b = 0.7$ 以及 C 发生变化时，制造商在碳限额政策下的最优决策变化趋势见图 5.2 和图 5.3。

从图 5.2 可以看出，当碳排放限额 C 增加时，制造商在碳限额政策下的最优生产量 Q_1^* 与投资为零时的最优生产量 $Q_1^*(0)$ 分别呈现先增加后稳定于无碳政策约束时最优生产量 Q_0 的趋势，而且 Q_1^* 的变化幅度大于 $Q_1^*(0)$。另外，随着 C 的增加，制造商的最优投资 G_1^* 逐渐减少直至零。这表明 C 较小时，碳限额政策对制造商的最优决策影响明显，而当 C 较大时，碳限额政策对制造商的碳排放

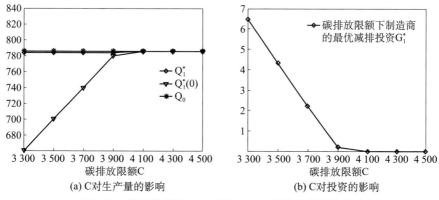

图 5.2　碳限额政策下 C 对制造商生产量与投资的影响

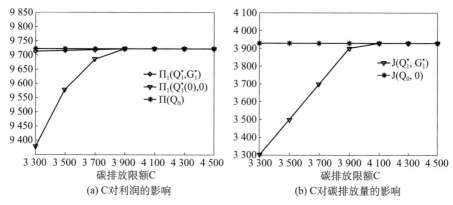

图 5.3　碳限额政策下 C 对制造商利润与碳排放量的影响

量失去了限制作用。从图 5.3 可以看出，随着 C 的增加，制造商在碳限额政策下的最优利润 $\Pi_1(Q_1^*, G_1^*)$ 与减排投资为零时的最优利润 $\Pi_1(Q_1^*(0), 0)$ 都呈现先增加后稳定于无碳政策约束时最优利润 $\Pi(Q_0)$ 的趋势，而且 $\Pi_1(Q_1^*(0), 0)$ 的变化幅度大于 $\Pi_1(Q_1^*, G_1^*)$。在碳限额政策下，当 C 较小时，减排投资的变化制约着制造商的生产决策。这使得 C 的变化对制造商生产量的影响不大，从而对其利润值 $\Pi_1(Q_1^*, G_1^*)$ 的影响不大。不考虑碳减排投资时，C 的取值直接影响制造商的生产决策。因此 C 的变化对制造商生产量的影响较大，这也使得其利润 $\Pi_1(Q_1^*(0), 0)$ 的变化幅度较大。当 C 较大时，碳限额政策对制造商的碳排放失去了限制作用。因此制造商不会投资减排技术，此时制造商的生产量与无碳政策约束情形时的生产量相等，故有 $\Pi_1(Q_1^*, G_1^*) = \Pi_1(Q_1^*(0), 0) = \Pi(Q_0)$。从图 5.3 还可以看出，碳限额政策下制造商的碳排放量不高于生产量与减排投资为（Q_0，0）时的碳排放量，即 $J(Q_1^*，G_1^*) \leqslant J(Q_0，0)$。结合定理 5.2 可得 $J(Q_1^*，G_1^*) = J(Q_1^*(0)，0)$。这表明碳限额政策尽管能够有效地控制企业的碳排放，但在此政策下投资减排技术对碳排放的控制不能发挥作用。

在碳配额与交易政策下，当 $c_p = 3$，$b = 2$ 且 C 发生变化时，制造商的最优决策变化趋势见图 5.4 和图 5.5。从图 5.4 可以看出，随着 C 的增加，制造商的最优生产量 Q_2^* 与减排投资 G_2^* 分别保持不变，且 $Q_2^* < Q_0$，即碳交易政策下的生产量一定严格小于无碳政策约束时的生产量。这表明在碳交易政策下配额 C 对制造商的最优决策没有影响。从式（5.27）可知 Q_2^* 与 G_2^* 相互独立，由此可得在碳交易政策下减排投资不会影响制造商的最优生产量，即对给定的 C，有 $Q_2^* = Q_2^*(0)$。从图 5.5 可以看出，随着 C 的增加，制造商在碳交易政策下的利润 $\Pi_2(Q_2^*，G_2^*)$ 与 $\Pi_2(Q_2^*(0)，0)$ 分别线性增加，并且 $\Pi_2(Q_2^*，G_2^*) > \Pi_2(Q_2^*(0)，0)$。

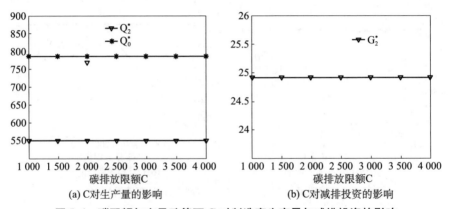

(a) C对生产量的影响　　　　　　(b) C对减排投资的影响

图 5.4　碳配额与交易政策下 C 对制造商生产量与减排投资的影响

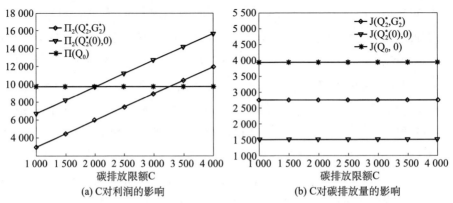

(a) C对利润的影响　　　　　　(b) C对碳排放量的影响

图 5.5　碳配额与交易政策下 C 对制造商利润与碳排放量的影响

而 C 的变化对制造商的碳排放没有影响，且有 $J(Q_2^*, G_2^*) < J(Q_2^*(0), 0)$。这验证了推论 5.2 的理论结果。从图 5.5 还可以看出当 $C > 2\,000$ 时，$\Pi_2(Q_2^*, G_2^*)$ 的值开始大于无碳约束时制造商获得的利润值 $\Pi(Q_0)$，而当 $C > 3\,300$ 时，$\Pi_2(Q_2^*(0), 0) > \Pi(Q_0)$。上述结果表明与无碳约束的情形相比，碳交易政策可以使制造商获得更多的利润。

当 $C = 2\,000$ 且 c_p 发生变化时，制造商最优决策的变化趋势见图 5.6 和图 5.7。

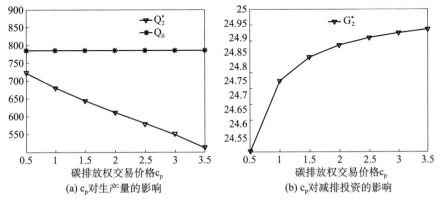

(a) c_p 对生产量的影响

(b) c_p 对减排投资的影响

图 5.6　碳配额与交易政策下 c_p 对制造商生产量与减排投资的影响

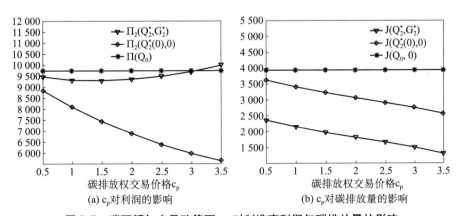

(a) c_p 对利润的影响

(b) c_p 对碳排放量的影响

图 5.7　碳配额与交易政策下 c_p 对制造商利润与碳排放量的影响

从图 5.6 可以看出，当 c_p 增加时，碳配额与交易政策下制造商的生产量 Q_2^* 在减少而减排投资 G_2^* 在增加。这是因为当碳排放权交易价格变大时，制造商希望通过降低生产量、增加减排投资来减少自身的碳排放量，从而可以售出碳排放权获得更多利润。根据式（5.27）可知，减排技术的投资对制造商在碳交易政策下的生产量没有影响。因此可以得到对于给定的 c_p，有 $Q_2^* = Q_2^*(0)$ 成立。从图 5.7 可以看出，随着 c_p 的增加，制造商在碳交易政策下获得的最优利润 $\Pi_2(Q_2^*, G_2^*)$ 呈现先减少再增加的变化趋势，而减排投资为零时的利润值 $\Pi_2(Q_2^*(0), 0)$ 则在不断减少。此时 $\Pi_2(Q_2^*, G_2^*) > \Pi_2(Q_2^*(0), 0)$，并且当 c_p 趋向 0 时，$\Pi_2(Q_2^*, G_2^*)$ 与 $\Pi_2(Q_2^*(0), 0)$ 的值趋向 $\Pi(Q_0)$。此外还可以知道 $J(Q_2^*, G_2^*)$ 与 $J(Q_2^*(0), 0)$ 分别随着 c_p 的增加而减少，且 $J(Q_2^*, G_2^*) < J(Q_2^*(0), 0)$。因此可以得出在碳交易政策下，对减排技术的投资有利于获得更多的利润且能有效地降低碳排放量。而与无碳政策约束情形相比，碳交易政策还存在使制造商获得更多利润的可能。

5.5 小 结

在低碳经济模式下，碳排放政策给企业的运营和供应链管理带来了新的挑战。而市场竞争的激烈与海量数据的存在使得市场需求的全部信息很难精确获取，这极大地增加了企业管理决策的难度。因此在高度不确定的市场需求环境下，实现有效减排的同时保持高额利润成为当前企业管理者亟待解决的一个问题。在此背景下，本章分别考虑了碳限额和碳交易政策下企业的最优生产与减排技术投资问题。结合制造商生产过程会产生碳排放这一实际情况，当市场需求的期望和方差已知时，本章分别建立了碳限额政策下带不等式约束的分布式鲁棒优化模型以及碳交易政策下带等式约束的分布式鲁棒优化模型。从极大极小的角度求解了使企业期望总利润最大的鲁棒解，并得到最优生产量和减排投资的解析表达式，进一步得出在两类碳排放政策下减排投资均有利于制造商获得更高的利润。通过与无碳约束的情形进行比较，我们发现碳排放限额政策下企业的利润不会超过无碳约束下企业的利润，而碳交易政策下企业的利润在满足一定条件时会大于无碳约束下企业的利润。通过比较两类碳政策下的分布式鲁棒优化模型，我们发现与碳限额政策相比，碳交易政策能够实现高利润低排放。最后在数值算例中通过碳排放参数的变化验证了两类碳政策的鲁棒性。

通过本章的研究可以得到以下管理启示：（1）碳限额政策属于政府强制性推动的刚性管理政策。该政策比较适用于重污染型中小企业。碳交易政策则是政府强制推动和市场引导相结合的管理政策，该政策是对碳排放限额刚性的调和。考虑到碳交易参与成本较高等因素，该政策比较适合能源密集型企业或大型制造业。（2）从政府的角度来看，在实施碳限额政策时，应该确定一个合理碳限额阈值引导企业自觉执行该政策。在实施碳交易政策时，可以通过提高碳排放权交易价格引导企业加大减排技术的投资。（3）从企业的角度来看，在碳限额政策下，当企业的碳排放量小于碳限额时应该采取增加生产量、不进行减排投资的策略；而当碳排放量接近或等于碳限额时，则必须进行减排技术投资并适当降低生产量。在碳交易政策下，企业应该根据碳排放权交易价格的大小调整生产与减排投资策略。如当碳排放权交易价格较高时，企业应该减少生产量并增加减排技术投资，从而可以通过卖出碳排放权获得部分收入；反之，企业应该增加生产量，同时减少减排技术投资。

　　本章主要研究了供应链中单个企业的生产与减排投资策略，在经济一体化的市场环境下，从供应链协调的视角，分析需求信息部分已知时碳排放政策对供应链系统的影响也是一个有趣的研究方向。

第6章　碳交易政策下再制造企业的
鲁棒生产和回收策略

6.1　引　言

随着人们对可持续制造的日益关注，再制造系统的运营管理因具有经济与环境双重效益而受到业界和学术界的广泛关注。再制造是一个运营过程，在这个过程中，企业从客户手中回收使用过的旧产品，通过再制造手段将产品在功能、质量和其他方面恢复到类似新产品的状态。许多科学研究已经证实，电子、汽车和其他行业的企业使用回收产品而不是新鲜原材料进行生产，可以节省40%~60%的生产成本并且仅消耗20%的能源（Savaskan et al.，2004；Wang et al.，2017；Amin et al.，2017）。为了提高资源利用率、减少不必要的浪费，很多城市对回收立法以鼓励企业回收旧产品。例如，欧盟（EU）在2012年重新制定了《报废电子电器设备（WEEE）指南》，并设定了最低回收目标，其中制造商负责回收并适当处理回收产品以实现规定的目标。因为这些立法，许多领军企业，如苹果公司、戴尔和惠普，已经将旧产品的回收再制造整合到它们的生产运营活动中。苹果公司（Apple Inc.）的环境责任报告显示，2018年，对超过780万部的设备进行了翻新，再生材料的数量从2017年的3.1万公吨增加到2018年的4.92万公吨。① 此外，于2018年秋季生产的MacBook Air和Mac mini机型采用100%再生铝外壳。这些领军企业的逆向物流经营活动引起了业界对研究回收和生产量等再制造决策的兴趣。

随着全球市场竞争的加剧和产品更新换代速度的加快，利用新原料和再生材料生产新产品的再制造企业面临新的挑战。由于市场需求的不确定性和波动性，企业很难准确预测市场需求信息（Zhang，2010；Amin and Zhang，2013；Wei et al.，2018）。例如，在短生命周期产品推出后，企业可以更容易地使用可靠的历史数据来预测需求分布的部分信息而不是全部信息。伯克等（Berk et al.，2007）

---

① 相关信息来自苹果公司官网（https：//www. apple. com. cn/newsroom/2019/04/apple-expands-global-recyling-programs/）。

和凯沃克（Kevork，2010）已经证明了频率论和贝叶斯方法可以根据相似产品的历史数据轻松估计出需求的均值与方差。在这种情况下，由传统决策环境下的再制造模型得出的运营决策不能保证企业利润最大化。另外，尽管再制造具有环境效益，但生产过程还是会产生大量碳排放。苹果公司在 2017 年和 2018 年的碳排放量分别为 2 750 万公吨和 2 520 万公吨，其中 77% 和 74% 的排放来自使用新材料与再生材料制造产品。众所周知，排放过量的二氧化碳会对全球生态环境产生负面影响。碳交易政策是许多国家（地区）和国际组织为控制碳排放而实施的一种有效方法。国际碳行动伙伴组织（The International Carbon Action Partnership，ICAP）在 2018 年的报告中称，在覆盖全球 28 个行政辖区的 21 个碳交易系统中欧盟排放交易系统（EU ETS）规模最大。[①] 富士康是苹果产品的主要合同制造商，其在中国的工厂于 2013 年加入了碳排放交易系统。在这种碳减排环境下，这些同时拥有正向和逆向物流渠道的企业会面临以下两个关键问题：当只有部分需求信息可用时，碳交易政策如何影响再制造系统的联合回收和生产决策；再制造系统的经济和环境绩效能否通过碳交易政策得到改善。

为了解决这些问题，本章考虑一个在碳交易政策规制下的再制造系统，在该系统中，再制造企业（以下简称再制造商）同时使用新原材料和再生材料来生产新产品。再制造商的运营活动（包括制造、再制造和剩余库存的处理）会产生碳排放。此外，该系统只有需求分布的部分信息（包括均值和方差）可以获取。对此再制造系统，我们首先使用分布式鲁棒优化模型来求解联合回收和生产决策。其次考虑企业不受碳交易政策规制的情况，并与碳交易政策下的再制造系统进行运作决策和绩效的比较。最后通过数值算例分析部分需求信息和碳交易政策对再制造系统的影响，补充和完善分析结果。

6.2　问题描述与模型分析

6.2.1　基准模型

我们考虑一个面临随机市场需求 D 的再制造系统，其中再制造商用新材料生产新产品的单位生产成本为 c_n，使用再生材料生产再制造产品的单位生产成本为

---

①　相关信息来自《全球碳市场进展执行摘要》（https：//icapcarbonaction. com/system/files/document/icap_report2018_executive_summary_chi. pdf）。

c_r。实际上，新材料的成本略高于再生材料的成本，即 $c_n \geqslant c_r$。从消费者手中回收旧产品的回收率为 τ，满足 $0 < \tau_l \leqslant \tau \leqslant \tau_u < 1$，其中 τ_l 和 τ_u 分别为回收率的最小值和最大值。设 Q 为再制造商的总生产量。根据阿塔苏等（Atasu et al.，2013）和钟嘉鸿等（Chuang J. et al.，2014）的研究，总回收成本函数 $c(\tau, Q)$ 可以表示为 $c(\tau, Q) = c_A \tau Q + c_L \tau^2 Q^2$，其中 c_A 为可变回收成本，c_L 为度量回收成本的比例系数。再制造产品和新产品在质量上没有区别，由于产品具有相似的保修和服务合同，再制造产品被视为新产品，以相同的单位销售价格 p 出售给消费者（Savaskan et al.，2004；Amin and Zhang，2012）。设 ψ 为均值为 μ 和方差为 σ^2 的累积分布函数集。由于现实中很难得到随机需求的全部信息，我们假设 $F \in \psi$ 为需求 D 的概率分布（Kwon and Cheong，2014；Xu et al.，2018）。面对随机需求 D，如果 $Q < D$，则短缺产品的单位短缺成本为 c_s；否则（即 $Q \geqslant D$）存在产品剩余，其单位残值为 v。

如前所述，再制造商的期望利润为：

$$\pi_0(\tau, Q) = (P - v)E(Q \wedge D) + \hat{v}E(Q - D)^+ - c_s E(Q - D)^+ - c_n(1 - \tau)Q$$
$$- c_r \tau Q - c(\tau, Q)$$

$$(6.1)$$

其中 $x \wedge y = x - (x - y)^+$ 且 $(x - y)^+ = \max\{x - y, 0\}$，$x = Q$，$y = D$。式（6.1）右侧包括销售收入、残值收入、缺货成本、新产品和再制造产品的生产成本、旧产品的回收成本。

由于企业的经营活动是碳排放的主要来源，令 e_n、e_r 和 e_v 分别表示制造、再制造和剩余库存处理过程产生的单位碳排放量。不失一般性，假设 $e_n \geqslant e_r$。因此，再制造商的期望碳排放量为：

$$J(\tau, Q) = e_n(1 - \tau)Q + e_r \tau Q + e_v E(Q - D)^+ \qquad (6.2)$$

在碳交易政策下，碳排放配额 C 被分配给再制造商。如果再制造商的排放量超过 C，则再制造商必须从碳交易市场以单价 p_b 购买缺少的碳排放许可。否则，再制造商将剩余的碳排放许可在碳交易市场以单价 p_s 出售。根据式（6.1）和式（6.2），再制造商的期望利润等价于：

$$\Pi_1(\tau, Q) = \Pi_0(\tau, Q) + p_s[C - J(\tau, Q)]^+ - p_b[J(\tau, Q) - C]^+ \qquad (6.3)$$

上述问题的结构示意图见图 6.1。

令 $\delta_c = c_n - c_r$ 表示通过再制造节省的单位生产成本。为了确保再制造的可盈利性，假设 $\delta_c > c_A$。表 6.1 中总结了本章使用的所有参数和符号。下面将为再制造商受到碳交易政策管制和不受碳交易政策管制两种情形建立两个分布式鲁棒优化模型，并进一步探讨碳交易政策如何影响再制造商的期望利润与碳排放量。

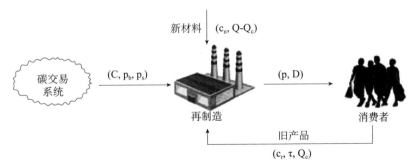

图 6.1　碳交易政策下再制造系统示意

表 6.1	主要参数和符号

参数符号	含义
p	产品的销售单价
c_s	单位短缺成本
c_n	新产品的单位生产成本
c_r	再制造产品的单位生产成本
δ_c	通过再制造节省的单位生产成本，$\delta_c = c_n - c_r > 0$
c_A	单位可变回收成本
c_L	回收成本的比例系数
v	提高新产品和再制造产品的回收价格
D	随机需求，$\mathrm{E}(D) = \mu$，$\mathrm{Var}(D) = \sigma^2$
F	随机需求分布，且 F 的均值和标准差分别为 μ 和 σ
ψ	均值和标准差分别为 μ 和 σ 的累积分布函数集
e_n	生产新产品的单位碳排放量
e_r	再制造废旧产品所产生的单位碳排放量
δ_e	再制造过程节省的碳排放量，$\delta_e = e_n - e_r > 0$
e_v	库存产生的单位碳排放量
C	碳配额
p_b	单位碳排放许可的采购价格
p_s	单位碳排放许可的销售价格
τ_l	回收率的最小值，$0 < \tau_l < 1$
τ_u	回收率的最大值，$0 < \tau_u < 1$

参数符号	含义
决策变量	
τ	回收率，$\tau_l \leqslant \tau \leqslant \tau_u$
Q_c	回收数量
Q	新产品和再制造产品的总生产量
目标函数	
$\Pi_0(\tau, Q)$	不考虑碳交易政策时再制造商的期望利润
$\Pi_1(\tau, Q)$	考虑碳交易政策时再制造商的期望利润
$J(\tau, Q)$	期望碳排放量

6.2.2 再制造商受到碳交易政策管制的情形

当再制造商受到碳交易政策管制时，再制造商将确定最佳的联合生产量和回收策略来最大化自身利润。由于可用的需求信息只有均值 μ 和标准差 σ，为了保证运营策略的鲁棒性，我们先找出使式（6.3）利润最小的需求分布，然后最大化这个最坏情况下的期望利润。此时，碳交易政策下再制造系统的分布式鲁棒优化模型如下：

$$(M_1) \ \max_{\tau, Q} \ \min_{F \in \psi} \Pi_1(\tau, Q) \tag{6.4}$$

$$\text{s. t.} \quad \tau_l \leqslant \tau \leqslant \tau_u \tag{6.5}$$

$$Q > 0 \tag{6.6}$$

式（6.1）和式（6.2）表明需求分布的不确定性对再制造商的期望利润和相应的碳排放产生了影响。引理3.1指出，在集合 ψ 中存在一个分布，该分布通过最大化期望碳排放使再制造商的预期利润最小化。在这种情况下，将式（6.1）和式（6.2）中不确定性参数替换为其最坏情况下的值可以保证模型 M_1 的鲁棒性。接下来，通过两个子问题 M_{1s} 和 M_{1b} 解决模型 M_1：

$$(M_{1s}) \ \max_{\tau, Q} \ \min_{F \in \psi} \Pi_{1s}(\tau, Q) = \Pi_0(\tau, Q) + p_s[C - J(\tau, Q)] \tag{6.7}$$

$$\text{s. t.} \quad \max_{F \in \psi} J(\tau, Q) \leqslant C \tag{6.8}$$

$$\tau_l \leqslant \tau \leqslant \tau_u \tag{6.9}$$

$$Q \geqslant 0 \tag{6.10}$$

和

$$(M_{1b}) \max_{\tau,Q} \min_{F \in \psi} \Pi_{1b}(\tau,Q) = \Pi_0(\tau,Q) - p_b[J(\tau,Q) - C] \tag{6.11}$$

$$\text{s. t.} \quad \max_{F \in \psi} J(\tau,Q) \geqslant C \tag{6.12}$$

$$\tau_l \leqslant \tau \leqslant \tau_u \tag{6.13}$$

$$Q \geqslant 0 \tag{6.14}$$

对于 $i = s,b$，定义 $f_i(Q) = c_L e_v \sqrt{\sigma^2 + (Q-\mu)^2} + c_L(2e_n + e_v) - \Omega_i$，其中 $\Omega_i = c_L(2C + e_v\mu) + \delta_e(\delta_c - c_A - p_i\delta_e)$。为保证分析结果的可行性，令 $\underline{C}_1 = \dfrac{c_L e_v(\sqrt{\sigma^2 + \mu^2} - \mu) - \delta_e(\delta_c - c_A + p_s\delta_e)}{2c_L} > 0$，$\underline{C}_2 = \dfrac{c_L e_v(\sqrt{\sigma^2 + \mu^2} - \mu) - \delta_e(\delta_c - c_A + p_b\delta_e)}{2c_L} > 0$，且 $C > \max\{\underline{C}_1, \underline{C}_2\}$。接下来的引理有助于解决模型 M_1。

引理 6.1　存在阈值 $Q_{ti}(>0)$，$i = s,b$，当且仅当 $Q < Q_{ti}$ 时，$f_i(Q) \leqslant 0$；当且仅当 $Q > Q_{ti}$ 时，$f_i(Q) > 0$，其中

$$Q_{ti} = \frac{(2e_n + e_v)\Omega_i - c_L\mu e_v^2 - e_v\sqrt{[\Omega_i - c_L\mu(2e_n + e_v)]^2 + 4c_L^2 e_n(e_n + e_v)\sigma^2}}{4c_L e_n(e_n + e_v)} \tag{6.15}$$

证明：通过考虑以下两种情形完成 $f_s(Q)$ 性质的证明。（1）$f_s(Q)$ 是 Q 的增函数；（2）Q_{ts} 是 $f_s(Q) = 0$ 的唯一解。

（1）对 $f_s(Q)$ 关于 Q 求一阶导数有：

$$\frac{\partial f_s(Q)}{\partial Q} = \frac{c_L e_v(Q - \mu)}{\sqrt{\sigma^2 + (Q-\mu)^2}} + c_L(2e_n + e_v) \tag{6.16}$$

$$= \frac{c_L(2e_n + e_v)\sqrt{\sigma^2 + (Q-\mu)^2} + c_L e_v(Q - \mu)}{\sqrt{\sigma^2 + (Q-\mu)^2}}$$

利用 $\sqrt{\sigma^2 + (Q-\mu)^2} > \mu - Q$ 有 $\dfrac{\partial f_s(Q)}{\partial Q} > 0$，这意味着 $f_s(Q)$ 是 Q 的增函数。

（2）根据 $f_s(Q) = 0$ 可以得到 $c_L e_v\sqrt{\sigma^2 + (Q-\mu)^2} = \Omega_s - c_L(2e_n + e_v)Q$，因此有：

$$Q < \frac{\Omega_s}{c_L(2e_n + e_v)} \tag{6.17}$$

化简可得：

$$4c_L^2 e_n(e_n + e_v)Q^2 + 2c_L Q[c_L \mu e_v^2 - \Omega_s(2e_n + e_v)] + \Omega_s^2 - c_L^2 e_v^2(\mu^2 + \sigma^2) = 0$$

(6.18)

求解式（6.18）可以发现 $f_s(Q) = 0$ 有两个根 Q_{ts} 和 Q_{t0}，满足：

$$Q_{ts} = \frac{(2e_n + e_v)\Omega_s - c_L\mu e_v^2 - e_v\sqrt{[\Omega_s - c_L\mu(2e_n + e_v)]^2 + 4c_L^2 e_n(e_n + e_v)\sigma^2}}{4c_L e_n(e_n + e_v)}$$

(6.19)

$$Q_{t0} = \frac{(2e_n + e_v)\Omega_s - c_L\mu e_v^2 + e_v\sqrt{[\Omega_s - c_L\mu(2e_n + e_v)]^2 + 4c_L^2 e_n(e_n + e_v)\sigma^2}}{4c_L e_n(e_n + e_v)}$$

(6.20)

通过分析以下两个不等式可以得出 Q_{t0} 不是可行解：

$$\sqrt{[\Omega_s - c_L\mu(2e_n + e_v)]^2 + 4c_L^2 e_n(e_n + e_v)\sigma^2} > c_L\mu(2e_n + e_v) - \Omega_s$$

(6.21)

$$(2e_n + e_v)\sqrt{[\Omega_s - c_L\mu(2e_n + e_v)]^2 + 4c_L^2 e_n(e_n + e_v)\sigma^2} > e_v[c_L\mu(2e_n + e_v) - \Omega_s]$$

(6.22)

从式（6.22）可知 $e_v(2e_n + e_v)\sqrt{[\Omega_s - c_L\mu(2e_n + e_v)]^2 + 4c_L^2 e_n(e_n + e_v)\sigma^2} + \Omega_s(2e_n + e_v)^2 - c_L\mu(2e_n + e_v)e_v^2 > 4\Omega_s e_n(e_n + e_v)$，$Q_{t0} > \dfrac{\Omega_s}{c_L(2e_n + e_v)}$。这与式（6.17）矛盾。

对式（6.21）做相似的分析可得 $e_v[\Omega_s - c_L\mu(2e_n + e_v)] < -(2e_n + e_v)\sqrt{[\Omega_s - c_L\mu(2e_n + e_v)]^2 + 4c_L^2 e_n(e_n + e_v)\sigma^2}$。整理可得 $\Omega_s(2e_n + e_v)^2 - c_L\mu(2e_n + e_v)e_v^2 - e_v(2e_n + e_v)\sqrt{[\Omega_s - c_L\mu(2e_n + e_v)]^2 + 4c_L^2 e_n(e_n + e_v)\sigma^2} < 4\Omega_s e_n(e_n + e_v)$，且

$$Q_{ts} < \frac{\Omega_s}{c_L(2e_n + e_v)}$$

(6.23)

这说明 Q_{ts} 满足式（6.17）。

下面证明 $Q_{ts} > 0$。由于 $C > \max\{\underline{C_1}, \underline{C_2}\} \geq \underline{C_1}$，因此有 $C > \dfrac{c_L e_v(\sqrt{\sigma^2 + \mu^2} - \mu) - \delta_e(\delta_c - c_A + p_s\delta_e)}{2c_L}$ 和以下不等式成立。

$$\Omega_s > c_L e_v\sqrt{\sigma^2 + \mu^2}$$

(6.24)

由式（6.24）可得 $\Omega_s^2 - \mu^2 e_v^2 c_L^2 > c_L^2 e_v^2\sigma^2$ 和 $[\Omega_s(2e_n + e_v) - c_L\mu e_v^2]^2 >$

$e_v^2 \{ [\Omega_s - c_L\mu(2e_n + e_v)]^2 + 4c_L^2 e_n(e_n + e_v)\sigma^2 \}$。利用 $\Omega_s(2e_n + e_v) > c_L\mu e_v^2$，可得 $\Omega_s(2e_n + e_v) - c_L\mu e_v^2 > e_v \sqrt{[\Omega_s - c_L\mu(2e_n + e_v)]^2 + 4c_L^2 e_n(e_n + e_v)\sigma^2}$，这意味着 $Q_{ts} > 0$。利用式（6.23）可以进一步得出 Q_{ts} 是 $f_s(Q) = 0$ 的唯一可行解。利用 $f_s(Q)$ 的单调性可知，$f_s(Q) \leq 0$ 当且仅当 $Q \leq Q_{ts}$；$f_s(Q) > 0$ 当且仅当 $Q > Q_{ts}$。

通过类似的分析可以证明 $f_b(Q)$ 的性质，这里不再赘述。

令 $\Pi_{1i}^F(\tau, Q) = \min_{F \in \psi} \Pi_{1i}(\tau, Q)$，$i = s, b$，$J^F(\tau, Q) = \max_{F \in \psi} J(\tau, Q)$。令 τ_{1i}^* 和 $Q_{1i}^* (i = s, b)$ 分别为对应的最优鲁棒回收率和生产量。利用引理 3.1 和引理 6.1 求解子模型 M_{1s} 得到如下结果。

定理 6.1　对于模型 M_{1s}，以下结论成立：

（1）当 $\tau_u \geq \dfrac{\delta_c - c_A + p_s\delta_e}{2c_L Q_{ts}}$ 时，存在最优鲁棒回收率 τ_{1s}^* 和生产量 Q_{1s}^* 使得再制造商的利润最大，其中 $\tau_{1s}^* = \dfrac{\delta_c - c_A + p_s\delta_e}{2c_L Q_{1s}^*}$，$Q_{1s}^* = \max \left\{ \dfrac{\delta_c - c_A + p_s\delta_e}{2\tau_u c_L}, \min \left\{ Q_{0s}, \min \left\{ \dfrac{\delta_c - c_A + p_s\delta_e}{2c_L\tau_l}, Q_{ts} \right\} \right\} \right\}$，

$$Q_{0s} = \mu + \frac{\sigma(A_s - B_s)}{2\sqrt{A_s B_s}} \tag{6.25}$$

其中 $A_s = p + c_s - c_n - p_s e_n$，$B_s = p_s(e_n + e_v) + c_n - v$。

（2）当 $\tau_u < \dfrac{\delta_c - c_A + p_s\delta_e}{2c_L Q_{ts}}$ 时，不存在最优鲁棒回收率和生产量。

证明：利用 $Q \wedge D = D - (D - Q)^+$ 和 $(Q - D)^+ = Q - D + (D - Q)^+$ 以及式（6.1）和式（6.2），可以将 $\Pi_0(\tau, Q)$ 和 $J(\tau, Q)$ 化简如下：

$$\Pi_0(\tau, Q) = (p - v)\mu + [v - c_n + (\delta_c - c_A)\tau]Q - c_L\tau^2 Q^2 \tag{6.26}$$
$$- (p + c_s - v)E(D - Q)^+$$

$$J(\tau, Q) = (e_n + e_v - \delta_e\tau)Q - e_v\mu + e_v E(D - Q)^+ \tag{6.27}$$

对于模型 M_{1s}，将上述两式代入式（6.7）有：

$$\Pi_{1s}(\tau, Q) = (p - v + p_s e_v)\mu + p_s C + [v - c_n - p_s(e_n + e_v)]Q$$
$$+ (\delta_c - c_A + p_s\delta_e)\tau Q - c_L\tau^2 Q^2 \tag{6.28}$$
$$- (p + c_s - v + p_s e_v)E(D - Q)^+$$

利用引理 3.1 求解式（6.27）和式（6.28）有：

$$J^F(\tau, Q) = (e_n + e_v - \delta_e\tau)Q - e_v\mu + \frac{1}{2}e_v[\sqrt{\sigma^2 + (Q - \mu)^2} - (Q - \mu)] \tag{6.29}$$

$$\Pi_{1s}^{F}(\tau,Q) = (p - v + p_s e_v)\mu + p_s C + [v - c_n - p_s(e_n + e_v)]Q$$

$$+ (\delta_c - c_A + p_s\delta_e)\tau Q - c_L\tau^2 Q^2 - \frac{1}{2}(p + c_s - v + p_s e_v)$$

$$[\sqrt{\sigma^2 + (Q - \mu)^2} - (Q - \mu)] \tag{6.30}$$

对于给定的 $Q > 0$，对 $\Pi_{1s}^{F}(\tau, Q)$ 关于 τ 求一阶和二阶导数可得：

$$\frac{\partial \Pi_{1s}^{F}(\tau,Q)}{\partial \tau} = (\delta_c - c_A + p_s\delta_e)Q - 2c_L\tau Q^2 \tag{6.31}$$

$$\frac{\partial^2 \Pi_{1s}^{F}(\tau,Q)}{\partial \tau^2} = -2c_L Q^2 < 0 \tag{6.32}$$

从式（6.32）可以看出对给定的 Q，$\Pi_{1s}^{F}(\tau, Q)$ 是 τ 的凹函数。令式（6.31）等于零可得：

$$\tau_{1s}^{*} = \frac{\delta_c - c_A + p_s\delta_e}{2c_L Q} \tag{6.33}$$

将式（6.33）代入式（6.9）可得：

$$\frac{\delta_c - c_A + p_s\delta_e}{2c_L\tau_u} \leqslant Q \leqslant \frac{\delta_c - c_A + p_s\delta_e}{2c_L\tau_l} \tag{6.34}$$

将式（6.33）代入式（6.29），利用 $f_s(Q)$ 的表达式可得：

$$J^{F}(\tau,Q) = \frac{1}{2c_L}f_s(Q) + C \tag{6.35}$$

利用 $J^{F}(\tau, Q) \leqslant C$ 和引理 6.1 可得：

$$0 < Q < Q_{ts} \tag{6.36}$$

其中 Q_{ts} 满足式（6.19）。

将式（6.33）代入式（6.30）并对 $\Pi_{1s}^{F}(\tau_{1s}^{*}, Q)$ 关于 Q 求一阶和二阶导数可得：

$$\frac{\partial \Pi_{1s}^{F}(\tau_{1s}^{*},Q)}{\partial Q} = \frac{1}{2}[p + v + c_s - 2c_n - p_s(2e_n + e_v)] - \frac{(p + c_s - v + p_s e_v)(Q - \mu)}{2\sqrt{\sigma^2 + (Q - \mu)^2}} \tag{6.37}$$

$$\frac{\partial^2 \Pi_{1s}^{F}(\tau_{1s}^{*},Q)}{\partial Q^2} = -\frac{\sigma^2}{2}(p + c_s - v + p_s e_v)[\sqrt{\sigma^2 + (Q - \mu)^2}]^{-3} < 0 \tag{6.38}$$

这说明 $\Pi_{1s}^{F}(\tau_{1s}^{*}, Q)$ 是 Q 的凹函数。令式（6.37）等于零可得：

$$Q_{0s} = \mu + \frac{\sigma}{2}\left[\sqrt{\frac{p + c_s - c_n - p_s e_n}{p_s(e_n + e_v) + c_n - v}} - \sqrt{\frac{p_s(e_n + e_v) + c_n - v}{p + c_s - c_n - p_s e_n}}\right] = \mu + \frac{\sigma(A_s - B_s)}{2\sqrt{A_s B_s}} \tag{6.39}$$

利用 $\Pi_{1s}^{F}(\tau_{1s}^{*}, Q)$ 的凹性，结合式（6.34）、式（6.36）和式（6.39）分以下三种情况求解问题 M_{1s} 中再制造商的最优鲁棒生产量。

情形 1： $\dfrac{\delta_c - c_A + p_s\delta_e}{2c_L\tau_u} \leqslant Q_{ts} \leqslant \dfrac{\delta_c - c_A + p_s\delta_e}{2c_L\tau_l}$。从式（6.34）和式（6.36）可得模型 M_{1s} 的可行域为 $\dfrac{\delta_c - c_A + p_s\delta_e}{2c_L\tau_u} \leqslant Q \leqslant Q_{ts}$。当 $Q_{ts} < Q_{0s}$ 时，有 $Q_{1s}^{*} = Q_{ts}$。当 $\dfrac{\delta_c - c_A + p_s\delta_e}{2c_L\tau_u} > Q_{0s}$ 时，有 $Q_{1s}^{*} = \dfrac{\delta_c - c_A + p_s\delta_e}{2c_L\tau_u}$。当 $\dfrac{\delta_c - c_A + p_s\delta_e}{2c_L\tau_u} \leqslant Q_{0s} \leqslant Q_{ts}$ 时，有 $Q_{1s}^{*} = Q_{0s}$。

情形 2： $Q_{ts} > \dfrac{\delta_c - c_A + p_s\delta_e}{2c_L\tau_l}$。此时，从式（6.34）和式（6.36）可得模型 M_{1s} 的可行域为 $\dfrac{\delta_c - c_A + p_s\delta_e}{2c_L\tau_u} \leqslant Q \leqslant \dfrac{\delta_c - c_A + p_s\delta_e}{2c_L\tau_l}$。当 $Q_{0s} > \dfrac{\delta_c - c_A + p_s\delta_e}{2c_L\tau_l}$ 时，有 $Q_{1s}^{*} = \dfrac{\delta_c - c_A + p_s\delta_e}{2c_L\tau_l}$。当 $Q_{0s} < \dfrac{\delta_c - c_A + p_s\delta_e}{2c_L\tau_u}$ 时，有 $Q_{1s}^{*} = \dfrac{\delta_c - c_A + p_s\delta_e}{2c_L\tau_u}$。当 $\dfrac{\delta_c - c_A + p_s\delta_e}{2c_L\tau_u} \leqslant Q_{0s} \leqslant \dfrac{\delta_c - c_A + p_s\delta_e}{2c_L\tau_l}$ 时，有 $Q_{1s}^{*} = Q_{0s}$。

情形 3： $Q_{ts} < \dfrac{\delta_c - c_A + p_s\delta_e}{2c_L\tau_u}$。此时，从式（6.34）和式（6.36）可得模型 M_{1s} 的可行域为空集。

综上所述，从情形 1 和情形 2 可得，当 $Q_{ts} > \dfrac{\delta_c - c_A + p_s\delta_e}{2c_L\tau_u}$ 时，即 $\tau_u \geqslant \dfrac{\delta_c - c_A + p_s\delta_e}{2c_LQ_{ts}}$，最优鲁棒生产量 Q_{1s}^{*} 和回收率 τ_{1s}^{*} 分别为 $Q_{1s}^{*} = \max\left\{\dfrac{\delta_c - c_A + p_s\delta_e}{2\tau_uc_L}, \min\left\{Q_{0s}, \min\left\{\dfrac{\delta_c - c_A + p_s\delta_e}{2c_L\tau_l}, Q_{ts}\right\}\right\}\right\}$，$\tau_{1s}^{*} = \dfrac{\delta_c - c_A + p_s\delta_e}{2c_LQ_{1s}^{*}}$。

定理 6.1 给出了当再制造商产生的碳排放量小于或等于碳排放配额时最优鲁棒回收率和生产量的解析表达式。从该定理可以看出存在一个回收率的阈值 $\dfrac{\delta_c - c_A + p_s\delta_e}{2c_LQ_{ts}}$。如果最优回收率高于或等于此阈值，再制造商可以调整最优鲁棒经营决策使其期望利润最大化。否则，再制造商无法根据部分需求信息找到最优鲁棒运营决策。根据该定理还可以得到以下结果。

推论 6.1 对于模型 M_{1s}，以下结论成立：

（1）对于给定的 C_{0s}，$C_{0s} = \dfrac{e_v}{2}\left[\sqrt{\sigma^2 + \left(\dfrac{\delta_c - c_A + p_s\delta_e}{2\tau_uc_L} - \mu\right)} - \mu\right] +$

$$\left[\frac{(\delta_c - c_A + p_s\delta_e)(2e_n + e_v - 2\delta_e\tau_u)}{4\tau_u c_L}\right]$$且 $C_{0s} > \underline{C}_1$，如果碳配额满足 $C > C_{0s}$，则再制造商的期望利润可以达到最大。否则，不存在能够最大化再制造商期望利润的鲁棒解。

（2）如果回收率和生产量为 $\tau_{1s}^* = \dfrac{\delta_c - c_A + p_s\delta_e}{2c_L Q_{ts}}$ 和 $Q_{1s}^* = Q_{ts}$，则再制造商的碳排放量与碳配额相同；否则，再制造商的碳排放量低于碳配额。

证明：（1）利用 C_0 的表达式化简 $C \geqslant C_0$ 可得：

$$2c_L C \geqslant c_L e_v\left[\sqrt{\sigma^2 + \frac{\delta_c - c_A + p_s\delta_e}{2c_L\tau_u}} - \mu - \mu\right] + \frac{(\delta_c - c_A + p_s\delta_e)(2e_n - e_v - 2\delta_e\tau_u)}{2\tau_u}$$

$$(6.40)$$

利用 $f(Q)$ 和 Ω 的表达式对式（6.40）进行整理可得：

$$0 \geqslant c_L e_v\sqrt{\sigma^2 + \frac{\delta_c - c_A + p_s\delta_e}{2c_L\tau_u}} - \mu + \frac{(\delta_c - c_A + p_s\delta_e)(2e_n + e_v)}{2\tau_u} - \Omega_s$$

$$(6.41)$$

和

$$f_s(Q_{ts}) \geqslant f_s\left(\frac{\delta_c - c_A + p_s\delta_e}{2c_L\tau_u}\right) \tag{6.42}$$

由于 $f_s(Q)$ 是 Q 的增函数，因此有：

$$Q_{ts} \geqslant \frac{\delta_c - c_A + p_s\delta_e}{2c_L\tau_u} \tag{6.43}$$

利用 $\dfrac{\delta_c - c_A + p_s\delta_e}{2c_L\tau_u} > 0$，$f_s(0) = c_L e_v\sqrt{\sigma^2 + \mu^2} - \Omega$，以及 $f_s(Q)$ 的单调性可得：

$$e_v\sqrt{\sigma^2 + \left(\frac{\delta_c - c_A + p_s\delta_e}{2c_L\tau_u} - \mu\right)^2} + \frac{(\delta_c - c_A + p_s\delta_e)(2e_n + e_v)}{2c_L\tau_u} > e_v\sqrt{\sigma^2 + \mu^2}$$

$$(6.44)$$

从式（6.44）可知 $C_0 > \underline{C}$。根据定理 6.1 和式（6.43）可得，当 $C \geqslant C_0$ 时，存在最优鲁棒回收率和生产量使再制造商的期望利润最大。

类似地，化简 $C < C_0$ 可得 $f_s(Q_{ts}) < f_s\left(\dfrac{\delta_c - c_A + p_s\delta_e}{2c_L\tau_u}\right)$ 和 $Q_{ts} < \dfrac{\delta_c - c_A + p_s\delta_e}{2c_L\tau_u}$。根据定理 6.1 可得 $C < C_0$。因此不存在最优鲁棒回收率和生产量使再制造商的期望利润最大。

（2）根据引理 6.1 和 $f_s(Q)$ 的单调性可得，如果 $Q_{1s}^* = Q_{ts}$，则 $J^F(\tau_{1s}^*, Q_{1s}^*) = C$。否则 $J^F(\tau_{1s}^*, Q_{1s}^*) < C$。

推论 6.1 表明了在有限需求信息（均值和方差）下，碳配额是如何影响再制造商的期望利润和相应碳排放的。从推论 6.1（1）可以观察到，当分配给再制造商的碳配额较大时（例如高于 C_0），再制造商可以确定最优的鲁棒回收率和生产数量使其期望利润最大。相反，如果分配的碳配额相对较小（例如小于 C_0），则再制造商的期望利润就不能最大化。在模型 M_{1s} 中，当再制造商试图作出鲁棒经营决策以最大化其期望利润时，推论 6.1（2）对其碳排放量和碳配额进行了比较。

同样地，根据引理 3.1 和引理 6.1 可以得到模型 M_{1b} 的分析结果。

定理 6.2　对于模型 M_{1b}，以下结论成立：

（1）当 $\tau_1 \leqslant \dfrac{\delta_c - c_A + p_b\delta_e}{2c_L Q_{tb}}$，存在最优鲁棒回收率 τ_{1b}^* 和生产量 Q_{1b}^* 使再制造商的利润最大，其中 $\tau_{1b}^* = \dfrac{\delta_c - c_A + p_b\delta_e}{2c_L Q_{1b}^*}$，$Q_{1b}^* = \min\left\{\dfrac{\delta_c - c_A + p_b\delta_e}{2\tau_1 c_L}, \ \max\left\{Q_{0b}, \right.\right.$

$\max\left\{\dfrac{\delta_c - c_A + p_b\delta_e}{2c_L\tau_u}, \ Q_{tb}\right\}\bigg\}\bigg\}$，

$$Q_{0b} = \mu + \frac{\sigma(A_b - B_b)}{2\sqrt{A_b B_b}}, \tag{6.45}$$

$A_b = p + c_s - c_n - p_b e_n$，$B_b = p_b(e_n + e_v) + c_n - v$。

（2）当 $\tau_1 > \dfrac{\delta_c - c_A + p_b\delta_e}{2c_L Q_{tb}}$ 时，不存在可行的鲁棒回收率和生产量。

证明：与模型 M_{1s} 的分析类似，利用引理 3.1 求解模型 M_{1b}，化简最差情况下再制造商的期望利润和碳排放量如下：

$$\begin{aligned}
\Pi_{1b}^F(\tau, Q) &= (p - v + p_b e_v)\mu + p_b C + [v - c_n - p_b(e_n + e_v)]Q \\
&\quad + (\delta_c - c_A + p_b\delta_e)\tau Q - c_L\tau^2 Q^2 - \frac{1}{2}(p + c_s - v + p_b e_v) \\
&\quad \left[\sqrt{\sigma^2 + (Q - \mu)^2} - (Q - \mu)\right]
\end{aligned}$$

$$\tag{6.46}$$

$$J^F(\tau, Q) = (e_n + e_v - \delta_e\tau)Q - e_v\mu + \frac{1}{2}e_v\left[\sqrt{\sigma^2 + (Q - \mu)^2} - (Q - \mu)\right] \tag{6.47}$$

对于给定的 $Q > 0$，对式（6.46）中的 $\Pi_{1b}^F(\tau, Q)$ 关于 τ 求一阶和二阶导数

可得：

$$\frac{\partial \Pi_{1b}^{F}(\tau,Q)}{\partial \tau} = (\delta_c - c_A + p_b\delta_e)Q - 2c_L\tau Q^2 \tag{6.48}$$

$$\frac{\partial^2 \Pi_{1b}^{F}(\tau,Q)}{\partial \tau^2} = -2c_L Q^2 < 0 \tag{6.49}$$

由式（6.49）可知对给定的 Q，$\Pi_{1b}^{F}(\tau, Q)$ 是 τ 的凹函数。令一阶导数等于零可得：

$$\tau_{1b}^{*} = \frac{\delta_c - c_A + p_b\delta_e}{2c_L Q} \tag{6.50}$$

将式（6.50）代入式（6.13）可得：

$$\frac{\delta_c - c_A + p_b\delta_e}{2c_L\tau_u} \leqslant Q \leqslant \frac{\delta_c - c_A + p_b\delta_e}{2c_L\tau_l} \tag{6.51}$$

将式（6.50）代入式（6.47），结合引理6.1整理 $J^{F}(\tau_{1b}^{*}, Q) \geqslant C$ 可得：

$$Q \geqslant Q_{tb} \tag{6.52}$$

其中 $Q_{tb} = \dfrac{\Omega_b (2e_n + e_v) - c_L\mu e_v^2 - e_v \sqrt{[\Omega_b - c_L\mu(2e_n + e_v)]^2 + 4c_L^2 e_n (e_n + e_v) \sigma^2}}{4c_L e_n (e_n + e_v)}$。

根据式（6.46）和式（6.50），对 $\Pi_{1b}^{F}(\tau_{1b}^{*}, Q)$ 关于 Q 求一阶和二阶导数可得：

$$\frac{\partial \Pi_{1b}^{F}(\tau_{1b}^{*},Q)}{\partial Q} = \frac{1}{2}[p + v + c_s - 2c_n - p_b(2e_n + e_v)] - \frac{(p + c_s - v + p_b e_v)(Q - \mu)}{2\sqrt{\sigma^2 + (Q - \mu)^2}} \tag{6.53}$$

$$\frac{\partial^2 \Pi_{1b}^{F}(\tau_{1b}^{*},Q)}{\partial Q^2} = -\frac{1}{2}\sigma^2(p + c_s - v + p_b e_v)(\sqrt{\sigma^2 + (Q - \mu)^2})^{-3} < 0 \tag{6.54}$$

从式（6.54）可知，$\Pi_{1b}^{F}(\tau_{1b}^{*}, Q)$ 是 Q 的凹函数。令一阶导数等于零可得：

$$Q_{0b} = \mu + \frac{\sigma}{2}\left[\sqrt{\frac{p + c_s - c_n - p_b e_n}{p_b(e_n + e_v) + c_n - v}} - \sqrt{\frac{pp_b(e_n + e_v) + c_n - v}{p + c_s - c_n - p_b e_n}}\right] = \mu + \frac{\sigma(A_b - B_b)}{2\sqrt{A_b B_b}} \tag{6.55}$$

根据式（6.51）、式（6.52）、式（6.55）和 $\Pi_{1b}^{F}(\tau_{1b}^{*}, Q)$ 的凹性，我们从以下三种情形证明定理结论。

情形1：$Q_{tb} < \dfrac{\delta_c - c_A + p_b\delta_e}{2c_L\tau_u}$。根据式（6.50）、式（6.51）可得模型 M_{1b} 的可

行域为 $\dfrac{\delta_c - c_A + p_b\delta_e}{2c_L\tau_u} \leqslant Q \leqslant \dfrac{\delta_c - c_A + p_b\delta_e}{2c_L\tau_l}$。当 $\dfrac{\delta_c - c_A + p_b\delta_e}{2c_L\tau_l} < Q_{0b}$ 时，有 $Q_{1b}^* = \dfrac{\delta_c - c_A + p_b\delta_e}{2c_L\tau_l}$。当 $\dfrac{\delta_c - c_A + p_b\delta_e}{2c_L\tau_u} > Q_{0b}$ 时，有 $Q_{1b}^* = \dfrac{\delta_c - c_A + p_b\delta_e}{2c_L\tau_u}$。当 $\dfrac{\delta_c - c_A + p_b\delta_e}{2c_L\tau_u} \leqslant Q_{0b} \leqslant \dfrac{\delta_c - c_A + p_b\delta_e}{2c_L\tau_l}$ 时，有 $Q_{1b}^* = Q_{0b}$。

情形 2： $\dfrac{\delta_c - c_A + p_b\delta_e}{2c_L\tau_u} \leqslant Q_{tb} \leqslant \dfrac{\delta_c - c_A + p_b\delta_e}{2c_L\tau_l}$。此时模型 M_{1b} 的可行域为 $Q_{0b} \leqslant Q \leqslant \dfrac{\delta_c - c_A + p_b\delta_e}{2c_L\tau_l}$。当 $\dfrac{\delta_c - c_A + p_b\delta_e}{2c_L\tau_l} < Q_{0b}$ 时，有 $Q_{1b}^* = \dfrac{\delta_c - c_A + p_b\delta_e}{2c_L\tau_l}$。当 $Q_{tb} > Q_{0b}$ 时，有 $Q_{1b}^* = Q_{tb}$。当 $Q_{tb} \leqslant Q_{0b} \leqslant \dfrac{\delta_c - c_A + p_b\delta_e}{2c_L\tau_l}$ 时，有 $Q_{1b}^* = Q_{0b}$。

情形 3： $Q_{tb} > \dfrac{\delta_c - c_A + p_b\delta_e}{2c_L\tau_l}$。此时模型 M_{1b} 的可行域为空集。

综上所述，当 $Q_{tb} \leqslant \dfrac{\delta_c - c_A + p_b\delta_e}{2c_L\tau_l}$，即 $\tau_l \leqslant \dfrac{\delta_c - c_A + p_b\delta_e}{2c_L Q_{tb}}$ 时，最优鲁棒生产量和回收率分别为 $Q_{1b}^* = \min\left\{ \dfrac{\delta_c - c_A + p_b\delta_e}{2\tau_l c_L},\ \max\left\{ Q_{0b},\ \max\left\{ \dfrac{\delta_c - c_A + p_b\delta_e}{2c_L\tau_u},\ Q_{tb} \right\} \right\} \right\}$，

$\tau_{1b}^* = \dfrac{\delta_c - c_A + p_b\delta_e}{2c_L Q_{1b}^*}$。

定理 6.2 给出了碳排放量大于或等于碳配额时最优鲁棒回收率和生产量的解析表达式。由该定理可知，在最坏的需求分布下，当再制造商的碳排放量高于碳配额时，最小回收率在确定使最坏情况下期望利润最大的鲁棒运营决策过程中起到重要作用。例如，给定一个最小回收率，存在一个阈值 $\dfrac{\delta_c - c_A + p_b\delta_e}{2c_L Q_{tb}}$，当最小回收率小于或等于阈值时，再制造商可以确定使期望利润最大的最优鲁棒运营决策；否则，再制造商将找不到这样的鲁棒运营决策。该定理还可以进一步得到以下结果。

推论 6.2　对于模型 M_{1b}，以下结论成立：

（1）对于给定 C_{0b}，$C_{0b} = \dfrac{e_v}{2}\left[\sqrt{\sigma^2 + \left(\dfrac{\delta_c - c_A + p_b\delta_e}{2\tau_u c_L} - \mu \right)} - \mu \right] + \dfrac{\left[(\delta_c - c_A + p_b\delta_e) (2e_n + e_v - 2\delta_e\tau_u) \right]}{4\tau_u c_L}$ 且 $C_{0b} > C_2$，如果碳配额满足 $C \leqslant C_{0b}$，再制造商的期望利润可以达到最大。否则，不存在鲁棒解最大化再制造商的期望利润。

（2）如果回收率和生产量为 $\tau_{1b}^* = \dfrac{\delta_c - c_A + p_s\delta_e}{2c_L Q_{tb}}$ 和 $Q_{1b}^* = Q_{tb}$，再制造商的碳排放量与碳配额相同。否则，再制造商的碳排放量将高于碳配额。

通过与推论 6.1 和定理 6.2 相似的分析，可以得到以上推论。推论 6.2（1）表明，当给再制造商设置的碳配额相对较小（例如低于 C_{0b}）时，再制造商可以通过产生高于碳配额的碳排放量来确定使最坏情况下期望利润最大的鲁棒经营决策。当设置的碳配额高于 C_{0b} 时，再制造商不能最大化最坏情况下期望利润。推论 6.2（2）比较了模型 M_{1b} 中再制造商确定最优鲁棒经营决策使期望利润最大化时碳排放量与碳配额的大小关系。

令 τ_1^* 和 Q_1^* 为模型 M_1 的最优鲁棒回收率和生产量，令 $\Pi_1^F(\tau_1^*，Q_1^*)$ 为相应的最优期望利润。利用定理 6.1 和定理 6.2 可以得到以下结果。

定理 6.3　对于模型 M_1，以下结论成立：

（1）如果 $p_s \geqslant p_b$，那么 $\tau_{1s}^* Q_{1s}^* \geqslant \tau_{1b}^* Q_{1b}^*$，否则 $\tau_{1s}^* Q_{1s}^* < \tau_{1b}^* Q_{1b}^*$。

（2）如果 $\tau_1 \leqslant \dfrac{\delta_c - c_A + p_b\delta_e}{2c_L Q_{tb}}$ 或 $\tau_u \geqslant \dfrac{\delta_c - c_A + p_s\delta_e}{2c_L Q_{ts}}$，模型 M_1 的最优鲁棒回收率和生产量为 $(\tau_1^*，Q_1^*) = \arg\max\limits_{(\tau,Q)\in\mathbb{R}^+\times\mathbb{R}^+}\{\Pi_{1s}^F(\tau_{1s}^*，Q_{1s}^*)，\Pi_{1b}^F(\tau_{1b}^*，Q_{1b}^*)\}$。否则，没有可行的鲁棒回收率和生产量。

定理 6.3 非常直观，由定理 6.3（1）可以看出，当碳排放权的单位销售价格高于或等于碳排放权的购买价格时，与碳排放量高于碳配额的情况相比，再制造商在碳排放量低于碳配额情况下会增加产品的回收数量。而碳排放许可的单位售价低于购买价格的情况下正好相反。定理 6.3（2）给出了碳交易政策下再制造商最优鲁棒回收率和生产量的解析表达式。

6.2.3　再制造商不受碳交易政策管制的情形

为了检验上述碳交易政策下分布式鲁棒优化模型的性能，我们进一步研究再制造商不受碳交易政策管制的情况，并将其模型构建如下：

$$(M_0)\ \max_{\tau,Q}\ \min_{F\in\psi}\Pi_0(\tau,Q) \tag{6.56}$$

$$\text{s. t.}\quad \tau_1 \leqslant \tau \leqslant \tau_u \tag{6.57}$$

$$Q > 0 \tag{6.58}$$

令 $\Pi_0^F(\tau，Q) = \max\limits_{F\in\psi}\Pi_0(\tau，Q)$，$\tau_0^*$ 和 Q_0^* 分别为模型 M_0 的最优回收率和生

产量。使用引理 3.1 和式（6.1）求解模型 M_0 得到以下结论。

定理 6.4　对于模型 M_0，存在最优鲁棒回收率 τ_0^* 和生产量 Q_0^* 使再制造商的利润最大，其中 $\tau_0^* = \dfrac{\delta_c - c_A}{2c_L Q_0^*}$，$Q_0^* = \max\left\{\dfrac{\delta_c - c_A}{2c_L\tau_u}, \ \min\left\{\dfrac{\delta_c - c_A}{2c_L\tau_l}, \ Q_0\right\}\right\}$，

$$Q_0 = \mu + \frac{\sigma(A_0 - B_0)}{2\sqrt{A_0 B_0}} \tag{6.59}$$

其中 $A_0 = p + c_s - c_n$，$B_0 = c_n - v$。

证明：利用引理 3.1 将再制造商最差情况下的期望利润 $\Pi_0^F(\tau, Q)$ 化简可得：

$$
\begin{aligned}
\Pi_0^F(\tau, Q) = {} & \frac{1}{2}\mu(p - v - c_s) + \frac{1}{2}Q(p + v + c_s - 2c_n) + (\delta_c - c_A)\tau Q \\
& - c_L\tau^2 Q^2 - \frac{1}{2}(p + c_s - v)\sqrt{\sigma^2 + (Q - \mu)^2}
\end{aligned}
\tag{6.60}
$$

对于固定的 $Q > 0$，对式（6.60）关于 τ 求一阶和二阶导数可得：

$$\frac{\partial \Pi_0^F(\tau, Q)}{\partial \tau} = (\delta_c - c_A)Q - 2\tau c_L Q^2 \tag{6.61}$$

$$\frac{\partial^2 \Pi_0^F(\tau, Q)}{\partial \tau^2} = -2c_L Q^2 < 0 \tag{6.62}$$

显然，$\Pi_0^F(\tau, Q)$ 是 τ 的凹函数。令一阶导数等于零可得：

$$\tau_0^* = \frac{\delta_c - c_A}{2c_L Q} \tag{6.63}$$

将式（6.63）代入式（6.57）可得：

$$\frac{\delta_c - c_A}{2c_L\tau_u} \leq Q \leq \frac{\delta_c - c_A}{2c_L\tau_l} \tag{6.64}$$

将式（6.63）代入式（6.60），并对 $\Pi_0^F(\tau_0^*, Q)$ 关于 Q 求一阶和二阶导数可得：

$$\frac{\partial \Pi_0^F(\tau_0^*, Q)}{\partial Q} = \frac{1}{2}(p + v + c_s - 2c_n) - \frac{(p + c_s - v)(Q - \mu)}{2\sqrt{\sigma^2 + (Q - \mu)^2}} \tag{6.65}$$

$$\frac{\partial^2 \Pi_0^F(\tau_0^*, Q)}{\partial Q^2} = -\frac{1}{2}(p + c_s - v)\sigma^2\left[\sigma^2 + (Q - \mu)^2\right]^{-\frac{3}{2}} < 0 \tag{6.66}$$

从式（6.66）可以看出 $\Pi_0^F(\tau_0^*, Q)$ 是 Q 的凹函数。令一阶导数等于零可得：

$$Q_0 = \mu + \frac{\sigma}{2}\left(\sqrt{\frac{p + c_s - c_n}{c_n - v}} - \sqrt{\frac{c_n - v}{p + c_s - c_n}}\right) = \mu + \frac{\sigma(A_0 - B_0)}{2\sqrt{A_0 B_0}} \quad (6.67)$$

结合式（6.64）可以从以下三种情形证明定理成立。（1）当 $\frac{\delta_c - c_A}{2c_L\tau_l} < Q_0$ 时，

有 $Q_0^* = \frac{\delta_c - c_A}{2c_L\tau_l}$。（2）当 $\frac{\delta_c - c_A}{2c_L\tau_u} > Q_0$ 时，有 $Q_0^* = \frac{\delta_c - c_A}{2c_L\tau_u}$。（3）当 $\frac{\delta_c - c_A}{2c_L\tau_u} \le Q_0 \le$

$\frac{\delta_c - c_A}{2c_L\tau_l}$ 时，有 $Q_0^* = Q_0$。因此，结合式（6.63）可知，最优鲁棒回收率和生产量

分别为 $\tau_0^* = \frac{\delta_c - c_A}{2c_L Q_0^*}$ 和 $Q_0^* = \max\left\{\frac{\delta_c - c_A}{2c_L\tau_u}, \ \min\left\{\frac{\delta_c - c_A}{2c_L\tau_l}, \ Q_0\right\}\right\}$。

定理 6.4 给出了模型 M_0 的最优鲁棒回收率和生产量的解析表达式。可以看出，当再制造商不受碳交易政策管制时，回收率的最大值和最小值并不影响最优鲁棒回收率和生产量的存在唯一性。这个结果与碳交易政策下再制造商的分布式鲁棒优化模型的结果不同。

令 Q_{c1}^* 和 Q_{c0}^* 分别为模型 M_1 和 M_0 最坏情况下的最优回收数量。比较模型 M_1 和 M_0 以及定理 6.1、定理 6.2、定理 6.4，得出以下结论。

定理 6.5 对于模型 M_1 和 M_0，以下结论成立：

（1）$Q_0 > \max\{Q_{0s}, Q_{0b}\}$ 且 $Q_{c1}^* = \tau_1^* Q_1^* > \tau_0^* Q_0^* = Q_{c0}^*$。

（2）当 $\tau_0^* = \tau_u$ 时，$Q_1^* > Q_0^*$ 成立；当 $\tau_0^* = \tau_l$ 时，如果 $\tau_1^* = \tau_l$，则 $Q_1^* > Q_0^*$ 成立；当 $\tau_l < \tau_0^* < \tau_u$ 时，如果 $\tau_l < \tau_1^* < \tau_u$ 且 $Q_{tb} < Q_0$，则 $Q_1^* < Q_0^*$ 成立。

（3）当 $Q_1^* < Q_0^*$ 时，$J^F(\tau_1^*, Q_1^*) < J^F(\tau_0^*, Q_0^*)$ 成立；且当 $C > J^F(\tau_1^*, Q_0^*)$ 时，$\Pi_1^F(\tau_1^*, Q_1^*) > \Pi_0^F(\tau_0^*, Q_0^*)$ 成立。

证明：（1）定义 $f(x) = \mu + \frac{\sigma}{2}\left(x - \frac{1}{x}\right)$，其中 $x > 0$。因为 $f'(x) > 0$，所以 $f(x)$

是增函数。又因为 $\frac{A_0}{B_0} = \frac{p + c_s - c_n}{c_n - v} > \frac{p + c_s - c_n - p_s e_n}{c_n - v} > \frac{p + c_s - c_n - p_s e_n}{p_s(e_n + e_v) + c_n - v} = \frac{A_s}{B_s}$，结合式

（6.25）和式（6.59）有 $Q_0 > Q_{0s}$。同样地，由于 $\frac{A_0}{B_0} = \frac{p + c_s - c_n}{c_n - v} >$

$\frac{p + c_s - c_n - p_b e_n}{p_b(e_n + e_v) + c_n - v} = \frac{A_b}{B_b}$，结合式（6.45）和式（6.59）有 $Q_0 > Q_{0b}$。因此有 $Q_0 >$

$\max\{Q_{0s}, Q_{0b}\}$。而且从定理 6.1、定理 6.2 和定理 6.4 的证明可知 $\tau_1^* Q_1^* =$

$\frac{\delta_c - c_A + p_s \delta_e}{2c_L}$ 或 $\frac{\delta_c - c_A + p_b \delta_e}{2c_L}$，$\tau_0^* Q_0^* = \frac{\delta_c - c_A}{2c_L}$。由于 $\min\left\{\frac{\delta_c - c_A + p_s \delta_e}{2c_L}, \right.$

$\left.\dfrac{\delta_c - c_A + p_b\delta_e}{2c_L}\right\} > \dfrac{\delta_c - c_A}{2c_L}$，因此 $\tau_1^* Q_1^* > \tau_0^* Q_0^*$ 成立。

（2）该结论的证明分以下三种情况讨论。

情形 1：$\tau_0^* = \tau_u$。此时从定理 6.4 可知 $Q_0^* = \dfrac{\delta_c - c_A}{2\tau_u c_L}$。当 $\tau_1^* = \tau_u$ 时，根据定理 6.1

和定理 6.2 的证明有 $Q_1^* = \dfrac{\delta_c - c_A + p_s\delta_e}{2c_L\tau_u}$ 或 $\dfrac{\delta_c - c_A + p_b\delta_e}{2c_L\tau_u}$。因此，$Q_1^* > Q_0^*$。当 $\tau_1^* = \tau_1$

时，有 $Q_1^* = \dfrac{\delta_c - c_A + p_s\delta_e}{2c_L\tau_1}$ 或 $\dfrac{\delta_c - c_A + p_b\delta_e}{2c_L\tau_1}$，进而当 $\tau_1 < \tau_u$ 时 $Q_1^* > Q_0^*$ 成立。当

$\tau_1 < \tau_1^* < \tau_u$ 时，根据定理 6.1 和定理 6.2 的证明可知，在 $\min\{Q_{ts},\ Q_{0s}\} >$

$\dfrac{\delta_c - c_A + p_s\delta_e}{2\tau_u c_L}$ 条件下 $Q_1^* = Q_{ts}$ 或 Q_{0s} 成立。在 $\min\{Q_{tb},\ Q_{0b}\} > \dfrac{\delta_c - c_A + p_b\delta_e}{2\tau_u c_L}$ 条件下

$Q_1^* = Q_{tb}$ 或 Q_{0b} 成立。由于 $\min\left\{\dfrac{\delta_c - c_A + p_s\delta_e}{2c_L\tau_u},\ \dfrac{\delta_c - c_A + p_b\delta_e}{2c_L\tau_u}\right\} > \dfrac{\delta_c - c_A}{2c_L\tau_u}$，因此 $Q_1^* > Q_0^*$。

情形 2：$\tau_0^* = \tau_1$。根据定理 6.4 的证明有 $Q_0^* = \dfrac{\delta_c - c_A}{2c_L\tau_1}$。当 $\tau_1^* = \tau_1$ 时，根

据定理 6.1 和定理 6.2 的证明可知 $Q_1^* = \dfrac{\delta_c - c_A + p_s\delta_e}{2c_L\tau_1}$ 或 $\dfrac{\delta_c - c_A + p_b\delta_e}{2c_L\tau_1}$ 成立。

由于 $\min\left\{\dfrac{\delta_c - c_A + p_s\delta_e}{2c_L\tau_1},\ \dfrac{\delta_c - c_A + p_b\delta_e}{2c_L\tau_1}\right\} > \dfrac{\delta_c - c_A}{2c_L\tau_1}$，因此 $Q_1^* > Q_0^*$。

情形 3：$\tau_1 < \tau_0^* < \tau_u$。此时根据定理 6.4 的证明有 $Q_0^* = \mu + \dfrac{\sigma}{2}\left(\sqrt{\dfrac{A_0}{B_0}} - \right.$

$\left.\sqrt{\dfrac{B_0}{A_0}}\right)$。当 $\tau_1 < \tau_1^* < \tau_u$ 时，根据定理 6.1 和定理 6.2 的证明可知 $Q_1^* = Q_{0s}$ 或 Q_{0b}

或 $Q_{ts}(Q_{ts} \leqslant Q_{0s})$ 或 $Q_{tb}(Q_{tb} > Q_{0b})$。利用 $Q_0 > \max\{Q_{0s},\ Q_{0b}\}$ 和 $Q_{tb} < Q_0$ 可得 $Q_1^* < Q_0^*$。

（3）从式（6.29）可知，最差情况下的碳排放量为：

$$J^F(\tau, Q) = (e_n + e_v - \delta_e\tau)Q - e_v\mu + \dfrac{1}{2}e_v\left[\sqrt{\sigma^2 + (Q - \mu)^2} - (Q - \mu)\right]$$

$$(6.68)$$

将式（6.63）代入式（6.68），化简模型 M_0 最差情况下的期望碳排放量如下：

$$J^F(\tau_0^*, Q) = \dfrac{1}{2}(2e_n + e_v)Q + \dfrac{1}{2}e_v\sqrt{\sigma^2 + (Q - \mu)^2} - \dfrac{1}{2}e_v\mu - \dfrac{\delta_e(\delta_c - c_A)}{2c_L}$$

$$(6.69)$$

其中 $J^F(\tau_0^*,\ Q)$ 关于 Q 求一阶导数可得：

$$\frac{\partial J^F(\tau_0^*,Q)}{\partial Q} = \frac{(2e_n+e_v)\sqrt{\sigma^2+(Q-\mu)^2}+e_v(Q-\mu)}{2\sqrt{\sigma^2+(Q-\mu)^2}} \qquad (6.70)$$

利用 $\sqrt{\sigma^2+(Q-\mu)^2} > \mu - Q$ 可得 $\dfrac{\partial J^F(\tau_0^*,Q)}{\partial Q} > 0$。这说明 $J^F(\tau_0^*,Q)$ 是 Q 的增函数。因此，当 $Q_0^* > Q_1^*$ 时，有 $J^F(\tau_0^*,Q_0^*) > J^F(\tau_0^*,Q_1^*) = \dfrac{1}{2}(2e_n+e_v)$

$Q_1^* + \dfrac{1}{2}e_v\sqrt{\sigma^2+(Q_1^*-\mu)^2} - \dfrac{1}{2}e_v\mu - \dfrac{\delta_e(\delta_c-c_A)}{2c_L} > \dfrac{1}{2}(2e_n+e_v)Q_1^* + \dfrac{1}{2}e_v$

$\sqrt{\sigma^2+(Q_1^*-\mu)^2} - \dfrac{1}{2}e_v\mu - \dfrac{\delta_e(\delta_c-c_A+\max\{p_s,p_b\}\delta_e)}{2c_L} \geqslant J^F(\tau_1^*,Q_1^*)$。最后一个不等式成立是因为式（6.30）、式（6.33）和式（6.50）成立。

而且，从式（6.7）可知，当 $C > J^F(\tau,Q)$ 时，$\Pi_1^F(\tau,Q) = \Pi_{1s}^F(\tau,Q) = \Pi_0^F(\tau,Q) + p_s[C-J^F(\tau,Q)]$ 成立。从式（6.5）和式（6.6）可知，(τ_0^*,Q_0^*) 是模型 M_1 的一个可行解。因此有 $\Pi_1^F(\tau_0^*,Q_0^*) = \Pi_0^F(\tau_0^*,Q_0^*) + p_s[C-J^F(\tau_0^*,Q_0^*)] > \Pi_0^F(\tau_0^*,Q_0^*)$ 成立。利用 (τ_1^*,Q_1^*) 的最优性可得 $\Pi_1^F(\tau_1^*,Q_1^*) \geqslant \Pi_1^F(\tau_0^*,Q_0^*)$。因此，当 $C > J^F(\tau_0^*,Q_0^*)$ 时，有 $\Pi_1^F(\tau_1^*,Q_1^*) \geqslant \Pi_0^F(\tau_0^*,Q_0^*)$ 成立。

定理 6.5 比较了模型 M_1 和 M_0。从定理 6.5（1）可以看出，当再制造商受到碳交易政策管制时，再制造商回收的产品数量高于不受碳交易政策管制时的回收数量。这意味着碳交易政策对产品回收有积极的影响。定理 6.5（2）提供了几个充分条件用来比较两个模型的最优鲁棒回收率和生产量。定理 6.5（3）提供了一个充分条件，在该条件下模型 M_1 的最优期望利润高于模型 M_0 的最优期望利润，且前者对应的碳排放量小于后者对应的碳排放量。这个条件也意味着实施碳交易政策管制可以改善再制造系统的经济绩效和环境绩效，因为碳排放量是环境绩效的主要指标。

6.3 数值分析

本节通过数值分析来说明和补充上述理论分析结果，并研究几个关键参数对再制造商经营决策的影响，获得一些管理启示。

数值分析的基本参数取值分别为：$p = 95$，$c_s = 10$，$c_n = 40$，$c_r = 5$，$v = 3$，$e_n = 9.5$，$e_r = 5$，$e_v = 8$，$p_b = 4$，$p_s = 3$，$c_L = 1$，$c_A = 0.5$，$\mu = 600$，$\sigma = 196$，$\tau_1 =$

0.05，$\tau_u = 0.75$，C = 3 500。

利用上述参数值求解模型 M_1 和 M_0，得到 $\tau_1^* = 0.0578$，$Q_1^* = 454.14$，$Q_{c1}^* = 26.25$，$\Pi_1^F(\tau_1^*, Q_1^*) = 14\ 354$，$J^F(\tau_1^*, Q_1^*) = 4\ 590$，同时 $\tau_0^* = 0.05$，$Q_0^* = 345$，$Q_{c0}^* = 17.25$，$\Pi_0^F(\tau_0^*, Q_0^*) = 13\ 325$，$J^F(\tau_0^*, Q_0^*) = 3\ 466.4$。比较 $\tau_1^* = 0.057\ 8$，$Q_1^* = 454.14$，$Q_{c1}^* = 26.25$ 和 $\tau_0^* = 0.05$，$Q_0^* = 345$，$Q_{c0}^* = 17.25$ 可以发现模型 M_1 的最优回收率、生产数量和回收数量均高于模型 M_0 的相应最优值。这意味着碳交易政策的实施可以敦促再制造商回收更多产品。例如，当再制造商受到碳交易政策管制时，产品的回收量增加了 52.17%。比较 $\Pi_1^F(\tau_1^*, Q_1^*) = 14\ 354$，$J^F(\tau_1^*, Q_1^*) = 4\ 590$ 与 $\Pi_0^F(\tau_0^*, Q_0^*) = 13\ 325$，$J^F(\tau_0^*, Q_0^*) = 3\ 466.4$ 可以发现，与模型 M_0 相比，在模型 M_1 下再制造商可以获得更高的利润和更高的碳排放量。在本例中，与碳排放量高于碳配额的情形相比，当再制造商的碳排放量低于或等于碳配额时，再制造商获得的利润变少。这促使再制造企业排放高于配额的碳排放量，导致碳排放量比没有碳交易政策管制情形下的碳排放量增加了 32.41%。这说明虽然碳交易政策的实施增加了再制造商的利润，但可能对减少碳排放产生负面影响，即再制造系统的环境绩效没有得到改善。在这种情况下，比较 $Q_1^* = 454.14$ 和 $Q_0^* = 345$ 就会发现定理 6.5（3）中改善环境绩效的充分条件并未得到满足。这一观察结果补充了定理 6.5 的理论结果。

6.3.1　分布式鲁棒优化方法的有效性检验

为了验证分布式鲁棒优化方法的有效性，我们研究碳交易政策下需求信息完全已知的再制造系统，并将其结果与上述鲁棒结果进行比较。利用上述基本参数取值，考虑两种不同的需求分布，均匀分布 $U(600 - 196\sqrt{3}, 600 + 196\sqrt{3})$ 和正态分布 $N(900, 196^2)$，并利用额外信息的期望值（EVAI）来检验需求分布信息的价值［关于 EVAI 的详细介绍参见加列戈和沐恩（Gallego and Moon，1993）以及沐恩和蔡（Moon and Choi S.，1995）］。令上标 U 和 N 分别表示均匀分布和正态分布下该问题对应的最优解和最优值。通过总结计算结果，我们得到以下事实。

（1）对于均匀分布，通过最大化式（6.2）和式（6.3）式的期望利润可得 $t_1^U = 0.066\ 1$，$Q_1^U = 397.32$，$\Pi_1^U(\tau_1^U, Q_1^U) = 17\ 569.93$，$J^U(\tau_1^U, Q_1^U) = 3\ 766.72$。将 $\tau_1^* = 0.057\ 8$，$Q_1^* = 454.14$ 代入式（6.2）和式（6.3）得到，$\Pi_1^U(\tau_1^*, Q_1^*) = 4\ 417.07$ 和 $J^U(\tau_1^*, Q_1^*) = 17\ 251.39$。根据 EVAI 的定义可得 $EVAI_p = \Pi_1^U(\tau_1^U, Q_1^U) - \Pi_1^U(\tau_1^*, Q_1^*) = 318.54$ 和 $EVAI_e = J^U(\tau_1^U, Q_1^U) - J^U(\tau_1^*, Q_1^*) = -650.35$。$EVAI_p$

和EVAl$_e$表明，在碳交易政策约束下，由于缺乏均匀分布信息，再制造商期望利润减少318.54，碳排放量增加650.35。

（2）对于正态分布，类似的有 $t_1^N = 0.060\ 2$，$Q_1^N = 436.09$，$\Pi_1^N(\tau_1^N,\ Q_1^N) = 17\ 503.26$，$J^N(\tau_1^N,\ Q_1^N) = 4\ 201.40$。将 $\tau_1^* = 0.057\ 8$，$Q_1^* = 454.14$ 代入利润和碳排放计算公式得到 $\Pi_1^N(\tau_1^*,\ Q_1^*) = 17\ 471.12$ 和 $J^N(\tau_1^*,\ Q_1^*) = 4\ 403.95$。根据EVAI 的定义同样可以计算 EVAl$_p = \Pi_1^N(\tau_1^N,\ Q_1^N) - \Pi_1^N(\tau_1^*,\ Q_1^*) = 32.14$ 和 EVAl$_e = J^N(\tau_1^N,\ Q_1^N) - J^N(\tau_1^*,\ Q_1^*) = -202.55$。EVAl$_p$ 和 EVAl$_e$ 表明，在碳交易政策约束下，由于缺乏正态分布信息，再制造商期望利润减少32.14，碳排放增加202.55。该结果还表明在确定使再制造商期望利润最大化的联合经营决策时，分布式鲁棒优化方法的性能与使用正态分布计算得到的性能相近。

6.3.2 关键参数对再制造系统的影响

由于再制造系统中考虑了部分需求信息和碳交易政策，本节研究 σ、p_b 和 C 对碳交易政策下再制造系统性能的影响。相应的计算结果总结在图6.2 ~ 图6.4 中。

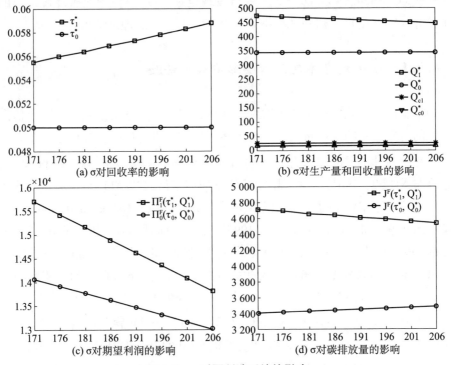

图 6.2　σ 对再制造系统的影响

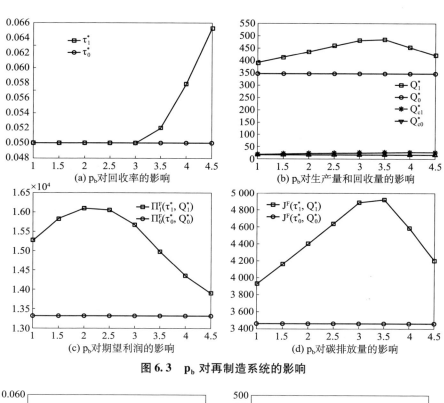

图 6.3　p_b 对再制造系统的影响

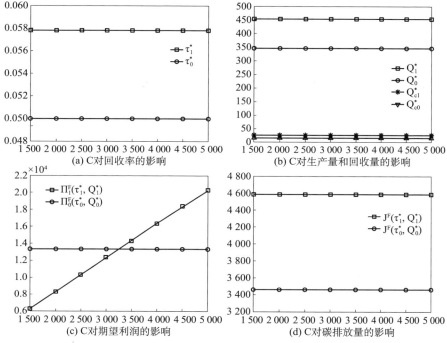

图 6.4　C 对再制造系统的影响

从图 6.2 ~ 图 6.4 可以得出以下观察结果：

（1）当再制造企业受到碳交易政策管制时，随着 σ 的增加，最优回收率增加，而最优生产量、期望利润和碳排放量减少。较高的 σ 导致变异系数的增加，这会对不确定信息产生负面影响。在这种情况下，再制造商通常采取更保守的生产策略，在最差情况下减少新产品的生产数量以减少不确定信息的负面影响，在碳排放量超过碳配额时降低购买碳排放许可的成本。此外，碳交易政策的实施促使再制造商提高回收率，使回收数量保持在一定水平。生产量的减少和回收量的微小变化都会减少碳排放量。由于 σ 的增加，虽然生产成本和购买碳排放许可的成本降低了，但不足以增加再制造商的期望利润。例如，当 σ 从 181 增加到 191 时，生产成本降低了 297.41，碳排放许可购买成本降低了 202.4，期望利润减少了 537。

（2）当再制造商不受碳交易政策管制时，随着 σ 的增加，再制造商的最优回收率和生产量保持不变，期望利润下降，碳排放量增加。较大的变异系数和没有碳政策的制约鼓励再制造商以最小的比率回收旧产品，并保持生产量不变以减少不确定信息对运营决策的负面影响。无论如何，σ 的增加会导致期望利润下降，而碳排放增加是因为 σ 作为需求不确定性的关键因素之一对再制造商的运营决策有消极影响。此外，在本例中，模型 M_0 的最优回收率、产量和回收量、期望利润、相应的排放量均低于 M_1 模型。

（3）再制造企业受到碳交易政策管制时，随着 p_b 的增加，最优回收率先不变后增加，生产量、期望利润和碳排放量先增加后减少。在 $C = 3\,500$ 的数值算例中，当最坏情况下的期望利润最大化时再制造商的碳排放量超过了碳配额。在这种情况下，当碳排放许可的单位购买价格 p_b 相对较小（例如低于销售价格 $p_s = 3$）时，增加 p_b 会鼓励再制造商以最低回收率回收产品，并增加生产数量，以应对需求不确定性带来的风险。在这种情况下，由于生产量的增加，再制造商会产生更多的碳排放量。另外，当碳排放许可的单位购买价格高于碳排放许可的销售价格时，增加 p_b 会增加碳排放许可的购买成本。再制造商必须以较高的回收率来增加回收量，并减少生产量以减少碳排放量。生产成本和碳排放许可购买成本的变化也会导致再制造商的期望利润先增加后减少。

（4）当再制造商不受碳交易政策管制时，随着 p_b 的增加，最优回收率、生产量、期望利润和碳排放量均保持不变。这一发现直观地表明，再制造商可以从碳交易政策的实施中获益。例如，在本算例中，当 p_b 从 1.0 增加到 4.5 时，模

型 M_1 的最优回收率高于或等于模型 M_0 的最优回收率，模型 M_1 的最优生产量和回收量、期望利润和相应的排放量则高于模型 M_0。

（5）当再制造商受到碳交易政策管制时，随着碳配额 C 的增加，最优回收率、生产量和回收量及期望碳排放量均保持不变，期望利润增加。当再制造商不受碳交易政策管制时，随着碳配额 C 的增加，再制造商的最优回收率、生产量和回收量、期望利润、碳排放量均保持不变。比较两种情况下的期望利润可以发现，当 C 小于 3 250 时，模型 M_1 的期望利润低于模型 M_0，而当 C 大于或等于 3 250 时，模型 M_1 的期望利润高于模型 M_0。这些发现表明，较高的碳配额 C 对提高再制造商利润具有经济激励的作用。

（6）当再制造商受到碳交易政策管制时，最优回收率对参数 σ 和 p_b 比对参数 C 更敏感。最坏情况下的最优生产量和期望碳排放量也是如此。最坏情况下的最优期望利润对参数 σ 和 C 比对参数 p_b 更敏感。而且，最优期望利润与参数 C 正相关，与参数 σ 负相关。

6.4　小　结

本章利用分布式鲁棒优化模型，求解再制造系统的最佳联合回收量和生产量，使最坏需求分布下的期望利润达到最大，并对再制造商受到碳交易政策管制和不受碳交易政策管制两种情况进行了比较。最后，利用数值分析说明和补充分析结果，并研究了几个关键参数对再制造系统的影响。理论分析和数值结果表明：（1）与不受碳交易政策管制的再制造系统相比，碳交易政策能鼓励再制造商回收更多产品。（2）当设定较高的碳配额时，再制造商在碳交易政策下容易获得更多利润。此外，碳交易政策下再制造商的碳排放量比不受碳交易政策管制时的碳排放量少。在这种情况下，再制造系统的经济和环境绩效可以通过碳交易政策的实施得到改善。（3）当只有有限的需求信息（包括均值和方差）可用时，碳交易政策下再制造系统的最优联合决策比不受碳交易政策管制时的最优联合决策对方差的变动更敏感。此外，当再制造商受到碳交易政策管制时，高方差会导致最差情况下的最优期望利润和相应碳排放量下降。（4）当再制造商的碳排放量超过碳配额时，再制造商的期望碳排放量可以从较高的碳排放权单位购买价格中获益，而最坏情况下的期望利润则相反。

　　本章采用极大—极小期望利润为目标研究仅有均值和方差已知的有限需求信息下的再制造系统。我们还可以考虑更一般的情况，在仅仅知道需求均值或方差区间范围的情况下研究碳交易政策对再制造系统运营决策的影响。此外，在只有部分需求信息已知的再制造系统中考虑决策者的风险态度也将是有趣的研究方向。

第7章　碳限额政策下双渠道供应链的
定价与协调策略

7.1　引　言

随着电子商务的发展，越来越多的企业（如苹果、惠普、苏宁、耐克等）在传统渠道（即线下渠道）的基础上，增加线上渠道销售产品（Tsay and Agrawal，2004）。而一些线上企业（如戴尔和捷威）也开始通过线下渠道销售产品。在线上渠道中客户通过网上平台订购产品，且产品直接从供应商发出送到客户手中。双渠道营销为企业提供了新的机遇和挑战。一方面，线上渠道可以吸引新的客户，在全球范围内拓展市场。另一方面，新销售渠道可能会影响线下渠道的价格和市场份额。因此，渠道定价和协调是双渠道供应链运营管理的重要组成部分。

联合国政府间气候变化专门委员会（IPCC）报道称，由于经济的快速发展，人类活动正在干扰气候，全球变暖很可能是由不断增加的碳排放引起的。[①] 许多组织和国家（地区），如联合国、欧盟、英国、美国和中国，实施了包括碳配额与交易、碳税和碳排放限额法规在内的碳排放控制政策。虽然许多经济学家更倾向于碳税和碳交易制度，但总量约束在实践中也得到众多关注。例如，环保组织支持碳排放上限法规，并将碳税和碳交易法规视为污染的许可证（Stavins，1998）。2015 年 11 月，中国江苏省为了实现减排目标采取了大量减少碳排放的措施，许多污染企业受到生产限制。在此背景下，本章主要探讨以下几个问题：在碳限额政策管制下，双渠道供应链中的企业应如何调整经营决策以控制碳排放并实现利润最大化呢？碳限额政策如何影响双渠道供应链的运营决策呢？在碳限额政策调控下，是否存在能协调双渠道供应链的契约机制呢？

[①] IPCC，Climate change 2014：Impacts，adaptation，and vulnerability，2014，http：//ipcc.ch/report/ar5/wg2/.

7.2　问题描述及符号设定

本章研究碳限额政策约束下，由一个零售商和一个供应商组成的双渠道供应链的定价与协调问题。供应商通过线下和线上两种渠道销售一种产品。在线下渠道，供应商通过零售商以价格 p_r 销售产品；在线上渠道，供应商通过网络平台以价格 p_s 直接向顾客销售产品。由于这两种渠道的销售价格可以不同，我们将顾客分为两种类型：零售商忠诚型和品牌忠诚型。零售商忠诚型顾客只从零售商处购买产品。品牌忠诚型顾客可以从两种渠道购买产品，其中偏爱线上渠道的消费者初始比例为 θ，即当两个渠道销售价格相同时，有 θ 比例的品牌忠诚型消费者更喜欢直接从供应商处购买。此外，当两个渠道销售价格不同时，一些品牌忠诚型消费者可能会改变他们的渠道偏好，不妨设其价格敏感系数为 η（Cai et al.，2009）。供应链系统的碳排放主要来源于供应商订购及两种渠道的运输环节。为了分析碳限额政策约束下双渠道供应链的决策行为，我们假设供应商遵循"按需订货"策略，这是供应链协调方面文献中的常见假设。本章使用的主要符号见表 7.1，双渠道供应链结构示意图见图 7.1。

表 7.1　　　　　　　　　　　　　　主要符号和含义

符号	含义
系统	
d_r	零售商忠诚型消费者的市场规模
d_s	品牌忠诚型消费者的市场规模
K_c	分配给集中系统的碳限额 $K_c = K_r + K_s$
$\pi_c(\cdot)$	集中系统下双渠道供应链的总利润
λ	价格折扣契约中的价格折扣系数
供应商	
w	单位产品的批发价格（决策变量）
p_s	线上渠道单位产品的销售价格（决策变量）
c_r	供应商在线下渠道的单位产品订单成本
c_s	供应商在线上渠道的单位产品订单成本
e	供应商订购单位产品产生的碳排放
e_s	线上运输产生的单位产品碳排放量
K_s	分配给供应商的碳排放容量

续表

符号	含义
$\pi_s(\cdot)$	分散式系统中供应商的总利润
$\pi_{s,r}(\cdot)$	线下渠道价格折扣契约下供应商的总利润
$\pi_{s,s}(\cdot)$	线上渠道价格折扣契约下供应商的总利润
零售商	
p_r	线下渠道单位销售价格（决策变量）
c_{rr}	零售商的单位运营成本，包括进口运输、收货和物料搬运等
e_r	线下渠道运输产生的单位产品碳排放量
K_r	分配给零售商的碳排放容量
$\pi_r(\cdot)$	分散式系统中零售商的总利润
$\pi_{r,r}(\cdot)$	线下渠道价格折扣契约下零售商的总利润
$\pi_{r,s}(\cdot)$	线上渠道价格折扣契约下零售商的总利润

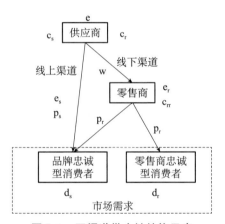

图 7.1　双渠道供应链结构示意

与已有文献（Chiang et al.，2003；Liu et al.，2016）类似，我们假设线上及线下渠道的需求函数如下：

$$D_s(p_s, p_r) = d_s[\theta(1 - \beta p_s) - \eta(p_s - p_r)]$$
$$D_r(p_s, p_r) = d_r(1 - \beta p_r) + d_s[(1 - \theta)(1 - \beta p_r) + \eta(p_s - p_r)]$$

为方便表示，本章用上标"$*$"表示对应变量的最优值，下标"c"表示集中决策情形下的最优值，下标"r"和"s"分别表示价格折扣契约下线下渠道和线上渠道的最优值。为了方便表述，令 D_s 和 D_r 分别代表 $D_s(p_s, p_r)$ 和 $D_r(p_s, p_r)$，并令 $A = d_r\beta + d_s(1 - \theta)\beta + d_s\eta$，$Z = \dfrac{d_s^2 \eta^2}{A} - d_s(\theta\beta + \eta)$。容易得出 $A > 0$，$Z < 0$。

7.3　模型分析

为探究不同决策系统下碳限额约束对线上和线下渠道销售价格的影响机制，本节通过建立数学模型对集中式和分散式决策系统进行分析比较。

7.3.1　集中式决策系统

在集中式决策系统中，供应商和零售商共同决定两个渠道的销售价格，此时数学优化模型如下：

$$\begin{cases} \max\Pi_c(p_s,p_r) = D_s(p_s - c_s) + D_r(p_r - c_r - c_{rr}) \\ \text{s. t.}\ \ E_c(p_s,p_r) \leqslant K_c \end{cases} \tag{7.1}$$

其中，$\Pi_c(p_s,p_r)$ 表示集中式决策系统的总利润，$E_c(p_s,p_r)$ 表示总碳排放量，且满足如下要求：

$$E_c(p_s,p_r) = (D_r + D_s)e + D_s e_s + D_r e_r = D_r e_2 + D_s e_1 \tag{7.2}$$

其中，$e_1 = e + e_s$，$e_2 = e + e_r$。

容易证明模型（7.1）是一个凸规划问题，这意味着模型存在唯一最优解。通过构造以下拉格朗日函数，可以求得最优解：

$$L_c(p_s,p_r,r_0) = \pi_c(p_s,p_r) + [K_c - E_c(p_s,p_r)]r_0 \tag{7.3}$$

其中，$r_0 \geqslant 0$ 为拉格朗日乘子。为方便起见，设 $c_R = c_r + c_{rr}$ 表示线下销售渠道的单位成本。通过求解 KKT 条件，得到以下结果。

定理 7.1　在集中式决策系统中，下列结果成立。

（1）线上和线下渠道的最优销售价格分别为：

$$p_{s,c}^* = \frac{1 + \beta c_s}{2\beta} + \frac{e_1}{2}r_0 \tag{7.4}$$

$$p_{r,c}^* = \frac{1 + \beta c_R}{2\beta} + \frac{e_2}{2}r_0 \tag{7.5}$$

（2）当且仅当 $(c_s - c_R) + (e_s - e_r)r_0 < 0$ 时，$p_{s,c}^* < p_{r,c}^*$。

（3）集中式决策系统的最优利润为：

$$\Pi_c^* = d_s\theta\frac{(1 - \beta c_s)^2}{4\beta} + \frac{A - d_s\eta}{\beta} \cdot \frac{(1 - \beta c_R)^2}{4\beta} + d_s\eta\frac{(c_s - c_R)^2}{4} - \frac{r_0^2}{4}\Theta$$

其中 $\Theta = Ae_2^2 + d_s(\theta\beta + \eta)e_1^2 - 2d_s\eta e_1 e_2 > 0$ 且 $r_0 \geqslant 0$。当 $r_0 > 0$ 时，有 $r_0 = \dfrac{1}{\Theta}\{[d_s\theta - d_s(\theta\beta + \eta)c_s + d_s\eta c_R]e_1 + [d_r + d_s(1 - \theta) + d_s\eta c_s - Ac_R]e_2 - 2K_c\}$。

证明：（1）令 $\dfrac{\partial L_c(p_s, p_r, r_0)}{\partial p_s} = 0$ 和 $\dfrac{\partial L_c(p_s, p_r, r_0)}{\partial p_r} = 0$ 可得集中式决策系统的最优渠道销售价格 $p_{s,c}^*$ 和 $p_{r,c}^*$。

（2）根据式（7.4）和式（7.5）的最优渠道销售价格 $p_{s,c}^*$ 与 $p_{r,c}^*$ 可知，当且仅当 $(c_s - c_R) + (e_s - e_r)r_0 < 0$ 时，$p_{s,c}^* < p_{r,c}^*$。

（3）将最优渠道销售价格代入式（7.1）可得最优利润 Π_c^* 的表达式。当 $r_0 > 0$ 时，根据 $K_c = D_r(p_{s,c}^*, p_{r,c}^*)e_2 + D_s(p_{s,c}^*, p_{r,c}^*)e_1$，可得，$r_0 = \dfrac{1}{\Theta}\{[d_s\theta - d_s(\theta\beta + \eta)c_s + d_s\eta c_R]e_1 + [d_r + d_s(1 - \theta) + d_s\eta c_s - Ac_R]e_2 - 2K_c\}$。

上述定理结论（1）表明，在集中式决策系统中，充分利用碳排放限额会导致较高的销售价格。定理结论（2）表明当 $(c_s - c_R) + (e_s - e_r)r_0 < 0$ 时，品牌忠诚型消费者更倾向从线上渠道购买，因为线上渠道的销售价格比线下渠道的销售价格低。此外，当碳排放限额得到充分利用时，线上销售价格可能会高于线下销售价格。定理结论（3）意味着充分利用碳排放限额会导致总利润较低，供应链的最高利润为 $d_s\theta\dfrac{(1 - \beta c_s)^2}{4\beta} + \dfrac{A - d_s\eta}{\beta} \cdot \dfrac{(1 - \beta c_R)^2}{4\beta} + d_s\eta\dfrac{(c_s - c_R)^2}{4}$。这说明在确定碳排放限额时，政府需要对经济发展和环境保护进行权衡。

令 $B_0 = d_s[\theta(1 - \beta c_s) - \eta(c_s - c_R)]e_1 + \left[\dfrac{A - d_s\eta}{\beta} + d_s\eta c_s - Ac_R\right]e_2$，根据定理 7.1 可以确定集中式决策系统最优解存在的条件。

推论 7.1　集中式决策系统的最优解满足以下条件：

（1）若 $r_0 = 0$，当碳排放上限满足 $K_c \geqslant \dfrac{1}{2}B_0$ 时，最优销售价格存在。

（2）若 $r_0 > 0$，当碳排放上限满足 $K_c < \dfrac{1}{2}B_0$ 时，最优销售价格存在。

证明：（1）若 $r_0 = 0$，将最优渠道销售价格代入 $K_c - D_r e_2 - D_s e_1 \geqslant 0$ 可得 $K_c \geqslant \dfrac{1}{2}B_0$。

（2）若 $r_0 > 0$，根据 r_0 的表达式可知，$\Theta > 0$ 和 $[d_s\theta - d_s(\theta\beta + \eta)c_s + d_s\eta c_R]e_1 + [d_r + d_s(1 - \theta) + d_s\eta c_s - Ac_R]e_2 - 2K_c > 0$。因此有 $K_c < \dfrac{1}{2}B_0$。

推论 7.1 表明，在集中式决策系统中，碳排放限额小于阈值时，碳排放限额约束切实限制了供应链的碳排放。否则，碳排放限额可以满足供应链系统的需要，不能有效减少供应链系统的碳排放量。

7.3.2 分散式决策系统

实际上，多数供应链成员都是独自做决策，因此，本节考虑在碳限额约束下双渠道供应链的分散式决策系统，用以供应商为领导者的斯坦伯格博弈刻画分散式决策系统，决策过程如下：供应商先决定批发价格及线上渠道销售价格；随后，零售商决定线下渠道的销售价格。在分散式决策系统下，供应商和零售商的利润函数如下：

$$\Pi_s(p_s, w) = D_s(p_s - c_s) + D_r(w - c_r) \tag{7.6}$$

$$\Pi_r(p_r) = D_r(p_r - w - c_{rr}) \tag{7.7}$$

在分散式决策系统中，供应商和零售商的碳排放量分别为 $D_s e_1 + D_r e$ 和 $D_r e_r$，零售商和供应商的运营决策可通过求解以下优化模型确定：

$$\begin{cases} \max \Pi_r(p_r) \\ \text{s. t. } D_r e_r \leqslant K_r \end{cases} \tag{7.8}$$

$$\begin{cases} \max \Pi_s(p_s, w) \\ \text{s. t. } D_s e_1 + D_r e \leqslant K_s \end{cases} \tag{7.9}$$

显然，上述两个模型都是非线性规划模型，对应的拉格朗日函数分别为：

$$L_r(p_r, r_1) = \Pi_r(p_r) + (K_r - D_r e_r) r_1 \tag{7.10}$$

$$L_s(p_s, w, r_2) = \Pi_s(p_s, w) + (K_s - D_s e_1 - D_r e) r_2 \tag{7.11}$$

其中 $r_1 \geqslant 0$、$r_2 \geqslant 0$ 为拉格朗日乘子。

可以证明 $\Pi_r(p_r)$ 是关于 p_r 的凹函数，不等式约束 $D_r e_r \leqslant K_r$ 是凸的，因此模型（7.8）是一个凸规划问题，其最优解由 KKT 条件唯一确定。根据 $\dfrac{\partial L_r(p_r, r_1)}{\partial p_r} = 0$ 可以得到零售商的反应函数：

$$p_r(p_s, w) = \frac{d_s \eta}{2A} p_s + \frac{w + c_{rr}}{2} + \frac{A - d_s \eta}{2A\beta} + \frac{e_r}{2} r_1, r_1 \geqslant 0 \tag{7.12}$$

当 $r_1 = 0$ 时，最优线下销售价格 p_r^* 与批发价格 w 和线上销售价格 p_s 有关。当 $r_1 > 0$ 时，由互补松弛条件可得 $K_r = D_r e_r$。由此可得拉格朗日乘子 r_1 的值为：

$$r_1(p_s, w) = \frac{d_s \eta}{A e_r} p_s - \frac{w + c_{rr}}{e_r} + \frac{A - d_s \eta}{A\beta e_r} - \frac{2K_r}{A e_r^2} \tag{7.13}$$

将式（7.13）代入零售商的反应函数中可得：

$$p_r(p_s) = \frac{d_s\eta}{A}p_s + \frac{A - d_s\eta}{A\beta} - \frac{K_r}{Ae_r} \tag{7.14}$$

从式（7.14）可以看出，当 $r_1 > 0$ 时，线下最优销售价格 p_r^* 与批发价格 w 无关，因此我们将分析 $r_1 = 0$ 和 $r_1 > 0$ 两种情况下分散式决策系统的最优销售价格和最优利润。

因为分散式决策系统下的最优销售价格与 r_1 和 r_2 相关，我们用上标"i"（$i = 1, 2, 3, 4$）分别代表"$r_1 = 0, r_2 = 0$""$r_1 = 0, r_2 > 0$""$r_1 > 0, r_2 = 0$"和"$r_1 > 0, r_2 > 0$"四种情形对应的结果。

7.3.2.1　分配给零售商的碳排放限额充足

根据互补松弛条件，当分配给零售商的碳排放限额充足时，有 $r_1 = 0$。将式（7.12）代入模型（7.9），得到 $\Pi_s(p_s, w)$ 关于 p_s 和 w 是严格凹的，不等式约束 $D_s e_1 + D_r e \leqslant K_s$ 为凸集。这意味着模型（7.9）是一个凸规划问题，最优解是唯一的。通过求解 $r_1 = 0$ 条件下的 KKT 条件，得到分散式决策系统的最优渠道销售价格和利润。

定理 7.2　当 $r_1 = 0$ 时，分散决策系统的下列结果成立：

（1）最优销售价格满足 $p_s^{*(2)} > p_s^{*(1)}$，$p_r^{*(2)} > p_r^{*(1)}$ 和 $w^{*(2)} > w^{*(1)}$。

（2）零售商最优利润满足 $\Pi_r^{*(1)} > \Pi_r^{*(2)} \geqslant 0$。

证明：（1）当 $r_1 = 0$ 时，通过求解式（7.12）以及 $\dfrac{\partial L_s(p_s, w, r_2)}{\partial p_s} = 0$ 和 $\dfrac{\partial L_s(p_s, w, r_2)}{\partial w} = 0$ 可得分散式决策系统的最优销售价格表达式：

$$p_s^* = \frac{1 + \beta c_s}{2\beta} + \frac{e_1}{2}r_2 \tag{7.15}$$

$$p_r^* = \frac{3 + \beta c_R}{4\beta} - \frac{d_s\eta(1 - \beta c_s)}{4\beta A} + \frac{Ae + d_s\eta e_1}{4A}r_2 \tag{7.16}$$

$$w^* = \frac{1 + \beta(c_r - c_{rr})}{2\beta} + \frac{e}{2}r_2, \quad r_2 \geqslant 0 \tag{7.17}$$

从以上表达式可得 $p_s^{*(2)} > p_s^{*(1)}$，$p_r^{*(2)} > p_r^{*(1)}$ 和 $w^{*(2)} > w^{*(1)}$。

（2）将分散式决策系统的最优销售价格代入式（7.6）和式（7.7）可得：

$$\Pi_r^* = \frac{1}{A}\left[\frac{A(1 - \beta c_R) - d_s\eta(1 - \beta c_s)}{4\beta} - \frac{Ae - d_s\eta e_1}{4}r_2\right]^2$$

$$\Pi_s^* = \frac{(1-\beta c_s)^2}{4\beta}\left[d_s\theta + \frac{d_s\eta(A-d_s\eta)}{2A\beta}\right] + \frac{1-\beta c_s}{4\beta}\left[\frac{d_s\eta}{2}(c_R-c_s) - \left(\frac{3d_s^2\eta^2}{2A}-2Z\right)e_1r_2\right]$$

$$+ \frac{1-\beta c_R}{8\beta}\left[\frac{A-d_s\eta}{\beta} - Ac_R + d_s\eta(c_s+e_1r_2)\right]$$

因为 $A>0$，因此有 $\Pi_r^{*(1)} > \Pi_r^{*(2)} \geq 0$ 成立。

以上定理结论（1）表明，当分配给零售商的碳排放限额充足时，供应商充分利用排放限额会导致批发价格和销售价格升高。从定理结论（2）中可以发现，分配给零售商的排放限额充足且分配给供应商的排放限额得到充分利用时，零售商的利润较低。这意味着当分配给零售商的碳排放限额充足时，对供应商碳排放的限额约束会对零售商的利润产生负面影响。

令 $B_r = e_r\left[\frac{A-d_s\eta}{\beta} - A\frac{3+\beta c_R}{4\beta} + \frac{d_s\eta(3+\beta c_s)}{4\beta}\right]$，$B_s = \frac{e}{e_r}B_r + \frac{e_1}{2}\left[d_s\theta + d_s\eta\right.$

$\left(\frac{3+\beta c_R}{2\beta} - \frac{1}{\beta} - \frac{d_s\eta}{2A\beta}\right) + \frac{c_s}{2}\left(2Z - \frac{d_s^2\eta^2}{A}\right)\right]$。根据定理 7.2，当 $r_1=0$ 时最优销售价格存在的条件如下。

推论7.2 当 $r_1=0$ 时，分散式决策系统的最优解满足：

（1）若 $r_2=0$，当 $K_r \geq B_r$ 且 $K_s \geq B_s$ 时，最优销售价格存在；

（2）若 $r_2>0$，当 $K_r \geq B_r$ 且 $K_s < B_s$ 时，最优销售价格存在。

证明：当 $r_1=0$ 时，根据互补松弛条件有 $K_r - D_r e_r \geq 0$。将最优销售价格式（7.15）和式（7.16）代入 $K_r - D_r e_r \geq 0$ 可得 $K_r \geq B_r$。

当 $r_2=0$ 时，根据互补松弛条件有 $K_s - D_r e - D_s e_1 \geq 0$。将最优销售价格代入可得 $K_s \geq B_s$。同理，当 $r_2>0$ 时有 $K_s - D_r e - D_s e_1 = 0$。将最优销售价格代入可得拉格朗日乘子：

$$r_2 = \frac{K_s - [d_s\eta e - d_s(\theta\beta+\eta)e_1]\frac{1+\beta c_s}{2\beta} - (d_s\eta e_1 - Ae)\left[\frac{3+\beta c_R}{4\beta} - \frac{d_s\eta(1-\beta c_s)}{4A\beta}\right]}{\frac{e_1}{2}[d_s\eta e - d_s(\theta\beta+\eta)e_1] + \frac{(d_s\eta e_1)^2 - (Ae)^2}{4A}}$$

$$(7.18)$$

因为 $r_2>0$，式（7.18）必须严格大于零。结合 $e_1 = e + e_s$，可将 r_2 的分母改写为 $\frac{e_1}{2}[d_s\eta e - d_s(\theta\beta+\eta)e_1] + \frac{(d_s\eta e_1)^2 - (Ae)^2}{4A} = -\frac{e_1}{2}[d_s\theta\beta e_1 + d_s\eta e_s] + [(d_s\eta - $

$A) e + d_s\eta e_s]\frac{Ae + d_s\eta e_1}{4A} = -\frac{d_s\theta\beta}{2}e_1^2 - \frac{(A-d_s\eta)(Ae+d_s\eta e_1)}{4A}e - d_s\eta e_s$

$\dfrac{(A - d_s\eta)e_1 + Ae_s}{4A} < 0$。最后一项等式成立是因为 $A - d_s\eta = d_r\beta + d_s(1 - \theta)\beta > 0$。所以式（7.18）的分子必须小于零，即 $K_s < B_s$。

推论 7.2 表明，在分散式决策系统中，当分配给零售商的碳限额充足时，分配给供应商的碳限额应该小于阈值以达到控制碳排放的目的。否则，无法减少供应商的碳排放量。

7.3.2.2 分配给零售商的碳限额得到充分利用

当分配给零售商的碳排放上限得到充分利用时，根据互补松弛条件有 $r_1 > 0$。将式（7.14）代入模型（7.9）可以看出模型（7.9）是一个凸规划问题，最优解由 KKT 条件唯一确定，其中 p_r 满足式（7.14）。

定理 7.3 当 $r_1 > 0$ 时，分散式决策系统的下列结论成立：

（1）最优渠道销售价格满足 $p_s^{*(4)} > p_s^{*(3)}$，$p_r^{*(4)} > p_r^{*(3)}$，$w^{*(4)} > w^{*(3)}$；

（2）供应链成员的最优利润满足 $\Pi_s^{*(4)} < \Pi_s^{*(3)}$，$\Pi_r^{*(4)} = \Pi_r^{*(3)}$。

（3）零售商至少可以从线下渠道的单位需求中获益 $\dfrac{K_r}{Ae_r}$。

证明：（1）当 $r_1 > 0$ 时，求解式（7.14）和 $\dfrac{\partial L_s(p_s, w, r_2)}{\partial p_s} = 0$ 可得最优销售价格分别为：

$$p_s^* = \frac{1 + \beta c_s}{2\beta} + \frac{d_s\eta K_r}{2AZe_r} + \frac{e_1}{2}r_2 \tag{7.19}$$

$$p_r^* = \frac{2A - d_s\eta(1 - \beta c_s)}{2A\beta} + \frac{K_r}{AZe_r}\left(\frac{d_s^2\eta^2}{2A} - Z\right) + \frac{d_s\eta e_1}{2A}r_2, \quad r_2 \geqslant 0 \tag{7.20}$$

当 $r_2 > 0$ 时，有 $r_2 = \dfrac{2K_s}{Ze_1^2} - \dfrac{2K_r e}{Ze_r e_1^2} + \dfrac{d_s\eta K_r}{AZe_r e_1} + \dfrac{1 - \beta c_s}{\beta e_1}$。从上述两个最优渠道销售价格的表达式可得 $p_s^{*(4)} > p_s^{*(3)}$，$p_r^{*(4)} > p_r^{*(3)}$。

根据 $r_1 > 0$ 和式（7.13）可得 $r_1 = \dfrac{d_s\eta}{Ae_r}p_s^* - \dfrac{w + c_{rr}}{e_r} + \dfrac{A - d_s\eta}{A\beta e_r} - \dfrac{2K_r}{Ae_r^2} > 0$，这意味着 $w < p_r^* - c_{rr} - \dfrac{K_r}{Ae_r}$。因为供应商的利润 Π_s 是 w 的增函数，因此当最优批发价格 w^* 接近上限 w^+ 时供应商的利润最大，$w^+ = p_r^* - c_{rr} - \dfrac{K_r}{Ae_r}$。所以，最优批发价格可以表示为 $w^* = w^+ - \varepsilon$，其中 $\varepsilon > 0$ 且 $\lim\limits_{\varepsilon > 0}\varepsilon = 0$。因此有 $w^{*(4)} > w^{*(3)}$。

（2）将式（7.19）和式（7.20）代入式（7.6）可得供应商的最大利润如下：

$$\Pi_s^* = -Z\left[\left(\frac{1-\beta c_s}{2\beta} + \frac{d_s \eta K_r}{2AZe_r}\right)^2 - \frac{e_1^2}{4}r_2^2\right] + \frac{K_r}{e_r}(w^* - c_r) \qquad (7.21)$$

因为 $Z < 0$，因此有 $\Pi_s^{*(4)} < \Pi_s^{*(3)}$。将式（7.19）、式（7.20）和 $w^* = p_r^* - c_{rr} - \frac{K_r}{Ae_r} - \varepsilon$ 代入式（7.7）可得零售商的利润如下：

$$\Pi_r^* = \left[d_r + d_s(1-\theta) + d_s \eta p_s^* - Ap_r^*\right](p_r^* - w^* - c_{rr}) = \frac{K_r}{e_r}\left(\frac{K_r}{e_r} + \varepsilon\right) \qquad (7.22)$$

这意味着当 $r_1 > 0$ 时，零售商的最大利润与 r_2 无关，因此有 $\Pi_r^{*(4)} = \Pi_r^{*(3)}$ 成立。

（3）从等式 $p_r^* - w^* - c_{rr} = \frac{K_r}{Ae_r} + \varepsilon$ 可知，零售商至少可以从线下渠道的单位需求中获益 $\frac{K_r}{Ae_r}$。

以上定理的结论（1）表明，当分配给零售商的碳排放限额得到充分利用时，若供应商的排放限额也得到充分利用会导致批发价格和销售价格升高。从定理的结论（2）可以发现，当零售商和供应商的碳排放限额都得到充分利用时，供应商的利润降低而零售商的利润不变。而且，当分配给零售商的碳排放限额得到充分利用时，供应商和零售商都希望 $r_2 = 0$，即分配给供应商的碳排放限额充足。

与推论 7.2 的证明相似，当 $r_1 > 0$ 时，分散式决策系统中最优销售价格存在的条件如下。

推论 7.3 当 $r_1 > 0$ 时，分散式决策系统的最优销售价格满足：

（1）若 $r_2 = 0$，当碳排放容量 K_s 满足 $K_s \geq e_1\left[\frac{-Z(1-\beta c_s)}{2\beta} - \frac{d_s \eta K_r}{2Ae_r}\right] + e\frac{K_r}{e_r}$ 时，最优销售价格存在；

（2）若 $r_2 > 0$，当碳排放容量 K_s 满足 $K_s < e_1\left[\frac{-Z(1-\beta c_s)}{2\beta} - \frac{d_s \eta K_r}{2Ae_r}\right] + e\frac{K_r}{e_r}$ 时，最优销售价格存在。

推论 7.3 表明，在分散式决策系统中，当分配给零售商的碳排放限额得到充分利用时，分配给供应商的碳排放限额应该小于阈值才能有效控制碳排放。否则，无法减少供应商的碳排放量。这个阈值与分配给零售商的排放限额充足情况下的阈值不同。

对比四种情况下的最优销售价格和利润，得到以下结论。

定理 7.4　分散式决策系统下，零售商的最大利润为 $\Pi_r^{*(3)}$（或 $\Pi_r^{*(4)}$），最优线上渠道销售价格满足 $p_s^{*(3)} < p_s^{*(i)}$，$i = 1$，2，4。

证明：先证明 $p_s^{*(3)} < p_s^{*(1)}$ 和 $\Pi_r^{*(3)} > \Pi_r^{*(1)}$。根据式（7.15）、式（7.19）和 $Z < 0$ 容易得出 $p_s^{*(3)} < p_s^{*(1)}$。

根据以上定理的证明可知 $\Pi_r^{*(1)} = \dfrac{1}{A}\left[\dfrac{A(1 - \beta c_r - \beta c_{rr}) - d_s\eta(1 - \beta c_s)}{4\beta}\right]^2$ 和

$\Pi_r^{*(3)} = \dfrac{K_r^2}{Ae_r^2} + \dfrac{K_r}{e_r}\varepsilon$。下面证明 $\Pi_r^{*(1)} < \dfrac{K_r^2}{Ae_r^2} < \Pi_r^{*(3)}$。由于在情形"$r_1 = 0$，$r_2 = 0$"

中有 $\dfrac{K_r}{e_r} > D_r\left[p_s^{*(1)}, p_r^{*(1)}\right]$，这意味着 $\dfrac{K_r}{e_r} > \dfrac{A - d_s\eta}{\beta} + d_s\eta\dfrac{1 + \beta c_s}{2\beta} - A$

$\left[\dfrac{3 + \beta(c_r + c_{rr})}{4\beta} - \dfrac{d_s\eta(1 - \beta c_s)}{4A\beta}\right] = \dfrac{A - d_s\eta}{4\beta} + \dfrac{d_s\eta c_s}{4} - \dfrac{A(c_r + c_{rr})}{4}$。不等式两边同时

除以 $\sqrt{A}$ 可得 $\dfrac{K_r}{\sqrt{A}e_r} > \dfrac{1}{\sqrt{A}}\left(\dfrac{A - d_s\eta}{4\beta} + \dfrac{d_s\eta c_s}{4} - \dfrac{A(c_r + c_{rr})}{4}\right)$，等价于 $\sqrt{\Pi_r^{*(1)}} < \sqrt{\dfrac{K_r^2}{Ae_r^2}}$。

因此 $\Pi_r^{*(1)} < \dfrac{K_r^2}{Ae_r^2} < \Pi_r^{*(3)}$ 成立。再结合定理 7.2 和定理 7.3 可得结论成立。

定理 7.4 表明零售商更希望能充分利用自己的碳排放限额。尽管在"$r_1 > 0$，$r_2 = 0$"情况下线上渠道销售价格最低，我们不能断定供应商会更喜欢此种情况，因为很难比较这四种情况下供应商的利润。

7.3.3　集中式决策系统和分散式决策系统的比较

根据推论 7.2，当 $r_1 = 0$ 时，$r_2 = 0$ 或 $r_2 > 0$ 都是有效的。根据推论 7.3，当 $r_1 > 0$ 时，$r_2 = 0$ 或 $r_2 > 0$ 都是有效的。因此，对于每个例子，这两种情况都是有效的，有效情况有四种组合。我们没有对每一种情况都给出一个数值算例，而只是提供一个基本的算例，因为数值算例的目的是说明解决方法和分析结果。其他例子的分析方法与所给例子的分析方法相同。

本节用数值算例来说明集中式和分散式决策系统的求解方法与结果。参数的基本取值为：$d_r = 2\,000$，$d_s = 2\,000$，$\beta = 0.01$，$\theta = 0.5$，$\eta = 0.005$，$c_r = 10$，$c_{rr} = 3$，$c_s = 12$，$K_r = 5\,000$，$K_s = 8\,960$，$e_r = 5$，$e_s = 5$，$e = 3$。根据上述分析，在集中式和分散式决策系统中，各有效情形的最优决策和最优利润见表 7.2。

表7.2　　　　　　　　　　集中式和分散式决策系统的计算结果

符号	集中式决策系统	分散式决策系统	
	$r_0 = 0$	"$r_1 = 0$, $r_2 = 0$"	"$r_1 > 0$, $r_2 = 0$"
p_s^*	56.00	56.00	48.86
p_r^*	56.50	72.75	62.21
w^*	—	53.50	34.21
D_s	445	607	645
D_r	1 300	650	1 000
Π_s^*	—	55 005	47 987
Π_r^*	—	10 563	25 000
$\Pi_s^* + \Pi_r^*$	76 130	65 568	72 987

由表7.2可知：

（1）在集中式决策系统中，由于 $K_c \geqslant \frac{1}{2} B_0$，当 $r_0 = 0$ 时系统获得最大利润。在碳排放总量不超过碳限额的情况下，供应链可以获得最大利润。最好的销售策略是主要通过线下渠道销售，因为线下渠道的市场需求是线上渠道的1.90倍。但是在分散式决策系统中，由于批发价格的存在，线下渠道的销售价格较高。这使得通过线下渠道购买产品的品牌忠诚客户减少，从而缩短了两种渠道之间的需求差距。

（2）在分散式决策系统中，与"$r_1 = 0$，$r_2 = 0$"的情形相比，"$r_1 > 0$，$r_2 = 0$"情形下供应商利润下降大约12.80%，零售商利润增加大约136.70%。这意味着当零售商的碳限额得到充分利用，而供应商的碳限额过剩时，零售商的利润会更高。

（3）在分散式决策系统中，当"$r_1 > 0$，$r_2 = 0$"时，销售价格和批发价格降低，两个销售渠道的需求增加。这是因为当零售商的碳限额被充分利用时，线下渠道的市场需求达到最大，从而降低了线下渠道的销售价格，增加了零售商的利润。然而，碳限额对线下渠道销售价格的影响通过需求函数转移到供应商的定价决策上。它间接影响批发价格和线上渠道的销售价格，进一步导致供应商利润下降。

（4）尽管"$r_1 = 0$，$r_2 = 0$"情形下供应链总利润低于"$r_1 > 0$，$r_2 = 0$"情形，供应商更希望供应商和零售商的碳限额都有剩余的情形，即"$r_1 = 0$，$r_2 = 0$"。这是因为供应商是领导者，其在"$r_1 = 0$，$r_2 = 0$"情形下的利润高于"$r_1 > 0$，$r_2 = 0$"情形，因此有必要协调供应链，提高其绩效。

为了说明顾客忠诚度对双渠道供应链定价决策的影响，我们对参数 θ 和 η 进行了灵敏度分析。θ 和 η 的最大波动为 ± 最大波，计算结果见表7.3和表7.4。

表 7.3　θ 的灵敏度分析

项目	θ 的浮动率			
	−20%	−10%	+10%	+20%
集中式系统	$r_0 = 0$	$r_0 = 0$	$r_0 > 0$	$r_0 > 0$
p_s^*	56.00	56.00	56.01 （+0.02%）	56.03 （+0.05%）
p_r^*	56.50	56.50	56.51 （+0.02%）	56.52 （+0.04%）
Π_c^*	76 043 （−0.11%）	76 086 （−0.06%）	76 174 （+0.06%）	76 217 （+0.11%）
分散式系统	$r_1 = 0,\ r_2 = 0$	$r_1 = 0,\ r_2 = 0$	$r_1 = 0,\ r_2 = 0$	$r_1 = 0,\ r_2 = 0$
p_s^*	56.00	56.00	56.00	56.00
p_r^*	73.01 （+0.36%）	72.88 （+0.18%）	72.61 （−0.19%）	72.46 （−0.40%）
w^*	53.50	53.50	53.50	53.50
Π_s^*	53 140 （−3.39%）	54 074 （−1.69%）	55 933 （+1.69%）	56 857 （+3.37%）
Π_r^*	11 451 （+8.41%）	11 006 （+4.19%）	10 120 （−4.19%）	9 680 （−8.36%）
$\Pi_s^* + \Pi_r^*$	64 591 （−1.49%）	65 080 （−0.74%）	66 053 （+0.74%）	66 537 （+1.48%）
分散式系统	$r_1 > 0,\ r_2 = 0$	$r_1 > 0,\ r_2 = 0$	$r_1 > 0,\ r_2 = 0$	$r_1 > 0,\ r_2 = 0$
p_s^*	48.38 （−0.98%）	48.64 （−0.45%）	49.05 （+0.39%）	49.21 （+0.72%）
p_r^*	63.90 （+2.72%）	63.08 （+1.40%）	61.29 （−1.48%）	60.32 （−3.04%）
w^*	37.09 （+8.42%）	35.69 （+4.33%）	32.65 （−4.56%）	31.00 （−9.38%）
Π_s^*	47 760 （−0.47%）	47 920 （−0.14%）	47 954 （−0.07%）	47 814 （−0.36%）
Π_r^*	23 810 （−4.76%）	24 390 （−2.44%）	25 641 （+2.56%）	26 316 （+5.26%）
$\Pi_s^* + \Pi_r^*$	71 570 （−1.94%）	72 310 （−0.93%）	73 595 （+0.83%）	74 130 （+1.57%）

表 7.4　η 的灵敏度分析（$K_s = 8960 \times 80\%$）

项目	η 的浮动率			
	−20%	−10%	+10%	+20%
集中式系统	$r_0 > 0$	$r_0 > 0$	$r_0 > 0$	$r_0 > 0$
p_s^*	61.60	61.60	61.60	61.60
p_r^*	62.10	62.10	62.10	62.10
Π_c^*	74 875 （−0.00%）	74 875 （−0.00%）	74 876	74 876
分散式系统	$r_1 = 0,\ r_2 = 0$	$r_1 = 0,\ r_2 = 0$	$r_1 = 0,\ r_2 = 0$	$r_1 = 0,\ r_2 = 0$
p_s^*	56.00	56.00	56.00	56.00
p_r^*	73.62 （+1.20%）	73.17 （+0.58%）	72.35 （−0.55%）	71.96 （−1.09%）
w^*	53.50	53.50	53.50	53.50
Π_s^*	53 858 （−2.09%）	54 446 （−1.02%）	55 536 （+0.97%）	56 042 （+1.89%）
Π_r^*	11 136 （+5.42%）	10 842 （+2.64%）	10 297 （−2.52%）	10 044 （−4.91%）
$\Pi_s^* + \Pi_r^*$	64 994 （−0.88%）	65 288 （−0.43%）	65 833 （+0.40%）	66 086 （+0.79%）
分散式系统	$r_1 > 0,\ r_2 > 0$	$r_1 > 0,\ r_2 > 0$	$r_1 > 0,\ r_2 > 0$	$r_1 > 0,\ r_2 > 0$
p_s^*	55.16 （−1.39%）	55.58 （−0.64%）	56.27 （+0.59%）	56.56 （+1.11%）
p_r^*	64.25 （+0.41%）	64.11 （+0.19%）	63.88 （−0.17%）	63.78 （−0.33%）
w^*	34.93 （−2.95%）	35.47 （−1.44%）	36.49 （+1.39%）	36.97 （+2.72%）
Π_s^*	47 418 （−2.99%）	48 170 （−1.45%）	49 551 （+1.37%）	50 187 （+2.67%）
Π_r^*	26 316 （+5.26%）	25 641 （+2.56%）	24 390 （−2.44%）	23 810 （−4.76%）
$\Pi_s^* + \Pi_r^*$	73 734 （−0.20%）	73 811 （−0.09%）	73 941 （+0.08%）	73 997 （+0.16%）

从表7.3可以得出：

（1）在集中式决策系统下，当θ的值在-20%和+20%之间波动时，总利润和批发价格的变化较小（低于20%）。这意味着在碳限额约束下，集中式决策系统中的渠道销售价格和总利润对θ不敏感。

（2）在分散式决策系统中，当"$r_1 = 0$，$r_2 = 0$"时，与供应商利润相比，零售商利润对θ的变化更敏感。而相较于销售价格，零售商和供应商利润对θ的变化更敏感。这表明当分配给供应商和零售商的碳限额不起作用时，θ对零售商和供应商利润的影响比对销售价格的影响大。"$r_1 > 0$，$r_2 = 0$"情形的灵敏度分析表明，当零售商的碳限额约束起作用时，相较于线上渠道的销售价格和供应商利润，线下渠道的销售价格和零售商利润对θ的变化更敏感。通过比较上述两种情形，我们发现在"$r_1 > 0$，$r_2 = 0$"情形下，供应商和零售商利润不如"$r_1 = 0$，$r_2 = 0$"情形下对θ的变化敏感。这意味着碳限额约束会降低供应商和零售商利润对θ的灵敏性。

从表7.4可以看出，在集中式决策系统中，销售价格和利润对η的变化不敏感。在分散式决策系统中，与供应商利润相比，零售商利润对η的变化更敏感。然而，销售价格对η的变化不敏感。因此可以得出结论，在碳限额约束下，集中式和分散式决策系统的销售价格都对η不敏感。在分散式决策系统中，与供应商利润相比，零售商利润对η更敏感一些。

为了说明碳限额对双渠道供应链决策的影响，我们对碳限额进行敏感性分析。K_r和K_s的波动幅度为±20%，计算结果见表7.5。

表7.5　　　　　　　　　　碳限额的灵敏度分析

项目	数值			
K_r的浮动率	0	0	-20%	+20%
K_s的浮动率	-20%	+20%	0	0
集中式系统	$r_0 > 0$	$r_0 = 0$	$r_0 > 0$	$r_0 = 0$
p_s^*	61.60（+10.00%）	56.00	59.13（+5.59%）	56.00
p_r^*	62.10（+9.91%）	56.50	59.62（+5.52%）	56.50
Π_c^*	74 876（-1.65%）	76 130	75 739（-0.51%）	76 130
分散式系统	$r_1 = 0$，$r_2 = 0$	$r_1 = 0$，$r_2 = 0$	$r_1 = 0$，$r_2 = 0$	$r_1 = 0$，$r_2 = 0$
p_s^*	56.00	56.00	56.00	56.00
p_r^*	72.75	72.75	72.75	72.75
w^*	53.50	53.50	53.50	53.50
Π_s^*	55 005	55 005	55 005	55 005

项目	数值			
Π_r^*	10 563	10 563	10 563	10 563
$\Pi_s^* + \Pi_r^*$	65 568	65 568	65 568	65 568
分散式系统	$r_1 > 0$，$r_2 > 0$	$r_1 > 0$，$r_2 = 0$	$r_1 > 0$，$r_2 = 0$	$r_1 > 0$，$r_2 = 0$
p_s^*	55.94（+14.49%）	48.86	50.29（+2.93%）	47.43（−3.01%）
p_r^*	63.99（+2.86%）	62.21	67.57（+8.62%）	56.86（−8.60%）
w^*	35.99（+5.20%）	34.21	44.57（+30.28%）	23.86（−43.38%）
Π_s^*	48 880（+1.86%）	47 987	53 309（+11.09%）	38 594（−19.57%）
Π_r^*	25 000	25 000	16 000（−36%）	36 000（+44%）
$\Pi_s^* + \Pi_r^*$	73 880（+1.22%）	72 987	69 309（−5.04%）	74 594（+3.92%）

从表 7.5 可以得出：

（1）在集中式决策系统中，当 K_r 和 K_s 减少 20% 时，总利润最多减少 1.65%，销售价格最多增加 10%。这意味着销售价格比总利润对碳限额的变动更加敏感。销售价格和总利润对 K_s 的敏感度比对 K_r 高。

（2）在分散式决策系统中，当"$r_1 = 0$，$r_2 = 0$"时，销售价格不受碳限额变化的影响。从其他有效情形可以得出，K_s 的减少对线上销售价格和供应商利润的影响更大，而 K_r 的减少对线下销售价格和零售商利润的影响更大。供应商利润和零售商利润对 K_r 的敏感度比对 K_s 高。这表明政府在设置碳限额时，相较于供应商应该更加关注零售商的碳限额设定。通过对两种情形的比较可发现，最大限度地利用碳限额可以提高系统利润。

7.4　价格折扣契约

为了提高分散式决策系统下双渠道供应链的绩效，本节研究一种价格折扣契约，其中批发价格是销售价格的折扣，由供应商和零售商共同决定。由于两种渠道的销售价格存在差异，我们将线上渠道价格折扣契约与线下渠道价格折扣契约进行比较，确定哪一种对双渠道供应链的协调效果更好。

7.4.1　线上渠道价格折扣契约

在线上渠道价格折扣契约下，当 $D_r > 0$ 时批发价格可表示为 $w = \lambda p_s$，零售商和供应商的利润函数分别为：

$$\Pi_{r,s}(p_r) = D_r(p_r - \lambda p_s - c_{rr}) \tag{7.23}$$

$$\Pi_{s,s}(p_s) = D_s(p_s - c_s) + D_r(\lambda p_s - c_r) \tag{7.24}$$

根据分散式决策系统的分析，将 $w = \lambda p_s$ 代入式（7.12）可得线下销售价格的反应函数为：

$$p_{r,s}^*(p_{s,s},\lambda) = \frac{d_s\eta + \lambda A}{2A}p_{s,s} + \frac{A - d_s\eta}{2A\beta} + \frac{c_{rr} + e_r r_1}{2}, r_1 \geqslant 0 \tag{7.25}$$

令 $E_1 = \dfrac{d_s\eta}{2A}c_s - \dfrac{A - d_s\eta}{2A\beta} + c_{rr} - c_r$，$E_2 = Zc_s - d_s\theta - d_s\eta\dfrac{A - d_s\eta}{A\beta}$。根据 $\dfrac{\partial L_s}{\partial p_s} = 0$ 可以得到给定折扣系数 λ 时的最优销售价格。

定理7.5 在线上渠道价格折扣契约下，下列结果成立。

（1）当 $r_1 = 0$ 时，最优销售价格为：

$$p_{s,s}^*(\lambda) = \frac{(\lambda A - d_s\eta)E_1 + E_2 + \left[(\lambda A - d_s\eta)\left(\dfrac{d_s\eta}{2A}e_1 - \dfrac{e}{2}\right) + Ze_1\right]r_2}{-A\lambda^2 + 2d_s\eta\lambda + Z - d_s(\theta\beta + \eta)} \tag{7.26}$$

$$p_{r,s}^*(\lambda) = \frac{1}{2}\left[\left(\lambda + \frac{d_s\eta}{A}\right)p_{s,s}^* + \frac{A - d_s\eta}{A\beta} + c_{rr}\right], r_2 \geqslant 0 \tag{7.27}$$

（2）当 $r_1 > 0$ 时，最优销售价格及 r_1 的值为：

$$p_{s,s}^*(\lambda) = -\frac{(\lambda A - d_s\eta)K_r}{2AZe_r} + \frac{1 + \beta c_s}{2\beta} + \frac{e_1}{2}r_2, r_2 \geqslant 0 \tag{7.28}$$

$$p_{r,s}^*(\lambda) = \frac{d_s\eta}{A}p_{s,s}^* + \frac{A - d_s\eta}{A\beta} - \frac{K_r}{Ae_r} \tag{7.29}$$

$$r_1(\lambda) = \frac{1}{e_r}\left[p_{r,s}^*(\lambda) - \lambda p_{s,s}^*(\lambda) - c_{rr} - \frac{K_r}{Ae_r}\right] \tag{7.30}$$

证明：其证明与定理7.2和定理7.3类似，这里不再赘述。

只有当供应商和零售商的利润在此契约下均增加时，线上渠道价格折扣契约才值得考虑，即 $\Pi_{s,s}^*(\lambda) > \Pi_s^*$，$\Pi_{r,s}^*(\lambda) > \Pi_r^*$。基于以上不等式，可以得到线上价格折扣系数的区间，具体过程将通过数值算例阐明。

7.4.2 线下渠道价格折扣契约

在线下渠道价格折扣契约下，当 $D_r > 0$ 时批发价格可表示为 $w = \lambda p_r$，零售商和供应商的利润函数分别为：

$$\Pi_{r,r}(p_r) = D_r(p_r - \lambda p_r - c_{rr}) \tag{7.31}$$

$$\Pi_{s,r}(p_s) = D_s(p_s - c_s) + D_r(\lambda p_r - c_r) \tag{7.32}$$

根据 KKT 条件 $\dfrac{\partial L_r}{\partial p_r} = 0$ 可得线下价格的反应函数为：

$$p_{r,r}^*(p_{s,r}, \lambda) = \frac{d_s \eta}{2A} p_{s,r} + \frac{A - d_s \eta}{2A\beta} + \frac{c_{rr} + e_r r_1}{2(1 - \lambda)}$$

$$\text{其中 } r_1 \geqslant 0 \tag{7.33}$$

令 $F_1 = \dfrac{1}{2}[Z - d_s(\theta\beta + \eta)]$，$F_2 = \dfrac{d_s \eta}{2}\left[c_r - \dfrac{A - d_s \eta}{A\beta}\right] - d_s \theta$，可得下列结果。

定理 7.6　在线下渠道价格折扣契约下，以下结论成立。

（1）当 $r_1 = 0$ 时，最优销售价格为：

$$p_{s,r}^*(\lambda) = \frac{-\dfrac{d_s \eta}{2(1 - \lambda)} c_{rr} + F_1 c_s + F_2 + \left(F_1 e_1 + \dfrac{d_s \eta}{2} e\right) r_2}{\dfrac{d_s^2 \eta^2}{2A} \lambda + Z - d_s(\theta\beta + \eta)}, r_2 \geqslant 0 \tag{7.34}$$

$$p_{r,r}^*(\lambda) = \frac{d_s \eta}{2A} p_{s,r}^*(\lambda) + \frac{c_{rr}}{2(1 - \lambda)} + \frac{A - d_s \eta}{2A\beta} \tag{7.35}$$

（2）当 $r_1 > 0$ 时，最优销售价格及 r_1 的值为：

$$p_{s,r}^*(\lambda) = \frac{d_s \eta K_r}{2AZe_r}(1 - \lambda) + \frac{1 + \beta c_s}{2\beta} + \frac{e_1}{2} r_2, r_2 \geqslant 0 \tag{7.36}$$

$$p_{r,r}^*(\lambda) = \frac{1}{A}\left[d_s \eta p_{s,r}^*(\lambda) + \frac{A - d_s \eta}{\beta} - \frac{K_r}{e_r}\right] \tag{7.37}$$

$$r_1(\lambda) = \frac{1 - \lambda}{e_r}\left[p_{r,r}^*(\lambda) - \frac{K_r}{Ae_r}\right] - \frac{c_{rr}}{e_r} \tag{7.38}$$

证明：其证明与定理 7.5 相似，这里不再赘述。

只有当供应商和零售商的利润在此契约下均增加，线下渠道价格折扣契约才值得考虑，即 $\Pi_{s,r}^*(\lambda) > \Pi_s^*$，$\Pi_{r,r}^*(\lambda) > \Pi_r^*$。根据这些不等式可以得到线下价格折扣系数的区间，具体操作将通过数值算例来说明。

7.4.3　两种价格折扣契约的比较

当线上渠道和线下渠道的价格折扣契约都能为供应商与零售商带来更高利润时，我们提供以下方法来比较两种价格折扣契约的协调效果。

如前所述，如果线上渠道和线下渠道的价格折扣契约能够为供应商与零售商带来更高的利润，则有：$\Pi_{r,s}^*(\lambda) > \Pi_r^*$，$\Pi_{s,s}^*(\lambda) > \Pi_s^*$；$\Pi_{r,r}^*(\lambda) > \Pi_r^*$，$\Pi_{s,r}^*(\lambda) > \Pi_s^*$。

计算两种渠道价格折扣契约下供应商和零售商的利润变化，即：$\Delta_{r,s} = \Pi_{r,s}^*(\lambda_s) - \Pi_r^*$，$\Delta_{s,s} = \Pi_{s,s}^*(\lambda_s) - \Pi_s^*$；$\Delta_{r,r} = \Pi_{r,r}^*(\lambda_r) - \Pi_r^*$，$\Delta_{s,r} = \Pi_{s,r}^*(\lambda_r) - \Pi_s^*$。

若 $\Delta_{r,s} > \Delta_{r,r} > 0$ 且 $\Delta_{s,s} > \Delta_{s,r} > 0$，则线上渠道价格折扣契约优于线下渠道价格折扣契约。若 $0 < \Delta_{r,s} < \Delta_{r,r}$ 且 $0 < \Delta_{s,s} < \Delta_{s,r}$，则线下渠道价格折扣契约优于线上渠道价格折扣契约。否则很难判断哪种价格折扣契约更好。

为了找出碳限额对价格折扣契约选择的影响，我们研究了两种价格折扣契约下碳限额与利润的关系。根据两种价格折扣契约下供应商和零售商的利润表现，可以得到以下四种结果：当"$r_1 = 0$，$r_2 = 0$"时，碳限额 K_r 和 K_s 没有得到充分利用。因此，碳限额不影响两种价格折扣的选择。对于其他三种情况，即"$r_1 = 0$，$r_2 > 0$""$r_1 > 0$，$r_2 = 0$""$r_1 > 0$，$r_2 > 0$"，两种价格折扣契约的选择可以通过同样的方法讨论。这里我们仅详细讨论在"$r_1 = 0$，$r_2 > 0$"情况下，碳限额对两种价格折扣契约选择的影响。当"$r_1 = 0$，$r_2 > 0$"时，只有分配给供应商的碳限额得到了充分利用。此时有 $\frac{\partial^2 \Pi_{r,s}}{\partial K_s^2} \geq 0$，$\frac{\partial^2 \Pi_{s,s}}{\partial K_s^2} \leq 0$，$\frac{\partial^2 \Pi_{r,r}}{\partial K_s^2} \geq 0$，以及 $\frac{\partial^2 \Pi_{s,r}}{\partial K_s^2} \leq 0$。这说明在每一种价格折扣契约下，$K_s$ 对供应商和零售商利润的影响是相反的。若等式 $\Pi_{r,s} = \Pi_{r,r}$ 的解存在，将它们记为 K_{s1}^r 和 K_{s2}^r，且 $K_{s1}^r \leq K_{s2}^r$。则当 $K_s \in [K_{s1}^r, K_{s2}^r]$ 时，零售商将倾向于线下渠道价格折扣契约，否则零售商将倾向于线上渠道价格折扣契约。若等式 $\Pi_{r,s} = \Pi_{r,r}$ 的解不存在，用 K_s^{rs} 和 K_s^{rr} 分别表示 $\Pi_{r,s}$ 和 $\Pi_{r,r}$ 的最小值点。则当 $\Pi_{r,r}(K_s^{rr}) \geq \Pi_{r,s}(K_s^{rs})$ 时，零售商更倾向于线下渠道价格折扣契约。否则，零售商更倾向于线上渠道价格折扣契约。用同样的方法可以得到供应商对两种价格折扣契约的选择。当 $K_s \in [K_{s1}^s, K_{s2}^s]$ 或 $\Pi_{s,r}(K_s^{sr}) \geq \Pi_{s,s}(K_s^{ss})$ 时，供应商倾向于线下渠道价格折扣契约，否则供应商更倾向于线上渠道价格折扣契约。因此，在"$r_1 = 0$，$r_2 > 0$"情况下，当 $K_s \in [K_{s1}^r, K_{s2}^r] \cap [K_{s1}^s, K_{s2}^s]$ 时，供应商和零售商倾向于线下渠道价格折扣契约；当 $K_s \in (-\infty, \min\{K_{s1}^r, K_{s1}^s\})$ 或 $K_s \in (\max\{K_{s2}^r, K_{s2}^s, \}, +\infty)$ 时，供应商和零售商更倾向于线上渠道价格折扣契约。

考虑到数学表达式的复杂性，我们将在下面通过数值算例考察两种价格折扣契约的性能以及碳排放限额对两种价格折扣契约选择的影响。

7.4.4　数值算例

本部分用数值算例来说明两种价格折扣契约中价格折扣系数 λ 范围的确定方

法和契约的协调效果。算例中参数的基本取值与章节 7.3.3 相同，即：$d_r = d_s = 2\,000$，$\beta = 0.01$，$\theta = 0.5$，$\eta = 0.005$，$c_r = 10$，$c_{rr} = 3$，$c_s = 12$，$K_r = 5\,000$，$K_s = 8\,960$，$e_r = e_s = 5$，$e = 3$。表 7.2 给出了集中决策和分散决策系统的最优决策，供应商和零售商的利润分别为 $\Pi_s^* = 55\,005$，$\Pi_r^* = 10\,563$，供应链系统的利润为 $65\,568$。

线上渠道折扣契约和线下渠道折扣契约的计算结果见表 7.6、表 7.7 和图 7.2、图 7.3。

表 7.6　　　　　　　　　　线上渠道价格折扣契约的计算结果

λ	$p_{s,s}^*$	$p_{r,s}^*$	$\Pi_{s,s}^*$	$\Pi_{r,s}^*$	$\Pi_{s,s}^* + \Pi_{r,s}^*$	$\Delta_{s,s}$	$\Delta_{r,s}$
0.0	(-,-,51.71,-)	(-,-,62.93,-)	(-,-,18 801,-)	(-,-,54 757,-)	(-,-,73 559,-)	(-,-,-41 044,-)	(-,-,-44 194,-)
0.1	(-,-,54.57,-)	(-,-,63.64,-)	(-,-,24 116,-)	(-,-,49 729,-)	(-,-,73 844,-)	(-,-,-35 729,-)	(-,-,-39 166,-)
0.2	(-,-,57.43,-)	(-,-,64.36,-)	(-,-,29 716,-)	(-,-,44 129,-)	(-,-,73 844,-)	(-,-,-30 129,-)	(-,-,-33 566,-)
0.3	(-,-,60.29,-)	(-,-,65.07,-)	(-,-,35 601,-)	(-,-,37 957,-)	(-,-,73 559,-)	(-,-,-24 244,-)	(-,-,-27 394,-)
0.4	(-,-,63.14,-)	(-,-,65.79,-)	(-,-,41 773,-)	(-,-,31 214,-)	(-,-,72 987,-)	(-,-,-18 072,-)	(-,-,-20 651,-)
0.5	(62.98,-,-,-)	(65.77,-,-,-)	(48 057,-,-,-)	(24 956,-,-,-)	(73 014,-,-,-)	(-11 788,-,-,-)	(14 393,-,-,-)
0.6	(61.97,-,-,-)	(68.44,-,-,-)	(51 684,-,-,-)	(19 459,-,-,-)	(71 143,-,-,-)	(-8161,-,-,-)	(8 896,-,-,-)
0.7	(60.06,-,-,-)	(70.53,-,-,-)	(53 880,-,-,-)	(15 183,-,-,-)	(69 063,-,-,-)	(-5 965,-,-,-)	(4 620,-,-,-)
0.8	(57.55,-,-,-)	(72.09,-,-,-)	(54 875,-,-,-)	(11 965,-,-,-)	(66 840,-,-,-)	(-4 970,-,-,-)	(1 402,-,-,-)
0.9	(54.70,-,-,-)	(73.18,-,-,-)	(54 929,-,-,-)	(9 597,-,-,-)	(64 525,-,-,-)	(-4 916,-,-,-)	(-966,-,-,-)
1.0	(51.69,-,-,-)	(73.89,-,-,-)	(54 286,-,-,-)	(7 876,-,-,-)	(62 162,-,-,-)	(-5 559,-,-,-)	(-2 687,-,-,-)

注：$(\cdot, \cdot, \cdot, \cdot)$ 是一个解向量，各分量分别对应四种情况 "$r_1 = 0$，$r_2 = 0$" "$r_1 = 0$，$r_2 > 0$" "$r_1 > 0$，$r_2 = 0$" "$r_1 > 0$，$r_2 > 0$"。"-" 表示当前情况无解。$\Delta_{r,s}$ 或 $\Delta_{s,s}$ 表示零售商或供应商在线上渠道价格折扣契约下的利润增长值，即 $\Delta_{r,s} = \Pi_{r,s}^* - \Pi_r^*$，$\Delta_{s,s} = \Pi_{s,s}^* - \Pi_s^*$。

表 7.7　　　　　　　　　　线下渠道价格折扣契约的计算结果

λ	$p_{s,r}^*$	$p_{r,r}^*$	$\Pi_{s,r}^*$	$\Pi_{r,r}^*$	$\Pi_{s,r}^* + \Pi_{r,r}^*$	$\Delta_{s,r}$	$\Delta_{r,r}$
0.0	(-,-,49.57,-)	(-,-,62.39,-)	(-,-,20 003,-)	(-,-,53 154,-)	(-,-,73 157,-)	(-,-,-39 842,-)	(-,-,42 591,-)
0.1	(-,-,50.29,-)	(-,-,62.57,-)	(-,-,26 251,-)	(-,-,47 057,-)	(-,-,73 309,-)	(-,-,-33 594,-)	(-,-,-36 494,-)
0.2	(-,-,51.00,-)	(-,-,62.75,-)	(-,-,32 518,-)	(-,-,40 925,-)	(-,-,73 443,-)	(-,-,-27 328,-)	(-,-,-30 362,-)
0.3	(-,-,51.71,-)	(-,-,62.93,-)	(-,-,38 801,-)	(-,-,34 757,-)	(-,-,73 559,-)	(-,-,-21 044,-)	(-,-,-24 194,-)
0.4	(-,-,52.43,-)	(-,-,63.11,-)	(-,-,45 103,-)	(-,-,28 554,-)	(-,-,73 657,-)	(-,-,-14 742,-)	(-,-,-17 991,-)
0.5	(-,-,53.14,-)	(-,-,63.29,-)	(-,-,51 423,-)	(-,-,22 314,-)	(-,-,73 737,-)	(-,-,-8 422,-)	(-,-,-11 751,-)
0.6	(-,-,53.86,-)	(-,-,63.46,-)	(-,-,57 760,-)	(-,-,16 039,-)	(-,-,73 799,-)	(-,-,-2 085,-)	(-,-,-5 476,-)
0.7	(-,-,54.57,-)	(-,-,63.64,-)	(-,-,64 116,-)	(-,-,9 729,-)	(-,-,73 844,-)	(-,-,4 271,-)	(-,-,-834,-)
0.8	(-,-,55.29,-)	(-,-,63.82,-)	(-,-,70 489,-)	(-,-,3 382,-)	(-,-,73 871,-)	(-,-,10 644,-)	(-,-,-7 181,-)
0.9	(-,-,-,-)	(-,-,-,-)	(-,-,-,-)	(-,-,-,-)	(-,-,-,-)	(-,-,-,-)	(-,-,-,-)
1.0	(-,-,-,-)	(-,-,-,-)	(-,-,-,-)	(-,-,-,-)	(-,-,-,-)	(-,-,-,-)	(-,-,-,-)

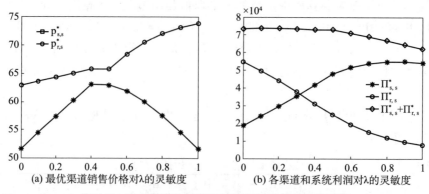

(a) 最优渠道销售价格对λ的灵敏度　　(b) 各渠道和系统利润对λ的灵敏度

图7.2　线上渠道价格折扣契约下的最优价格与利润

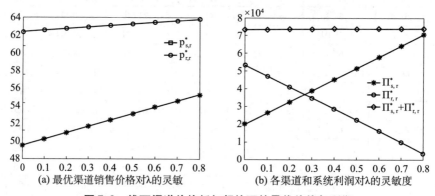

(a) 最优渠道销售价格对λ的灵敏　　(b) 各渠道和系统利润对λ的灵敏度

图7.3　线下渠道价格折扣契约下的最优价格与利润

从表7.6和图7.2可得如下结论。

（1）在线上渠道价格折扣契约下，当λ<0.5时，供应商和零售商在"$r_1 >$ 0，$r_2 = 0$"情形获得最大利润；当λ≥0.5时，供应商和零售商在"$r_1 = 0$，$r_2 = 0$"情形获得最大利润。这意味着在线上渠道价格折扣契约下，折扣系数λ的变化对供应商和零售商的最大利润及碳排放量有较大影响。因此供应商和零售商可使用λ来调节碳排放量及其利润。

（2）当λ<0.5时，两个渠道的销售价格和供应商利润随着λ的增加而增加，而零售商利润下降。当λ≥0.5时，线上渠道销售价格、零售商利润和系统利润随着λ的增大而减小，而线下渠道销售价格和供应商利润增加。

（3）当λ在0~1范围内变化时，供应商利润最大增长192%，零售商利润最大减少85.6%，系统利润的最大差异为15.9%。这意味着在线上渠道价格折扣契约下，相较于零售商，供应商利润对λ的变化更敏感。

表7.7和图7.3表明：

（1）在线下渠道价格折扣契约下，只有在"$r_1 > 0$，$r_2 = 0$"情形下最优解才存在，此时价格折扣系数 λ 的区间为 $[0, 0.8]$。

（2）供应商利润和系统利润随着 λ 的增加而增加，零售商利润随着 λ 的增加而减少。两个渠道的销售价格都随着 λ 的增加而增加，这与式（7.36）和式（7.37）结果相符。

（3）当 λ 从 0 增加到 0.8 时，系统利润增加 0.98%，供应商利润增加 252.39%，零售商利润减少 93.64%。这表明在线下渠道价格折扣契约下，相对于零售商利润，供应商利润对 λ 的变化更敏感。

两种价格折扣契约下的利润变化见图7.4。

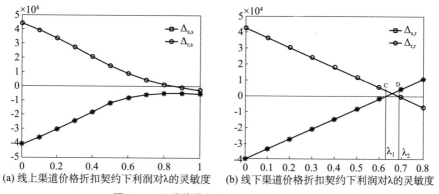

(a) 线上渠道价格折扣契约下利润对λ的灵敏度　(b) 线下渠道价格折扣契约下利润对λ的灵敏度

图7.4　两种价格折扣契约下的利润变化

图7.4（a）展示了线上渠道价格折扣契约下 $\Delta_{s,s}$ 和 $\Delta_{r,s}$ 关于 λ 的变化情况。当 $\lambda \in [0, 1]$ 时，$\Delta_{s,s}$ 始终小于 0；而当 $\lambda \in [0, 0.8]$ 时，$\Delta_{r,s}$ 大于 0。这意味着供应商没有动机接受线上渠道价格折扣契约；然而当 $\lambda \in [0, 0.8]$ 时，零售商更倾向于接受线上渠道价格折扣契约。因此，对于本例来说，线上渠道价格折扣契约并不是一个好的协调策略。

图7.4（b）展示了线下渠道价格折扣契约下 $\Delta_{s,r}$ 和 $\Delta_{r,r}$ 关于 λ 的变化情况。当 $\lambda > \lambda_1$ 时，供应商利润高于分散决策的情形，当 $\lambda > \lambda_2$ 时，零售商利润低于分散决策情形。这表明当 $\lambda \in [\lambda_1, \lambda_2]$ 时，供应商和零售商都愿意接受线下渠道价格折扣契约。

集中决策和分散决策下的系统利润以及两种价格折扣契约下的系统利润见图7.5。当 $\lambda \in [0, E]$ 时，线上渠道价格折扣契约下的系统利润高于分散决策情形；当 $\lambda \in [0, 0.8]$ 时，线下渠道价格折扣契约下的系统利润高于分散决策情形。由此可见，在协调双渠道供应链时，线上渠道价格折扣契约和线下渠道价格折扣契约均是可行的选择。然而，根据上述对两种类型价格折扣契约的动机分析，我们得出双渠道供应链仅能被 $\lambda \in [\lambda_1, \lambda_2]$ 的线下渠道价格折扣契约协调。此外，两种价格折扣契约下的系统利润也无法达到集中决策系统的水平。

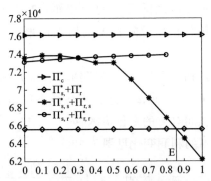

图7.5　集中系统决策、分散系统决策及价格折扣契约下总利润对 λ 的灵敏度

碳排放限额约束对价格折扣契约选择的影响见图7.6和图7.7。

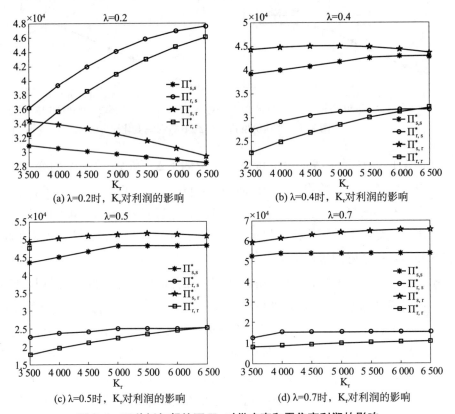

(a) $\lambda=0.2$时，K_r对利润的影响

(b) $\lambda=0.4$时，K_r对利润的影响

(c) $\lambda=0.5$时，K_r对利润的影响

(d) $\lambda=0.7$时，K_r对利润的影响

图7.6　两种折扣契约下 K_r 对供应商和零售商利润的影响

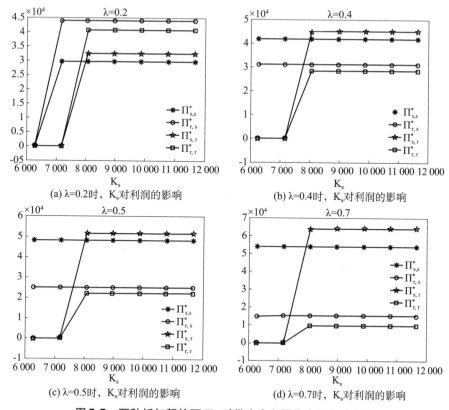

图 7.7　两种折扣契约下 K_s 对供应商和零售商利润的影响

从图 7.6 可以得出，K_r 对两种价格折扣契约选择的影响与 λ 的值有关。从利润变化可以看出，供应商更喜欢线下渠道价格折扣契约，而零售商更喜欢线上渠道价格折扣契约。此外，随着 K_r 的增大，存在一个合适的 λ 值（如 λ = 0.4）使零售商也更喜欢线下渠道价格折扣契约。

从图 7.7 可以得出，随着 K_s 的增加，无论 λ 的值如何，供应商总是倾向于线下渠道价格折扣契约，零售商则倾向于线上渠道价格折扣契约。这意味着 K_s 对价格折扣契约选择的影响小于 K_r。

7.5　小　结

本章研究了面向零售商忠诚和品牌忠诚客户的两级双渠道供应链协调问题。供应链成员需要确定最优渠道销售价格，以平衡碳限额政策下各自的利润和碳排放。通过分析集中决策系统和分散决策系统的最优决策，我们发现：（1）在集中决策系统中，充分利用碳排放限额会导致较高的销售价格和较低的系统利润。（2）在分散决策系统中，当分配给零售商的碳限额充足时，如果供应商的碳排放限额得到充分利用，批发价格和销售价格都会升高，零售商利润会降低。当分配给零售商的碳排放限额得到充分利用时，如果供应商的碳排放限额也得到充分利用，那么批发价格和销售价格会升高，供应商利润会降低，而零售商的利润不变。为了协调双渠道供应链，我们提供了两种价格折扣契约，并给出了协调条件。数值算例的结果表明：（1）在集中决策系统中，在碳排放限额约束下，销售价格和总利润对顾客忠诚度参数不敏感。销售价格和总利润对 K_s 比对 K_r 更敏感。（2）在分散决策系统中，通过调节碳排放限额，可以降低零售商和供应商利润对 θ 的敏感性。销售价格对 η 的变化不敏感。相较于供应商利润，零售商利润对 η 更敏感。供应商和零售商的利润对 K_r 比对 K_s 更敏感。（3）与零售商利润相比，在两种价格折扣契约下供应商利润对 λ 更加敏感。在碳限额约束下，供应商和零售商都倾向于通过线下渠道价格折扣契约来协调双渠道供应链。但是，系统总利润低于集中决策系统。

　　本章假设供应商和零售商在完全信息基础上进行决策制定。未来可以探索不对称信息和碳限额约束下双渠道供应链的竞争均衡性问题。此外，碳排放限额约束下面向随机需求的双渠道供应链定价与协调也是一个有趣的研究方向。

第8章　碳税政策下风险厌恶型供应链的投资与协调策略

8.1　引　言

随着人们对环境变化的日益关注，许多国家和地区（如加拿大、丹麦、印度、瑞典等）通过实施碳税政策实现各自的减排目标。这是一项具有成本效益的碳减排政策。在碳税政策下，政府针对企业的碳排放直接征收税费。制造业作为碳排放的主要来源之一，是碳政策的重点实施对象。而碳税政策的实施给由制造商主导的供应链带来了严峻的挑战。世界上最大的碳酸饮料公司可口可乐，承认如果公司不采取有效行动减少碳排放，2018年之后的十年里，碳税可能会使其利润减少47%。①这表明在碳减排政策约束下，业界迫切需要制定一套有效的运营战略，以提高供应链的竞争力和环境绩效。

在全球化市场竞争日益激烈的情况下，需求不确定性和产品多样化给供应链管理带来了巨大的风险。由于消费者健康意识的增强，越来越多的消费者正在购买低糖饮料或更健康的食品，而不是软饮料。因此，可口可乐公司2018年的净收入比2017年下降了10%，面临运营策略的困扰。在这样一个制造商主导的供应链中，企业的风险态度在改进供应链经济绩效的决策中起到重要作用。最近的几项调查显示，消费者更喜欢价格略高的环保产品，这给受碳税政策约束的制造商带来了额外的压力。像可口可乐这样的企业，在碳税政策和消费者偏好的压力下管理自己的供应链时会出现以下关键问题：（1）当制造商和零售商都是风险厌恶型时，制造商是否应该投资可持续技术来生产低碳产品呢？（2）在碳税政策下，若制造商投资可持续技术对供应链绩效和碳排放有何影响呢？（3）收益共享和两部制契约能有效协调由制造商主导的风险规避型供应链吗？

为了解决这些问题，本章研究在碳税政策下由单一制造商和单一零售商组成

---

① 相关信息来自可口可乐官网（https://www.telegraph.co.uk/news/earth/copenhagen-climate-confe/6790822/Coca-Cola-warns-green-taxes-could-cut-its-profits-by-50pc.html）。

的风险规避型供应链，其中制造商是供应链的主导者，碳排放受碳税政策约束。由于需求的不确定性会导致供应链成员承受财务风险，因此许多供应链风险管理的运营模型都基于均值－方差（Levy and Markowitz，1979）方法构建（Choi et al.，2008；Chiu and Choi，2016；Xue et al.，2016）。本章也使用均值－方差方法来构建和比较制造商进行/不进行技术投资的供应链优化模型，并与集中式决策下的供应链模型进行比较，进一步提出收益共享契约和两部制契约协调分散式供应链的条件。最后，通过数值分析研究风险规避参数和碳减排参数对技术投资及供应链协调的影响。

8.2 问题描述和模型假设

8.2.1 问题描述和基本模型

考虑一个制造商和一个零售商组成的供应链，其中风险厌恶型制造商具有较强的渠道权力和充足的生产能力。制造商采用订单式生产（MTO）策略生产一种公开碳排放的产品，并将其销售给风险厌恶型零售商。在碳税政策下，制造商必须为每单位碳排放支付税费 c_t。为了提高环境可持续性，制造商选择投资可持续（或清洁）技术来减少碳排放。生产单位产品的初始碳排放量为 e_0，当投资技术水平为 e（$0 \leq e < e_0$）时，生产单位产品的碳排放量减少为 e，可持续技术投资额为 $\frac{1}{2}c_e e^2$，其中 c_e 为技术投资系数（Dong et al.，2016；Hong and Guo，2019）。假设产品的单位生产成本为 c，单位批发价格为 w。制造商的目标是确定最优批发价格和投资技术水平以实现利润最大化。制造商将产品交付给零售商后，零售商以单价 p 将产品销售给客户，$p > w > c$。为了扩大需求，零售商投资促销活动，当促销努力水平为 s 时产生的促销成本为 $\frac{1}{2}c_s s^2$，其中 c_s 为促销成本系数。零售商的目标是确定最优销售价格和促销努力水平以实现利润最大化。面对不确定需求，λ_m 和 λ_r 分别为制造商和零售商的风险厌恶程度，且 $0 \leq \lambda_m$，$\lambda_r \leq 1$。

在现实中，提高销售价格会降低市场需求，而增加可持续技术和促销活动的投资会在一定程度上扩大市场需求。考虑到市场需求的随机性，我们用 D（p，s，e，ϵ）表示产品的市场需求，其中 ϵ 为一个随机因子。根据已有文献（Xu et al.，2014；Xiao and Xu，2014；Choi et al.，2019），这里将单个销售周期的随机市场需求表示为：

$$D(p,s,e,\epsilon) = d - \alpha p + \beta s + \gamma e + \epsilon \tag{8.1}$$

其中，d（>0）为产品的潜在市场规模，α（>0）为价格弹性系数，β（>0）和 γ（>0）衡量促销努力水平和可持续技术水平对市场需求的影响，ϵ 为市场需求的不确定性。

令 $\Pi_m(w,e)$ 和 $\Pi_r(p,s)$ 表示供应链中制造商和零售商的利润。在单个销售期内制造商的利润 $\Pi_m(w,e)$ 表示为：

$$\Pi_m(w,e) = (w-c)D(p,s,e,\epsilon) - c_t(e_0 - e)D(p,s,e,\epsilon) - \frac{1}{2}c_e e^2 \tag{8.2}$$

其中，第一项为制造商的销售总收入，第二项为制造商需要支付的碳排放税，第三项为可持续技术的投资额。

在单个销售期内零售商的利润 $\Pi_r(p,s)$ 表示为：

$$\Pi_r(p,s) = (p-w)D(p,s,e,\epsilon) - \frac{1}{2}c_s s^2 \tag{8.3}$$

其中，第一项为零售商的总销售收入，第二项为促销活动的投入额。

根据以上利润表达式，利用均值—方差法（Gan et al.，2004；Xue et al.，2016；Chiu et al.，2018）定义风险厌恶型制造商和风险厌恶型零售商的目标效用函数分别为：

$$
\begin{aligned}
U(\Pi_m) &= E(\Pi_m(w,e)) - \frac{1}{2}\lambda_m \mathrm{Var}(\Pi_m(w,e)) \\
&= [w - c - c_t(e_0 - e)](d - \alpha p + \beta s + \gamma e) - \frac{1}{2}c_e e^2 \\
&\quad - \frac{1}{2}\lambda_m \sigma^2 [w - c - c_t(e_0 - e)]^2
\end{aligned} \tag{8.4}
$$

$$
\begin{aligned}
U(\Pi_r) &= E(\Pi_r(p,s)) - \frac{1}{2}\lambda_r \mathrm{Var}(\Pi_r(p,s)) \\
&= (p-w)(d - \alpha p + \beta s + \gamma e) - \frac{1}{2}c_s s^2 - \frac{1}{2}\lambda_r \sigma^2 (p-w)^2
\end{aligned} \tag{8.5}
$$

令 J_m 表示期望碳排放量，则有：

$$J_m = (e_0 - e)(d - \alpha p + \beta s + \gamma e) \tag{8.6}$$

表 8.1 总结了本章使用的主要参数和符号。参考董慈蔚等（Dong C. et al.，2016）和徐健腾等（Xu J. et al.，2016）的方法，这里假设促销努力系数满足 $c_s > \dfrac{\beta^2}{2\alpha + \lambda_c \sigma^2} \underline{\triangle c_s}$ 以保证模型的可行性。这一假设在现实中也可以合理解释，即

进行产品促销活动需要付出较高的成本。同样，当制造商提高可持续技术水平时，也会产生较高的投资成本。因此，假设可持续技术投资系数满足 $c_e > \underline{c}_e$，其中 $\underline{c}_e = \max\left\{ \dfrac{c_s\,(\gamma+\alpha c_t)^2}{c_s(2\alpha+\lambda_c\,\sigma^2)-\beta^2}, \dfrac{c_s^2\,(\alpha+\lambda_r\,\sigma^2)^2\,(\gamma+\alpha c_t)^2}{\left[c_s(2\alpha+\lambda_r\,\sigma^2)-\beta^2\right]\left[A_0+c_s\alpha(\alpha+\lambda_r\,\sigma^2)\right]} \right\}$ 也是合理的。为了方便表述，本章使用上标 i 表示模型 i 对应的变量，其中 $i \in \{$ HD, HC, ND, NC, RS, TT $\}$。

表 8.1   主要参数和含义

参数符号	含义
c	单位生产成本
e_0	生产单位产品产生的初始碳排放量
c_t	单位碳排放的税费
c_e	可持续技术投资系数
c_s	促销成本系数
λ_r	零售商的风险规避系数
λ_m	制造商的风险规避系数
λ_c	集中式供应链的风险规避系数
d	产品的市场规模
α	需求的价格弹性系数
β	可持续技术需求弹性系数
γ	促销努力水平需求弹性系数
ϵ	需求的不确定性因素。不失一般性假设 $E(\epsilon)=0$，以及 $Var(\epsilon)=\sigma^2$
D	随机市场需求，是 $D(p,\ s,\ e,\ \epsilon)$ 的简写
决策变量	
p	单位产品的销售价格
w	单位产品的批发价格
e	可持续技术水平
s	促销努力水平
ϕ	零售商在收益共享（RS）契约中分享的收益比例，$0 \le \phi \le 1$
F	两部制（TT）契约中的一次性让利金额，$F>0$
目标函数	
$\Pi_m(w,\ e)$	制造商的利润
$\Pi_r(p,\ s)$	零售商的利润
$U(\Pi_m)$	制造商的均值－方差效用

参数符号	含义
$U(\Pi_r)$	零售商的均值 – 方差效用
$U(\Pi_c)$	集中式供应链的均值 – 方差效用
$U(\Pi_{m/rs})$	收益共享（RS）契约下制造商的均值 – 方差效用
$U(\Pi_{r/rs})$	收益共享（RS）契约下零售商的均值 – 方差效用
$U(\Pi_{m/tt})$	两部制（TT）契约下制造商的均值 – 方差效用
$U(\Pi_{r/tt})$	两部制（TT）契约下零售商的均值 – 方差效用
J_m	期望碳排放量
模型标号	
i	$i \in \{HD, HC, ND, NC, RS, TT\}$，其中 HD（ND）分别表示有（无）技术投资行为时制造商主导的分散式供应链，HC（NC）分别表示有（无）技术投资行为时的集中式供应链，RS 和 TT 分别表示收益共享契约和两部制契约下有技术投资行为的制造商主导的分散式供应链

8.2.2　制造商主导的分散式供应链

在分散式供应链中，我们用制造商主导的斯坦伯格博弈模型描述制造商具有渠道权力的供应链成员主从关系，并记该模型为 HD。此时的决策顺序如下：首先，制造商设定可持续技术投资水平和产品的批发价格。其次，零售商确定产品的销售价格和促销努力水平。以制造商和零售商的效用最大化为目标，利用逆向求解法可得以下结论。

定理 8.1　在模型 HD 中以下结论成立。

（1）当制造商的效用最大化时，最优批发价格 w^{HD} 和可持续技术投资水平 e^{HD} 存在且唯一，满足：

$$w^{HD} = c + c_t e_0 + \frac{(\alpha + \lambda_r \sigma^2) c_s}{B_0} [d - \alpha(c + c_t e_0)] \{[(2\alpha + \lambda_r \sigma^2) c_s - \beta^2]$$

$$c_e - c_t (\gamma + \alpha c_t)(\alpha + \lambda_r \sigma^2) c_s\} \tag{8.7}$$

$$e^{HD} = \frac{(\alpha + \lambda_r \sigma^2)^2 c_s^2}{B_0}(\gamma + \alpha c_t)[d - \alpha(c + c_t e_0)] \tag{8.8}$$

（2）当零售商的效用最大化时，最优销售价格和促销努力水平存在且唯一，满足：

$$p^{HD} = w^{HD} + \frac{c_e c_s A_0}{B_0}[d - \alpha(c + c_t e_0)] \tag{8.9}$$

$$s^{HD} = \frac{\beta c_e A_0}{B_0} [\, d - \alpha(c + c_t e_0)\,] \tag{8.10}$$

其中，$A_0 = \lambda_m \sigma^2 [\, c_s(2\alpha + \lambda_r \sigma^2) - \beta^2\,] + c_s \alpha(\alpha + \lambda_r \sigma^2)$，$B_0 = c_e [\, c_s(2\alpha + \lambda_r \sigma^2) - \beta^2\,][\, A_0 + c_s \alpha(\alpha + \lambda_r \sigma^2)\,] - c_s^2 (\alpha + \lambda_r \sigma^2)^2 (\gamma + \alpha c_t)^2$。

证明：根据逆向推导法，对任意给定的 w 和 e，对 U（Π_r）关于 p 和 s 求一阶导数可得 $\frac{\partial U(\Pi_r)}{\partial p} = d - \alpha p + \beta s + \gamma e - (\alpha + \lambda_r \sigma^2)(p - w)$，$\frac{\partial U(\Pi_r)}{\partial s} = \beta(p - w) - c_s s$，求二阶导数可得 $\frac{\partial^2 U(\Pi_r)}{\partial p^2} = -(2\alpha + \lambda_r \sigma^2) < 0$，$\frac{\partial^2 U(\Pi_r)}{\partial s^2} = -c_s < 0$，$\frac{\partial^2 U(\Pi_r)}{\partial p \partial s} = \beta$。利用 $c_s > \underline{c_s} = \frac{\beta^2}{2\alpha + \lambda_c \sigma^2} > \frac{\beta^2}{2\alpha + \lambda_r \sigma^2}$ 可得 $(2\alpha + \lambda_r \sigma^2) c_s > \beta^2$ 且 $\frac{\partial^2 U(\Pi_r)}{\partial p^2} \frac{\partial^2 U(\Pi_r)}{\partial s^2} - \left(\frac{\partial^2 U(\Pi_r)}{\partial p \partial s}\right)^2 = c_s(2\alpha + \lambda_r \sigma^2) - \beta^2 > 0$。这说明 U（$\Pi_r$）是 p 和 s 的联合凹函数。求解一阶导数等于零可得产品的销售价格和促销努力水平分别为：

$$p^{HD} = \frac{c_s(d + \gamma e) + [\, c_s(\alpha + \lambda_r \sigma^2) - \beta^2\,] w}{c_s(2\alpha + \lambda_r \sigma^2) - \beta^2} \tag{8.11}$$

$$s^{HD} = \frac{\beta(d - \alpha w + \gamma e)}{c_s(2\alpha + \lambda_r \sigma^2) - \beta^2} \tag{8.12}$$

将式（8.11）、式（8.12）代入制造商的效用函数并化简可得：

$$U(\Pi_m) = \frac{c_s(\alpha + \lambda_r \sigma^2)(d - \alpha w + \gamma e)[\, w - c - c_t(e_0 - e)\,]}{c_s(2\alpha + \lambda_r \sigma^2) - \beta^2}$$

$$- \frac{c_e e^2}{2} - \frac{\lambda_m \sigma^2}{2} [\, w - c - c_t(e_0 - e)\,]^2 \tag{8.13}$$

对 U（Π_m）关于 w 和 e 分别求一阶导数可得 $\frac{\partial U(\Pi_m)}{\partial w} = \frac{c_s(\alpha + \lambda_r \sigma^2)(d - \alpha w + \gamma e)}{c_s(2\alpha + \lambda_r \sigma^2) - \beta^2} - \left[\frac{c_s \alpha(\alpha + \lambda_r \sigma^2)}{c_s(2\alpha + \lambda_r \sigma^2) - \beta^2} + \lambda_m \sigma^2\right][\, w - c - c_t(e_0 - e)\,]$，

$\frac{\partial U(\Pi_m)}{\partial e} = \frac{c_t c_s(\alpha + \lambda_r \sigma^2)(d - \alpha w + \gamma e)}{c_s(2\alpha + \lambda_r \sigma^2) - \beta^2} + \left[\frac{c_s \gamma(\alpha + \lambda_r \sigma^2)}{c_s(2\alpha + \lambda_r \sigma^2) - \beta^2} - \lambda_m \sigma^2 c_t\right][\, w - c - c_t(e_0 - e)\,] - c_e e$，求二阶导数可得 $\frac{\partial^2 U(\Pi_m)}{\partial w^2} = \frac{-2 c_s \alpha(\alpha + \lambda_r \sigma^2)}{c_s(2\alpha + \lambda_r \sigma^2) - \beta^2} - \lambda_m \sigma^2 < 0$，

$\frac{\partial^2 U(\Pi_m)}{\partial e^2} = \frac{2 c_s c_t \gamma(\alpha + \lambda_r \sigma^2)}{c_s(2\alpha + \lambda_r \sigma^2) - \beta^2} - c_e - \lambda_m \sigma^2 c_t^2$，$\frac{\partial^2 U(\Pi_m)}{\partial w \partial e} = \frac{c_s \gamma(\alpha + \lambda_r \sigma^2)}{c_s(2\alpha + \lambda_r \sigma^2) - \beta^2} - c_t$

$\left[\dfrac{c_s\alpha(\alpha+\lambda_r\sigma^2)}{c_s(2\alpha+\lambda_r\sigma^2)-\beta^2}+\lambda_m\sigma^2\right]$。由于 $c_e > \underline{c}_e$ 可得 $B_0 > 0$、$\dfrac{\partial^2 U(\Pi_m)}{\partial e^2} < 0$ 和 $\dfrac{\partial^2 U(\Pi_m)}{\partial w^2}$

$\dfrac{\partial^2 U(\Pi_m)}{\partial e^2}-\left(\dfrac{\partial^2 U(\Pi_m)}{\partial w\partial e}\right)^2=\dfrac{B_0}{[c_s(2\alpha+\lambda_r\sigma^2)-\beta^2]^2} > 0$。这说明 $U(\Pi_m)$ 是 w 和 e

的联合凹函数。令一阶导数等于零并结合 A_0 和 B_0 的表达式对求解结果进行化简可得，最优批发价格和可持续技术水平分别为 $w^{HD} = c + c_t e_0 +$

$\dfrac{(\alpha+\lambda_r\sigma^2)c_s[d-\alpha(c+c_t e_0)]}{B_0}\{[(2\alpha+\lambda_r\sigma^2)c_s-\beta^2]c_e-c_t(\gamma+\alpha c_t)(\alpha+\lambda_r\sigma^2)$

$c_s\}$ 和 $e^{HD}=\dfrac{(\alpha+\lambda_r\sigma^2)^2 c_s^2(\gamma+\alpha c_t)[d-\alpha(c+c_t e_0)]}{B_0}$。将 w^{HD} 和 e^{HD} 的表达式代入

式（8.11）和式（8.12）可得 $p^{HD} = w^{HD} + \dfrac{c_e c_s A_0[d-\alpha(c+c_t e_0)]}{B_0}$，

$s^{HD}=\dfrac{\beta c_e A_0[d-\alpha(c+c_t e_0)]}{B_0}$。

定理 8.1 表明，在 HD 模型中存在唯一的最优均衡策略，使制造商和零售商效用最大化。通过比较式（8.8）和式（8.10）可以发现，较高的可持续技术投资水平会提高促销努力水平。这意味着当制造商（供应链的领导者）提高可持续技术投资水平时，零售商也愿意提高促销努力水平以增加市场份额。

定理 8.2　在 HD 模型中，制造商与零售商的最大效用和期望碳排放量分别为：

$$U^{HD}(\Pi_m) = \dfrac{c_e c_s^2(\alpha+\lambda_r\sigma^2)^2[d-\alpha(c+c_t e_0)]^2}{2B_0} \tag{8.14}$$

$$U^{HD}(\Pi_r) = \dfrac{c_s c_e^2 A_0^2[c_s(2\alpha+\lambda_r\sigma^2)-\beta^2][d-\alpha(c+c_t e_0)]^2}{2B_0^2} \tag{8.15}$$

和

$$J_m^{HD} = \dfrac{(e_0-e^{HD})(\alpha+\lambda_r\sigma^2)c_e c_s A_0[d-\alpha(c+c_t e_0)]}{B_0} \tag{8.16}$$

证明：根据定理 8.1 有 $d-\alpha p^{HD}+\beta s^{HD}+\gamma e^{HD}=\dfrac{c_e c_s(\alpha+\lambda_r\sigma^2)A_0[d-\alpha(c+c_t e_0)]}{B_0}$，

$w^{HD}-c-c_t(e_0-e^{HD})=\dfrac{c_e c_s(\alpha+\lambda_r\sigma^2)[c_s(2\alpha+\lambda_r\sigma^2)-\beta^2][d-\alpha(c+c_t e_0)]}{B_0}$ 和 $p^{HD}-$

$w^{HD}=\dfrac{c_e c_s A_0[d-\alpha(c+c_t e_0)]}{B_0}$。将上述三个等式代入式（8.4）～式（8.6），化简制造商和零售商的效用与碳排放量可知定理 8.2 结论成立。

定理8.2给出了在 HD 模型中当供应链达到斯坦伯格均衡时，制造商与零售商的最大效用和期望碳排放量的解析表达式。

在上述 HD 模型基础上，我们进一步考虑制造商不投资可持续技术的 ND 模型，以阐明可持续技术投资对供应链绩效的影响。按照与定理 8.1 和定理 8.2 类似的方法求解模型 ND，相应的计算结果见表 8.2。

表 8.2   不进行可持续技术投资时的计算结果

变量和函数	目标值
模型 ND	
w^{ND}	$c + c_t e_0 + \dfrac{c_s(\alpha + \lambda_r \sigma^2)[d - \alpha(c + c_t e_0)]}{A_0 + c_s \alpha(\alpha + \lambda_r \sigma^2)}$
p^{ND}	$w^{ND} + \dfrac{c_s A_0 [d - \alpha(c + c_t e_0)]}{[c_s(2\alpha + \lambda_r \sigma^2) - \beta^2][A_0 + c_s \alpha(\alpha + \lambda_r \sigma^2)]}$
s^{ND}	$\dfrac{\beta A_0 [d - \alpha(c + c_t e_0)]}{[c_s(2\alpha + \lambda_r \sigma^2) - \beta^2][A_0 + c_s \alpha(\alpha + \lambda_r \sigma^2)]}$
$U^{ND}(\Pi_m)$	$\dfrac{c_s^2(\alpha + \lambda_r \sigma^2)^2[d - \alpha(c + c_t e_0)]^2}{2[c_s(2\alpha + \lambda_r \sigma^2) - \beta^2][A_0 + c_s \alpha(\alpha + \lambda_r \sigma^2)]}$
$U^{ND}(\Pi_r)$	$\dfrac{c_s A_0^2 [d - \alpha(c + c_t e_0)]^2}{2[c_s(2\alpha + \lambda_r \sigma^2) - \beta^2][A_0 + c_s \alpha(\alpha + \lambda_r \sigma^2)]^2}$
J_m^{ND}	$\dfrac{e_0 c_s(\alpha + \lambda_r \sigma^2) A_0 [d - \alpha(c + c_t e_0)]}{[c_s(2\alpha + \lambda_r \sigma^2) - \beta^2][A_0 + c_s \alpha(\alpha + \lambda_r \sigma^2)]}$
模型 NC	
p^{NC}	$c + c_t e_0 + \dfrac{c_s[d - \alpha(c + c_t e_0)]}{c_s(2\alpha + \lambda_c \sigma^2) - \beta^2}$
s^{NC}	$\dfrac{\beta[d - \alpha(c + c_t e_0)]}{c_s(2\alpha + \lambda_c \sigma^2) - \beta^2}$
$U^{NC}(\Pi_c)$	$\dfrac{c_s[d - \alpha(c + c_t e_0)]^2}{2[c_s(2\alpha + \lambda_c \sigma^2) - \beta^2]}$
J_m^{NC}	$\dfrac{e_0 c_s(\alpha + \lambda_c \sigma^2)[d - \alpha(c + c_t e_0)]}{c_s(2\alpha + \lambda_c \sigma^2) - \beta^2}$

将定理8.1与表8.2进行比较，得到如下结果。

定理8.3   比较 HD 模型和 ND 模型，有下列结论成立：

（1）$\dfrac{s^{HD}}{s^{ND}} = \dfrac{c_e[c_s(2\alpha + \lambda_r \sigma^2) - \beta^2][A_0 + c_s \alpha(\alpha + \lambda_r \sigma^2)]}{B_0}$ 且 $0 < s^{ND} < s^{HD}$。

（2）对于给定的单位碳税 c_t，存在一个阈值 $c_t^{t_1}$，若 $c_t > c_t^{t_1}$ 则有 $w^{HD} < w^{ND}$；否则 $w^{HD} \geqslant w^{ND}$，其中 $c_t^{t_1} = \dfrac{c_s \gamma(\alpha + \lambda_r \sigma^2)}{A_0}$。

（3）对于给定的单位碳税 c_t，存在一个阈值 $c_t^{t_2}$，若 $c_s(\alpha + \lambda_r \sigma^2) \leqslant \beta^2$ 或 "c_s

$(\alpha + \lambda_r \sigma^2) > \beta^2$，$c_t \leqslant c_t^{t2}$"，则 $p^{HD} \geqslant p^{ND}$；否则，当 "$c_s(\alpha + \lambda_r \sigma^2) > \beta^2$ 且 $c_t > c_t^{t2}$" 时，有 $p^{HD} < p^{ND}$，其中 $c_t^{t2} = \dfrac{c_s \gamma \{ A_0 + (\alpha + \lambda_r \sigma^2)[c_s(2\alpha + \lambda_r \sigma^2) - \beta^2] \}}{A_0[c_s(\alpha + \lambda_r \sigma^2) - \beta^2]}$。

证明：（1）通过比较式（8.10）中的 s^{HD} 和表 8.2 中 s^{ND} 的表达式可以得到 $\dfrac{s^{HD}}{s^{ND}} = \dfrac{c_e[c_s(2\alpha + \lambda_r \sigma^2) - \beta^2][A_0 + c_s\alpha(\alpha + \lambda_r \sigma^2)]}{B_0}$。利用 $c_e[c_s(2\alpha + \lambda_r \sigma^2) - \beta^2][A_0 + c_s\alpha(\alpha + \lambda_r \sigma^2)] = B_0 + c_s^2(\alpha + \lambda_r \sigma^2)^2(\gamma + \alpha c_t)^2$ 可得 $0 < s^{ND} < s^{HD}$。

（2）根据式（8.7）和表 8.2，结合 s^{HD} 和 s^{ND} 的表达式，可将 w^{HD} 和 w^{ND} 改写为：

$$w^{HD} = c + c_t e_0 - c_t e^{HD} + \frac{c_s(\alpha + \lambda_r \sigma^2)[c_s(2\alpha + \lambda_r \sigma^2) - \beta^2]s^{HD}}{\beta A_0} \tag{8.17}$$

和

$$w^{ND} = c + c_t e_0 + \frac{c_s(\alpha + \lambda_r \sigma^2)[c_s(2\alpha + \lambda_r \sigma^2) - \beta^2]s^{ND}}{\beta A_0} \tag{8.18}$$

将式（8.17）、式（8.18）进行比较可得：

$$\begin{aligned}
w^{ND} - w^{HD} &= c_t e^{HD} - \frac{c_s^3(\alpha + \lambda_r \sigma^2)^3(\gamma + \alpha c_t)^2 s^{HD}}{\beta A_0 c_e[A_0 + c_s\alpha(\alpha + \lambda_r \sigma^2)]} \\
&= \frac{c_s^2(\alpha + \lambda_r \sigma^2)^2(\gamma + \alpha c_t)A_0(c_t - c_t^{t1})s^{HD}}{\beta A_0 c_e[A_0 + c_s\alpha(\alpha + \lambda_r \sigma^2)]}
\end{aligned} \tag{8.19}$$

最后一个等式成立是因为式（8.8）和 $c_t^{t1} = \dfrac{c_s \gamma (\alpha + \lambda_r \sigma^2)}{A_0}$ 成立。从式（8.19）可知，若 $c_t > c_t^{t1}$，则 $w^{HD} < w^{ND}$ 成立。否则 $w^{HD} \geqslant w^{ND}$ 成立。

（3）比较 p^{HD} 和 p^{ND} 的表达式，并利用式（8.9）和式（8.10）化简可得：

$$\begin{aligned}
p^{ND} - p^{HD} &= \frac{c_s^2(\alpha + \lambda_r \sigma^2)^2(\gamma + \alpha c_t)s^{HD}}{c_e \beta[A_0 + c_s\alpha(\alpha + \lambda_r \sigma^2)][c_s(2\alpha + \lambda_r \sigma^2) - \beta^2]} \\
&\quad \left\{ c_t[c_s(\alpha + \lambda_r \sigma^2) - \beta^2] - c_s\gamma - \frac{c_s\gamma(\alpha + \lambda_r \sigma^2)[(2\alpha + \lambda_r \sigma^2) - \beta^2]}{A_0} \right\}
\end{aligned} \tag{8.20}$$

由于 $c_s > \underline{c}_s$，因此有 $c_s > \dfrac{\beta^2}{2\alpha + \lambda_c \sigma^2} > \dfrac{\beta^2}{2\alpha + \lambda_r \sigma^2}$。从式（8.20）可知，若 $c_s(\alpha + \lambda_r \sigma^2) \leqslant \beta^2$ 则有 $p^{HD} \geqslant p^{ND}$。否则，$c_s(\alpha + \lambda_r \sigma^2) > \beta^2$，此时进一步化简式（8.20）可得 $p^{ND} - p^{HD} = \dfrac{c_s^2(c_t - c_t^{t2})(\alpha + \lambda_r \sigma^2)^2(\gamma + \alpha c_t)[c_s(\alpha + \lambda_r \sigma^2) - \beta^2]s^{HD}}{c_e \beta[A_0 + c_s\alpha(\alpha + \lambda_r \sigma^2)][c_s(2\alpha + \lambda_r \sigma^2) - \beta^2]}$。因此，当 $c_t \leqslant c_t^{t2}$ 时，有 $p^{HD} \geqslant p^{ND}$，否则 $p^{HD} < p^{ND}$。

定理 8.3 比较了制造商进行可持续技术投资和不进行可持续技术投资两种情形下的运营决策。定理结论（1）意味着当制造商作为供应链的领导者投资可持续技术以减少碳排放时，零售商也将加大促销投资。从定理结论（2）可以看出，当单位碳税高于阈值 c_t^{t1} 时，不进行技术投资的制造商设定的批发价格高于进行技术投资的制造商设定的批发价格。这主要是因为在不进行可持续技术投资的情况下，过多的碳排放会促使制造商通过提高批发价格来平衡碳税成本。从定理结论（3）可以发现，当促销成本系数高于 $\dfrac{\beta^2}{2\alpha + \lambda_r \sigma^2}$ 且单位碳税高于阈值 c_t^{t2} 时，零售商在制造商不进行技术投资时设定的销售价格高于制造商进行技术投资时设定的销售价格。最主要的原因是，当制造商不进行可持续技术投资时，由于较高的单位碳税价格导致的批发价格增加和相对较高的促销成本系数迫使零售商只能通过提高销售价格来平衡成本支出。综合定理结论（2）和定理结论（3）可得，单位碳税在制造商是否投资可持续技术情形下批发价格和销售价格的比较中起到重要作用。

由定理 8.2 和表 8.2 可得如下结果。

定理 8.4 比较 HD 模型和 ND 模型，下列结论成立：

（1）$U^{HD}(\Pi_m) > U^{ND}(\Pi_m)$，$U^{HD}(\Pi_r) > U^{ND}(\Pi_r)$。

（2）对于给定的可持续技术投资水平，存在一个阈值 e^{t1}，若 $e^{HD} > e^{t1}$，则有 $J_m^{HD} < J_m^{ND}$；否则 $J_m^{HD} \geq J_m^{ND}$，其中 $e^{t1} = \dfrac{e_0 c_s^2 (\alpha + \lambda_r \sigma^2)^2 (\gamma + \alpha c_t)^2}{c_e [c_s (2\alpha + \lambda_r \sigma^2) - \beta^2][A_0 + c_s \alpha (\alpha + \lambda_r \sigma^2)]}$。

证明：（1）比较式（8.14）和表 8.2 中的 $U^{HD}(\Pi_m)$ 和 $U^{ND}(\Pi_m)$ 可得：

$$U^{HD}(\Pi_m) - U^{ND}(\Pi_m) = \frac{c_s^4 (\alpha + \lambda_r \sigma^2)^4 (\gamma + \alpha c_t)^2 [d - \alpha(c + c_t e_0)]^2}{2B_0 [c_s (2\alpha + \lambda_r \sigma^2) - \beta^2][A_0 + c_s \alpha (\alpha + \lambda_r \sigma^2)]}$$

$$(8.21)$$

同样地，通过比较 $U^{HD}(\Pi_r)$ 和 $U^{ND}(\Pi_r)$ 可得：

$$U^{HD}(\Pi_r) - U^{ND}(\Pi_r)$$

$$= \frac{c_s^3 (\alpha + \lambda_r \sigma^2)^2 (\gamma + \alpha c_t)^2 A_0 [d - \alpha(c + c_t e_0)]^2 [2B_0 + c_s^2 (\alpha + \lambda_r \sigma^2)^2 (\gamma + \alpha c_t)^2]}{2B_0^2 [c_s (2\alpha + \lambda_r \sigma^2) - \beta^2][A_0 + c_s \alpha (\alpha + \lambda_r \sigma^2)]^2}$$

$$(8.22)$$

利用 $c_s > \underline{c}_s > \dfrac{\beta^2}{2\alpha + \lambda_r \sigma^2}$，式（8.21）和式（8.22）可化简为 $U^{HD}(\Pi_m) > U^{ND}(\Pi_m)$ 和 $U^{HD}(\Pi_r) > U^{ND}(\Pi_r)$。

（2）比较 J_m^{HD} 和 J_m^{ND} 可得 $J_m^{HD} - J_m^{ND} = \dfrac{c_e c_s (\alpha + \lambda_r \sigma^2)(e^{t_1} - e^{HD}) A_0 [d - \alpha(c + c_t e_0)]}{B_0}$。

显然，当 $e^{HD} > e^{t_1}$ 时 $J_m^{HD} < J_m^{ND}$ 成立，否则 $J_m^{HD} \geqslant J_m^{ND}$ 成立。

定理 8.4 比较了制造商进行和不进行可持续技术投资两种情形下，制造商和零售商的最大效用与期望碳排放量。该定理表明制造商和零售商都能从可持续技术投资中受益。定理结论（2）表明，当制造商的可持续技术投资相对较高时，例如高于阈值 e^{t_1} 时，产生的碳排放量比不进行可持续技术投资时产生的碳排放量少。由此定理可知，与不进行可持续技术投资相比，制造商进行可持续技术投资可以实现高利润、低排放的目标。章节 8.3 将分析风险规避对制造商进行可持续技术投资的分散式供应链协调的影响。

8.3　通过可持续技术投资协调制造商主导的供应链

为了获得制造商进行可持续技术投资时分散式供应链的协调条件，本节先考虑集中决策模型 HC，其中制造商和零售商作为一个团队共同决定可持续技术投资水平、促销努力水平以及销售价格，以使供应链的效用最大化。模型 HC 中供应链的效用可表示为：

$$U(\Pi_c) = [p - c - c_t(e_0 - e)](d - \alpha p + \beta s + \gamma e) - \frac{1}{2}c_s s^2 - \frac{1}{2}c_e e^2$$

$$- \frac{1}{2}\lambda_c \sigma^2 [p - c - c_t(e_0 - e)]^2 \tag{8.23}$$

求解式（8.23）可以得到以下结果。

定理 8.5　在模型 HC 中，以下结论成立。

（1）当供应链的效用最大化时，最优销售价格、促销努力水平和可持续技术投资水平分别为：

$$p^{HC} = c + c_t e_0 + \frac{c_s [c_e - c_t(\gamma + \alpha c_t)][d - \alpha(c + c_t e_0)]}{c_e [c_s(2\alpha + \lambda_c \sigma^2) - \beta^2] - c_s(\gamma + \alpha c_t)^2} \tag{8.24}$$

$$s^{HC} = \frac{c_e \beta [d - \alpha(c + c_t e_0)]}{c_e [c_s(2\alpha + \lambda_c \sigma^2) - \beta^2] - c_s(\gamma + \alpha c_t)^2} \tag{8.25}$$

$$e^{HC} = \frac{c_s(\gamma + \alpha c_t)[d - \alpha(c + c_t e_0)]}{c_e [c_s(2\alpha + \lambda_c \sigma^2) - \beta^2] - c_s(\gamma + \alpha c_t)^2} \tag{8.26}$$

（2）供应链的最大效用和期望碳排放量分别为：

$$U^{HC}(\Pi_c) = \frac{c_e c_s [d - \alpha(c + c_t e_0)]^2}{2c_e [c_s(2\alpha + \lambda_c \sigma^2) - \beta^2] - 2c_s(\gamma + \alpha c_t)^2} \tag{8.27}$$

$$J_m^{HC} = \frac{(e_0 - e^{HC})(\alpha + \lambda_c \sigma^2) c_e c_s [d - \alpha(c + c_t e_0)]}{c_e [c_s(2\alpha + \lambda_c \sigma^2) - \beta^2] - c_s(\gamma + \alpha c_t)^2} \tag{8.28}$$

证明：（1）令 $\nabla^2 U(\Pi_c)$ 表示 $U(\Pi_c)$ 的海森矩阵，则有 $\nabla^2 U(\Pi_c) =$

$$\begin{bmatrix} \dfrac{\partial^2 U(\Pi_c)}{\partial p^2} & \dfrac{\partial^2 U(\Pi_c)}{\partial p \partial s} & \dfrac{\partial^2 U(\Pi_c)}{\partial p \partial e} \\[2mm] \dfrac{\partial^2 U(\Pi_c)}{\partial s \partial p} & \dfrac{\partial^2 U(\Pi_c)}{\partial s^2} & \dfrac{\partial^2 U(\Pi_c)}{\partial s \partial e} \\[2mm] \dfrac{\partial^2 U(\Pi_c)}{\partial e \partial p} & \dfrac{\partial^2 U(\Pi_c)}{\partial e \partial s} & \dfrac{\partial^2 U(\Pi_c)}{\partial e^2} \end{bmatrix}$$，其中 $\dfrac{\partial^2 U(\Pi_c)}{\partial p^2} = -(2\alpha + \lambda_c \sigma^2)$，$\dfrac{\partial^2 U(\Pi_c)}{\partial s^2} =$

$-c_s$，$\dfrac{\partial^2 U(\Pi_c)}{\partial e^2} = 2\gamma c_t - c_e - \lambda_c \sigma^2 c_t^2$，$\dfrac{\partial^2 U(\Pi_c)}{\partial p \partial s} = \beta$，$\dfrac{\partial^2 U(\Pi_c)}{\partial p \partial e} = \gamma - c_t(\alpha + \lambda_c \sigma^2)$，

$\dfrac{\partial^2 U(\Pi_c)}{\partial s \partial e} = \beta c_t$。利用 $c_e > \underline{c_e}$ 可得 $c_e [c_s(2\alpha + \lambda_c \sigma^2) - \beta^2] > c_s(\gamma + \alpha c_t)^2$，进而可

得 $c_e > \dfrac{c_s(\gamma + \alpha c_t)^2}{c_s(2\alpha + \lambda_c \sigma^2) - \beta^2} > \dfrac{(\gamma + \alpha c_t)^2}{2\alpha + \lambda_c \sigma^2} > c_t(2\gamma - \lambda_c \sigma^2 c_t)$ 和 $\dfrac{\partial^2 U(\Pi_c)}{\partial e^2} < 0$。因此，

$\dfrac{\partial^2 U(\Pi_c)}{\partial p^2} \dfrac{\partial^2 U(\Pi_c)}{\partial s^2} - \left(\dfrac{\partial^2 U(\Pi_c)}{\partial p \partial s}\right)^2 = c_s(2\alpha + \lambda_c \sigma^2) - \beta^2 > 0$ 成立，且 $|\nabla^2 U(\Pi_c)| =$

$c_s(\gamma + \alpha c_t)^2 - c_e [c_s(2\alpha + \lambda_c \sigma^2) - \beta^2] < 0$ 成立。这说明 $U(\Pi_c)$ 是 p、s 和 e 的联合凹函数。

求 $U(\Pi_c)$ 的一阶导数并令其等于零可得 $\dfrac{\partial U(\Pi_c)}{\partial p} = d - \alpha p + \beta s + \gamma e - (\alpha + \lambda_c \sigma^2)$

$[p - c - c_t(e_0 - e)] = 0$，$\dfrac{\partial U(\Pi_c)}{\partial s} = \beta [p - c - c_t(e_0 - e)] - c_s s = 0$，$\dfrac{\partial U(\Pi_c)}{\partial e} = c_t(d - \alpha p + \beta s + \gamma e) + (\gamma - \lambda_c \sigma^2 c_t)[p - c - c_t(e_0 - e)] - c_e e = 0$。通过求解方程可得最优决策变量 p^{HC}、s^{HC} 和 e^{HC} 的表达式。

（2）将 p^{HC}、s^{HC} 和 e^{HC} 的表达式代入 $U(\Pi_c)$ 和 J_m，并利用等式 $d - \alpha p^{HC} +$

$\beta s^{HC} + \gamma e^{HC} = \dfrac{c_e c_s(\alpha + \lambda_c \sigma^2)[d - \alpha(c + c_t e_0)]}{c_e [c_s(2\alpha + \lambda_c \sigma^2) - \beta^2] - c_s(\gamma + \alpha c_t)^2}$ 和 $p^{HC} - c - c_t(e_0 - e^{HC}) =$

$\dfrac{c_e c_s [d - \alpha(c + c_t e_0)]}{c_e [c_s(2\alpha + \lambda_c \sigma^2) - \beta^2] - c_s(\gamma + \alpha c_t)^2}$ 进行化简可得 $U^{HC}(\Pi_c) =$

$$\frac{c_e c_s \left[d - \alpha(c + c_t e_0)\right]^2}{2c_e \left[c_s(2\alpha + \lambda_c \sigma^2) - \beta^2\right] - 2c_s(\gamma + \alpha c_t)^2} \text{和} J_m^{HC} = \frac{(e_0 - e^{HC})(\alpha + \lambda_c \sigma^2)c_e c_s \left[d - \alpha(c + c_t e_0)\right]}{c_e \left[c_s(2\alpha + \lambda_c \sigma^2) - \beta^2\right] - c_s(\gamma + \alpha c_t)^2}。$$

定理 8.5 表明存在唯一的最优销售价格、可持续技术投资水平和促销努力水平，使集中式模型 HC 下供应链的效用最大化。其中关于决策变量、效用以及相应碳排放的解析表达式可以用来推导供应链的协调条件。

同样地，我们求解了制造商不进行可持续技术投资的 NC 模型，其中制造商和零售商作为一个整体共同确定促销努力水平和销售价格，以使供应链的效用最大化。相应的计算结果见表 8.2。将 HC 模型与 NC 模型进行比较，由定理 8.5 和表 8.2 可以得出如下结论。

定理 8.6　比较 HC 和 NC 模型，如下结论成立：

（1）$\dfrac{s^{NC}}{s^{HC}} = \dfrac{c_e \left[c_s(2\alpha + \lambda_c \sigma^2) - \beta^2\right] - c_s(\gamma + \alpha c_t)^2}{c_e \left[c_s(2\alpha + \lambda_c \sigma^2) - \beta^2\right]}$ 且 $0 < s^{NC} < s^{HC}$。

（2）存在一个阈值 c_t^{t3}，如果 $c_s(\alpha + \lambda_c \sigma^2) \leqslant \beta^2$ 或 "$c_s(\alpha + \lambda_c \sigma^2) > \beta^2, c_t \leqslant c_t^{t3}$"，则有 $p^{HC} \geqslant p^{NC}$ 成立；否则，即 $c_s(\alpha + \lambda_c \sigma^2) > \beta^2$ 且 $c_t > c_t^{t3}$ 时，有 $p^{HC} < p^{NC}$ 成立，其中 $c_t^{t3} = \dfrac{c_s \gamma}{c_s(\alpha + \lambda_r \sigma^2) - \beta^2}$。

（3）$U^{HC}(\Pi_c) > U^{NC}(\Pi_c)$。

（4）存在一个阈值 e^{t2}，如果 $e^{HC} > e^{t2}$，那么 $J_m^{HC} < J_m^{NC}$；否则 $J_m^{HC} \geqslant J_m^{NC}$，其中

$$e^{t2} = \frac{e_0 c_s(\gamma + \alpha c_t)^2}{c_e \left[c_s(2\alpha + \lambda_c \sigma^2) - \beta^2\right]}。$$

证明：（1）比较式（8.25）和表 8.2 中的 s^{NC} 和 s^{HC} 可得 $\dfrac{s^{NC}}{s^{HC}} = \dfrac{c_e \left[c_s(2\alpha + \lambda_c \sigma^2) - \beta^2\right] - c_s(\gamma + \alpha c_t)^2}{c_e \left[c_s(2\alpha + \lambda_c \sigma^2) - \beta^2\right]}$。利用 $c_s > \underline{c_s} = \dfrac{\beta^2}{2\alpha + \lambda_c \sigma^2}$ 和 $c_e > \underline{c_e} \geqslant \dfrac{c_s(\gamma + \alpha c_t)^2}{c_s(2\alpha + \lambda_c \sigma^2) - \beta^2}$ 可得 $0 < s^{NC} < s^{HC}$。

（2）比较 p^{HC} 和 p^{NC} 可得 $p^{HC} - p^{NC} = \dfrac{\left\{c_s(\gamma + \alpha c_t)(c_t^3 - c_t)\left[c_s(\alpha + \lambda_c \sigma^2) - \beta^2\right]\left[d - \alpha(c + c_e e_0)\right]\right\}}{\left[c_s(2\alpha + \lambda_c \sigma^2) - \beta^2\right]}$。当 $c_s(\alpha + \lambda_c \sigma^2) \leqslant \beta^2$ 时，有 $(c_t^3 - c_t)\left[c_s(\alpha + \lambda_c \sigma^2) - \beta^2\right] \geqslant 0$ 和 $p^{HC} \geqslant p^{NC}$ 成立。当 $c_s(\alpha + \lambda_c \sigma^2) > \beta^2$ 时，若 $c_t^3 \geqslant c_t$ 则 $p^{HC} \geqslant p^{NC}$；否则，$p^{HC} < p^{NC}$ 成立。

（3）比较 $U^{HC}(\Pi_c)$ 和 $U^{NC}(\Pi_c)$ 可得 $\dfrac{U^{HC}(\Pi_c)}{U^{NC}(\Pi_c)} = \dfrac{c_e \left[c_s(2\alpha + \lambda_c \sigma^2) - \beta^2\right]}{c_e \left[c_s(2\alpha + \lambda_c \sigma^2) - \beta^2\right] - c_s(\gamma + \alpha c_t)^2}$，

因此有 $U^{HC}(\Pi_c) > U^{NC}(\Pi_c)$ 成立。

（4）比较 J_m^{HC} 和 J_m^{NC} 可得 $J_m^{HC} - J_m^{NC} = \dfrac{c_e c_s (\alpha + \lambda_c \sigma^2)(e^{t2} - e^{HC})[d - \alpha(c + c_t e_0)]}{c_e[c_s(2\alpha + \lambda_c \sigma^2) - \beta^2] - c_s(\gamma + \alpha c_t)^2}$。

利用 $c_s > \underline{c}_s = \dfrac{\beta^2}{2\alpha + \lambda_c \sigma^2} \geqslant \dfrac{c_s(\gamma + \alpha c_t)^2}{c_s(2\alpha + \lambda_c \sigma^2) - \beta^2}$ 可得，当 $e^{t2} < e^{HC}$ 时 $J_m^{HC} < J_m^{NC}$；否则，$J_m^{HC} \geqslant J_m^{NC}$。

定理8.6比较了进行与不进行可持续技术投资情形下两种集中式供应链的运营决策、效用和期望碳排放量。将定理8.3、定理8.4与定理8.6进行比较可以发现，两种集中式供应链之间的比较与分散式供应链之间的比较是一致的。例如，当制造商投资可持续技术时，零售商也会相应提高促销努力水平；在进行/不进行可持续技术投资的集中式情形下，单位碳税在销售价格的比较中起到了重要作用。此外，对可持续技术的投资可以使集中式供应链实现高利润和低排放。这些结论也激发我们进一步研究制造商主导技术投资的供应链协调策略。

在提出两种供应链契约之前，我们引入甘湘华等（Gan X. et al.，2004）的以下研究结果。

引理8.1 对于风险规避的 N 级供应链，当帕累托最优解集非空时，成员的收益和为 $E(\sum_{i=1}^N \Pi_i) - \dfrac{1}{\sum_i \frac{1}{\lambda_i}} Var(\sum_{i=1}^N \Pi_i)$，其中 Π_i 和 λ_i 分别是成员 i 的利润函数和风险规避系数。

引理8.1给出了当供应链达到帕累托最优时系统效用函数的表达式。由该引理可以得到集中式供应链的风险规避系数，它是所有供应链成员风险规避系数的函数。

下面先使用收益共享（RS）契约来协调制造商进行可持续技术投资的分散式供应链。在收益共享契约中，制造商设定一个较低的批发价格，以鼓励零售商进行合作。在制造商提供的激励条件下，作为追随者的零售商愿意执行与集中式系统相同的运营决策，并将总销售收入的 $1 - \phi$（$0 < \phi < 1$）分享给制造商。收益共享契约下零售商和制造商的效用分别表示为：

$$U(\Pi_{rrs}) = (\phi p - w)(d - \alpha p + \beta s + \gamma e) - \frac{1}{2}c_s s^2 - \frac{1}{2}\lambda_r \sigma^2 (\phi p - w)^2 \quad (8.29)$$

$$U(\Pi_{m/rs}) = [(1 - \phi)p + w - c - c_t(e_0 - e)](d - \alpha p + \beta s + \gamma e) - \frac{1}{2}c_e e^2$$

$$-\frac{1}{2}\lambda_m \sigma^2 [(1 - \phi)p + w - c - c_t(e_0 - e)]^2 \quad (8.30)$$

求解式（8.29）得到以下结果。

定理 8.7　对于制造商主导的风险厌恶型供应链，当制造商对可持续技术进行投资时，收益共享契约不能完美协调供应链。

证明：对 U（$\Pi_{r/rs}$）关于 p 和 s 求一阶导数并令其等于零可得 $\dfrac{\partial U(\Pi_{r/rs})}{\partial p} = \phi(d -$

$\alpha p + \beta s + \gamma e) - (\alpha + \lambda_r \sigma^2)(\phi p - w) = 0$ 和 $\dfrac{\partial U(\Pi_{r/rs})}{\partial s} = \beta(\phi p - w) - c_s s = 0$。因此有 $p^{RS} =$

$\dfrac{\phi c_s(d + \gamma e^{RS}) + w^{RS}[c_s(\alpha + \lambda_r \sigma^2 \phi) - \beta^2 \phi]}{\phi[c_s(2\alpha + \lambda_r \sigma^2 \phi) - \beta^2 \phi]}$ 和 $s^{RS} = \dfrac{\beta[\phi(d + \gamma e^{RS}) - \alpha w^{RS}]}{c_s(2\alpha + \lambda_r \sigma^2 \phi) - \beta^2 \phi}$。收益共享契

约能完美协调分散式供应链，当且仅当制造商和零售商的运营决策与集中式供应链的运营决策相同，即 $p^{RS} = p^{HC}$，$s^{RS} = s^{HC}$ 且 $e^{RS} = e^{HC}$ 时。比较 p^{RS}、s^{RS}、p^{HC}、s^{HC} 的表

达式可得 $e^{RS} = \dfrac{c_s[d - \alpha(c + c_t e_0)]}{\phi \gamma} \cdot \dfrac{c_e[\alpha + \lambda_r \sigma^2 \phi - \phi(\alpha + \lambda_c \sigma^2)] + \phi \gamma(\gamma + \alpha c_t)}{c_e[c_s(2\alpha + \lambda_r \sigma^2) - \beta^2] - c_s(\gamma + \alpha c_t)^2}$ 和

$w^{RS} = \phi(c + c_t e_0) - \dfrac{c_s[c_e(1 - \phi) + \phi c_t(\gamma + \alpha c_t)][d - \alpha(c + c_t e_0)]}{c_e[c_s(2\alpha + \lambda_c \sigma^2) - \beta^2] - c_s(\gamma + \alpha c_t)^2}$。比较 e^{RS} 和

e^{HC}，利用 $0 < \phi < 1$ 和 $\lambda_c = \dfrac{\lambda_r \lambda_m}{\lambda_r + \lambda_m}$ 可以发现，$e^{RS} > e^{HC}$。这意味着收益共享契约无法完美协调制造商进行技术投资的分散式供应链。

已有的供应链协调相关文献（Gan et al.，2004；Xu et al.，2014）证明了当在销售价格影响随机市场需求时，收益共享契约能完美协调风险厌恶型供应链。然而，由定理 8.7 可以看出，当制造商和零售商的行为同时影响市场需求，即随机市场需求同时受到可持续技术投资水平、促销努力水平和销售价格影响时，收益共享契约不能完美协调风险厌恶型两级低碳供应链。

在两部制（TT）契约下，制造商先确定单位批发价格以鼓励零售商接受该契约，然后零售商向制造商一次性支付 F 作为回报。零售商和制造商在两部制契约下的效用分别为：

$$U(\Pi_{r/tt}) = (p - w)(d - \alpha p + \beta s + \gamma e) - \frac{1}{2}c_s s^2 - \frac{1}{2}\lambda_r \sigma^2(p - w)^2 - F \quad (8.31)$$

$$U(\Pi_{m/tt}) = [w - c - c_t(e_0 - e)](d - \alpha p + \beta s + \gamma e) - \frac{1}{2}c_e e^2$$

$$- \frac{1}{2}\lambda_m \sigma^2[w - c - c_t(e_0 - e)]^2 + F \quad (8.32)$$

求解式（8.31）得到以下结果。

定理 8.8　对于制造商主导的风险厌恶型供应链，当制造商对可持续技术进

行投资时，两部制契约只在 $\lambda_r = 0$，$w^{TT} \geq 0$ 时能够协调供应链，其中 $w^{TT} = c + c_t e_0 - \dfrac{c_s c_t (\gamma + \alpha c_t) [d - \alpha (c + c_t e_0)]}{c_e [c_s (2\alpha + \lambda_c \sigma^2) - \beta^2] - c_s (\gamma + \alpha c_t)^2}$。

证明：对 $U(\Pi_{r/tt})$ 关于 p 和 s 求一阶导数可得 $\dfrac{\partial U(\Pi_{r/tt})}{\partial p} = d - \alpha p + \beta s + \gamma e - (\alpha + \lambda_r \sigma^2)(p - w)$ 和 $\dfrac{\partial U(\Pi_{r/tt})}{\partial s} = \beta(p - w) - c_s s$。令一阶导数等于零可得两部制契约下的最优销售价格和促销努力水平分别为 $p^{TT} = \dfrac{c_s (d + \gamma e^{TT}) + w^{TT} [c_s (\alpha + \lambda_r \sigma^2) - \beta^2]}{c_s (2\alpha + \lambda_r \sigma^2) - \beta^2}$ 和 $s^{TT} = \dfrac{\beta (d - \alpha w^{TT} + \gamma e^{TT})}{c_s (2\alpha + \lambda_r \sigma^2) - \beta^2}$。分散式供应链可以通过两部制契约得到完美协调，当且仅当制造商和零售商在该契约下的运营决策与集中式供应链的运营决策相同，即 $p^{TT} = p^{HC}$，$s^{TT} = s^{HC}$ 时。代入它们的表达式可得 $e^{TT} = \dfrac{c_s [c_e (\lambda_r - \lambda_c) \sigma^2 + \gamma(\gamma + \alpha c_t)] [d - \alpha(c + c_t e_0)]}{\gamma \{ c_e [c_s (2\alpha + \lambda_r \sigma^2) - \beta^2] - c_s (\gamma + \alpha c_t)^2 \}}$ 和 $w^{TT} = c + c_t e_0 - \dfrac{c_s c_t (\gamma + \alpha c_t) [d - \alpha (c + c_t e_0)]}{c_e [c_s (2\alpha + \lambda_c \sigma^2) - \beta^2] - c_s (\gamma + \alpha c_t)^2}$。将 e^{TT} 与 e^{HC} 进行比较可以发现，当且仅当 $\lambda_r = \lambda_c$ 时有 $e^{TT} = e^{HC}$ 成立。根据引理 8.1，$\lambda_c = \dfrac{\lambda_r \lambda_m}{\lambda_r + \lambda_m}$，当且仅当 $\lambda_r = 0$ 时 $\lambda_r = \lambda_c$ 成立。结论得证。

定理 8.8 表明只有在零售商是风险中性时，在两部制契约下供应链成员才愿意执行与集中式供应链一致的销售价格、可持续技术投资水平和促销努力水平。两部制契约下供应链成员经营决策的可行性通过批发价格非负得到保证。此时，两部制契约可以完美协调制造商进行可持续技术投资的分散式供应链。

由定理 8.8 还可以进一步得到以下结果。

定理 8.9 在两部制契约下，以下结论成立：

（1）当 $\lambda_r = 0$ 时，存在可行区间 $[\underline{F}, \overline{F}]$ 使制造商和零售商均愿意接受两部制契约，其中 $\underline{F} = \dfrac{c_s^2 (\gamma + \alpha c_t)^2 (s^{HC})^2}{2\beta^2 c_e} + \dfrac{c_s^2 (\alpha + \lambda_r \sigma^2) B_0 (s^{HD})^2}{2\beta^2 c_e A_0^2}$，$\overline{F} = \dfrac{c_s (2\alpha c_s - \beta^2) [(s^{HC})^2 - (s^{HD})^2]}{2\beta^2}$。

（2）当 $\lambda_r = 0$ 时，有 $U^{TT}(\Pi_{m/tt}) + U^{TT}(\Pi_{r/tt}) = U^{HC}(\Pi_c)$ 以及 $J_m^{TT} = J_m^{HC}$ 成立。

（3）当 $\lambda_r > 0$ 时，两部制契约无法完美协调制造商进行可持续技术投资的分散式供应链。

证明：（1）当 $\lambda_r = 0$ 时，将 $p^{TT} = p^{HC}$、$s^{TT} = s^{HC}$、$e^{TT} = e^{HC}$ 以及 w^{TT} 带入制造商和零售商的效用函数可得：

$$U^{TT}(\Pi_{m/tt}) = -\frac{c_s^2 (\gamma + \alpha c_t)^2 (s^{HC})^2}{2 \beta^2 c_e} + F \tag{8.33}$$

和

$$U^{TT}(\Pi_{r/tt}) = \frac{c_s (2\alpha c_s - \beta^2)(s^{HC})^2}{2 \beta^2} - F \tag{8.34}$$

结合 s^{HC} 和 $U^{HC}(\Pi_c)$ 的表达式可得 $U^{TT}(\Pi_{m/tt}) + U^{TT}(\Pi_{r/tt}) = U^{HC}(\Pi_c)$。由于只有当制造商和零售商在两部制契约下的利润不低于分散式系统的利润时，制造商和零售商才愿意接受两部制契约，即 $U^{TT}(\Pi_{m/tt}) \geqslant U^{HD}(\Pi_m)$，$U^{TT}(\Pi_{r/tt}) \geqslant U^{HD}(\Pi_r)$。求解这两个不等式可得 F 的取值范围 $[\underline{F}, \overline{F}]$。

根据上述证明，结合定理 8.8 可以证明（2）和（3）成立。

定理 8.9 表明，零售商的风险规避程度对两部制契约的协调效果起到重要作用。定理结论（1）给出了风险厌恶型制造商和风险中性型零售商愿意接受两部制契约时，参数 F 的可行域。从定理结论（2）可以发现，两部制契约下供应链的碳排放量与集中式情形下供应链的碳排放量相同。这一发现表明，当零售商是风险中性型时，两部制契约可以实现供应链的完美协调。定理结论（3）表明，如果作为跟随者的零售商是风险厌恶型的，则两部制契约无法完美协调供应链。

8.4　数值分析

本节通过数值研究来说明上述理论结果，并进一步分析一些关键参数对供应链协调的影响。

8.4.1　数值算例及计算结果

数值分析基于以下参数值：$d = 800$，$\alpha = 1$，$\beta = 0.6$，$\gamma = 0.8$，$c = 6$，$e_0 = 150$，$c_t = 2.5$，$\lambda_r = 0.8$，$\lambda_m = 0.5$，$\sigma = 1.96$，$c_s = 30$，以及 $c_e = 40$。

利用这些数据对 HD、HC、ND 和 NC 模型进行求解，计算结果总结在表 8.3 中。根据引理 8.1，在这个例子中集中式系统的风险规避系数为 $\lambda_c = 0.31$。

表 8.3 不同模型的计算结果

模型	w	e	s	p	零售商效用	制造商效用	供应链效用	期望碳排放量
HD	484.86	8.27	1.67	568.19	17 572	26 008	43 580	48 107
HC	—	14.78	3.58	523.16	—	—	46 477	52 847
ND	499.31	—	1.58	578.48	15 861	24 709	40 570	48 371
NC	—	—	3.27	544.72	—	—	42 486	53 587

通过观察表 8.3 的计算结果，我们得到以下结论。

（1）HD 模型的销售价格高于 HC 模型的销售价格，而 HD 模型的可持续技术投资水平和促销努力水平、供应链效用和期望碳排放量均低于 HC 模型。这一结果表明，当制造商和零售商各自独立决策时，制造商倾向于投资较低水平的可持续技术，而零售商倾向于设定较高的销售价格和较低的促销努力水平。这些发现与 ND 模型和 NC 模型运营决策的比较结果一致。比较 HD（ND）模型与 HC（NC）模型的供应链效用和期望碳排放量可以发现，制造商和零售商合作会使效用增加 6.65%（4.72%），碳排放量增加 9.85%（10.78%）。

（2）HD 模型的批发价格、销售价格以及碳排放量都低于 ND 模型，而前者的促销努力水平以及制造商和零售商的效用都高于后者。在比较 HC 模型和 NC 模型时也会出现类似的现象。这些结果意味着当制造商进行可持续技术投资时，在分散决策下，制造商会制定较低的批发价格；而无论制造商是否与零售商合作，零售商都会制定较高的促销努力水平和较低的销售价格。比较 HD 模型和 ND 模型中制造商、零售商和系统的效用可以发现制造商进行可持续技术投资会使三者的效用分别增加 5.26%、10.79% 和 7.42%。另外，比较 HD 模型和 ND 模型的碳排放量可以发现，制造商进行可持续技术投资会使碳排放量减少 0.55%。此外，通过比较 HC 模型与 NC 模型的效用和碳排放量，我们发现当制造商进行可持续技术投资时，供应链的效用增加 9.39%，碳排放量减少 1.38%。综上所述，我们得出结论，制造商进行可持续技术投资对制造商、零售商和环境可持续性都是有利的。

8.4.2 关键参数对供应链的影响

为了研究风险态度和需求不确定性对不同情形（HD、HC、ND 和 NC）下供应链运营决策的影响，本部分在上述算例基础上改变 λ_r、λ_m 和 σ 的值，计算结果见图 8.1 ~ 图 8.6。

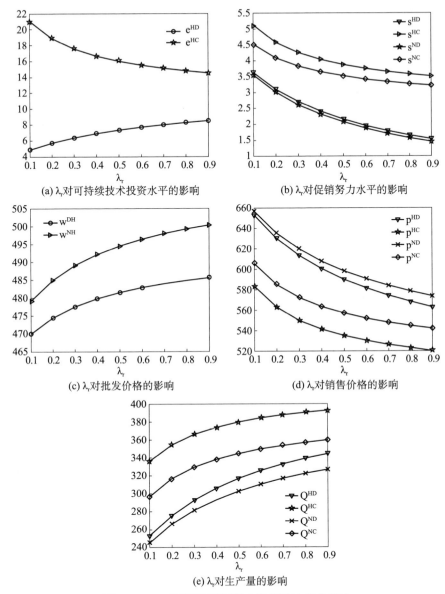

(a) λ_r对可持续技术投资水平的影响

(b) λ_r对促销努力水平的影响

(c) λ_r对批发价格的影响

(d) λ_r对销售价格的影响

(e) λ_r对生产量的影响

图 8.1　λ_r 对不同情形下供应链运营决策的影响

由图 8.1～图 8.4 可以看出，λ_r 和 λ_m 对 HD 模型和 ND 模型的影响如下。

（1）在 HD 模型中，当零售商的风险规避系数 λ_r 增加，促销努力水平、销售价格和零售商的效用减少，而可持续技术投资水平、批发价格、生产量、制造商效用和期望碳排放量增加。较高的 λ_r 会导致零售商减少促销活动，以较低的销售价格维持市场份额。作为领导者的制造商必须在可持续技术上投入更多以降低单

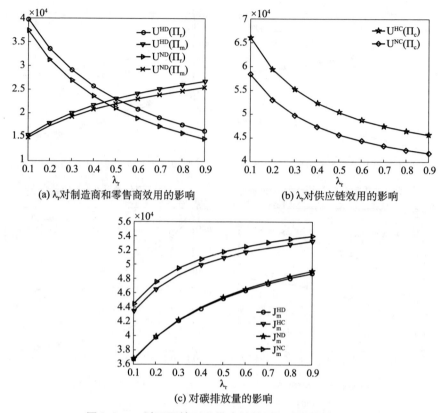

(a) λ_r对制造商和零售商效用的影响　　　(b) λ_r对供应链效用的影响

(c) 对碳排放量的影响

图8.2　λ_r 对不同情形下供应链效用和碳排放的影响

位产品的碳排放来吸引顾客，最终增加产品需求。为此，制造商不得不提高批发价格以平衡可持续技术投资成本。销售价格的降低以及批发价格、风险规避系数和市场需求的增加会降低零售商的效用，而制造商的效用会因批发价格和市场需求的增加而增加。虽然投资更高的可持续技术水平会减少单位产品的碳排放量，但在这个算例中，因为市场需求和生产数量的增加使制造商的碳排放量也增加。

（2）在 ND 模型中，当零售商的风险规避系数λ_r增加时，零售商的促销努力水平、销售价格和效用都降低，而制造商的批发价格、生产量、效用和期望碳排放量都增加了。这表明λ_r对 ND 模型与 HD 模型的经营决策、制造商和零售商的效用、期望碳排放量的影响是一致的。比较 ND 模型和 HD 模型的效用与碳排放量，我们观察到每个成员的效用在 HD 模型中的值高于在 ND 模型中的值，期望碳排放量在 HD 模型中的值低于在 ND 模型中的值。这一发现说明在分散式系统中制造商和零售商的经济效益与相应的环境绩效可以通过投资可持续技术得到改善。另外，λ_r的增大对 ND 模型中制造商效用的影响要小于 HD 模型，而对零售

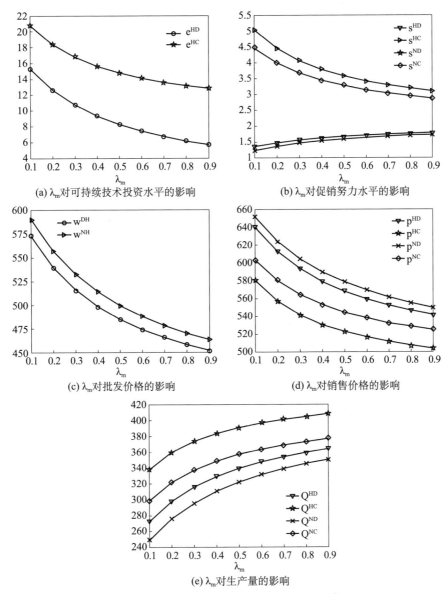

图 8.3　λ_m 对不同情形下供应链运营决策的影响

商和期望碳排放量的影响正相反。例如，当 λ_r 从 0.3 增加到 0.5 时，ND 模型中
零售商的效用减少了 21.79%，制造商的效用和期望碳排放量分别增加了
14.56% 和 7.57%。HD 模型中零售商的效用减少了 20.86%，制造商的效用和碳
排放量分别增加了 15.24% 和 7.57%。

（3）在 HD 模型中，当制造商的风险规避系数 λ_m 增加时，可持续技术投资水

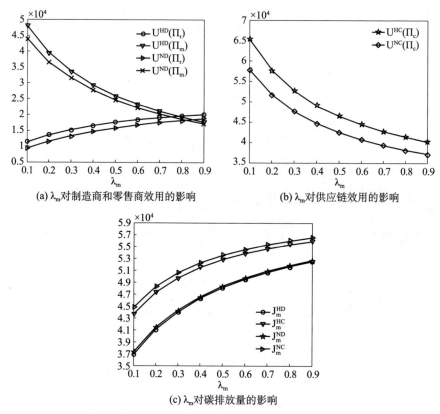

(a) λ_m对制造商和零售商效用的影响   (b) λ_m对供应链效用的影响

(c) λ_m对碳排放量的影响

图8.4 λ_m对不同情形下供应链效用和碳排放的影响

平、批发价格、销售价格和制造商的效用均减少，而促销努力水平、生产量、零售商的效用和碳排放量均增加。较高的λ_m使制造商采取保守的决策，包括选择较低水平的可持续技术，降低产品的批发价格，从而减少技术投资额、增加零售商的定购量。随着单位产品碳排放量的增加，零售商会进行更多的促销活动，通过降低销售价格增加产品需求，最终导致零售商的效用增加。市场需求和制造商风险规避系数的增加以及批发价格的下降足以降低制造商的效用。此外，可持续技术投入的减少和生产量的增加会使制造商产生更多的碳排放。

（4）在 ND 模型中，当制造商的风险厌恶系数λ_m增加时，批发价格、销售价格和制造商的效用降低，而促销努力水平、生产量、零售商的效用和碳排放量均增加。与λ_r对 HD 模型和 ND 模型影响的比较结果相似，这一观察结果说明λ_m对 ND 模型的影响与对 HD 模型的影响是一致的。此外，λ_m的增加对 ND 模型中零售商效用的影响大于 HD 模型，而对制造商效用与碳排放量的影响则相反。例如，在 ND 模型中，当λ_m从 0.3 增加到 0.5 时，制造商的效用减少了 21.76%，

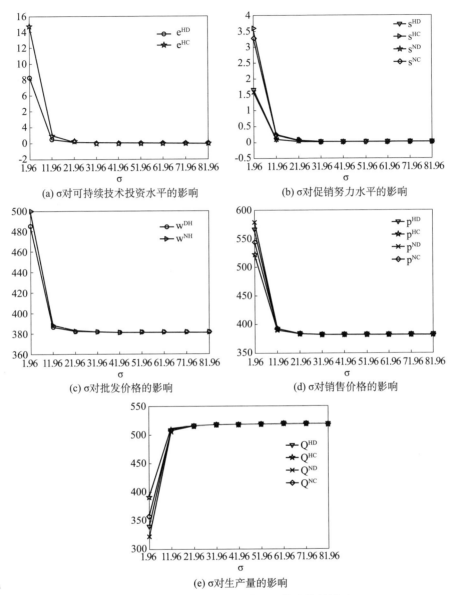

(a) σ对可持续技术投资水平的影响

(b) σ对促销努力水平的影响

(c) σ对批发价格的影响

(d) σ对销售价格的影响

(e) σ对生产量的影响

图8.5　σ 对不同情形下供应链运营决策的影响

零售商的效用和碳排放量分别增加了 18.70% 和 8.95%。在 HD 模型中，制造商的效用减少了 22.91%，零售商的效用和碳排放量分别增加了 15.25% 和 9.25%。

λ_r 和λ_m对 HC 模型与 NC 模型的影响总结如下。

（1）在 HC 模型中，当零售商的风险规避系数λ_r增加时，促销努力水平、可持续技术投资水平、销售价格和供应链效用降低，而生产量和碳排放量增加。由

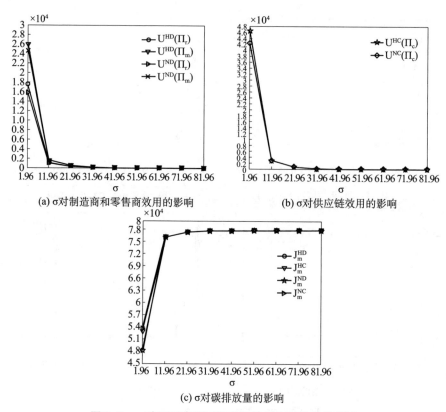

(a) σ对制造商和零售商效用的影响

(b) σ对供应链效用的影响

(c) σ对碳排放量的影响

图8.6 σ对不同情形下供应链效用和碳排放的影响

于制造商和零售商作为一个整体共同作出决策，λ_r的增加导致供应链减少在可持续技术和促销努力上的投资以削减成本，并以较低的销售价格吸引顾客。虽然促销努力水平和可持续技术投资水平的下降会减少市场需求，但销售价格的下降足以引起市场需求的增加。在这种情况下，在较低可持续技术水平上的投资和市场需求的增加会使制造商产生更多碳排放。销售价格的降低也降低了供应链的效用。此外，HC模型中可持续技术投资水平和促销努力水平的提升总是比HD模型高，而HC模型中的销售价格却比HD模型低。这一发现意味着当供应链成员愿意共同决策时，制造商会增加对可持续技术的投资，而作为跟随者的零售商会减少促销活动，并以较低的价格销售产品。

（2）在HC模型中，当制造商的风险规避系数λ_m减小时，供应链的可持续技术投资水平、促销努力水平、销售价格和效用均下降，而生产量和碳排放量增加。这说明λ_m对HC模型的影响与λ_r对HC模型的影响是一致的。此外，HC模型的效用和碳排放量对于λ_m的敏感性比对λ_r的敏感性高。例如，当$\lambda_m(\lambda_r)$从

0.2 增加到 0.4 时，HC 模型的系统效用下降了 14.96%（11.87%），碳排放量增加了 8.86%（7.29%）。

（3）在 NC 模型中，当风险规避系数 λ_m 和 λ_r 增加时，促销努力水平、销售价格和系统效用降低，而生产量和碳排放量增加。上述观测结果表明，λ_m 和 λ_r 对 NC 模型的影响与对 HC 模型的影响是一致的。然而，λ_m 和 λ_r 增加时，HC 模型的供应链效用总是高于 NC 模型的效用，而对碳排放量来说则相反。这一结果表明，对可持续技术的投资可以改善集中式系统的经济和环境可持续性。此外，NC 模型中供应链的效用和碳排放量对于 λ_m 的敏感性比对于 λ_r 的敏感性高。例如，当 λ_m（λ_r）从 0.2 增加到 0.4 时，NC 模型的系统效用减少了 13.60%（10.73%），碳排放量增加了 8.32%（6.84%）。

（4）在 HD 模型和 ND 模型中，当零售商（制造商）的风险规避系数 λ_r（λ_m）增大时，零售商（制造商）的效用减少，而制造商（零售商）的效用和碳排放量增加。在 HC 模型和 NC 模型中，当 λ_m 和 λ_r 增加时，供应链的效用减少，碳排放量增加。

从图 8.5 和图 8.6 中可以发现 σ 对 HD、ND、HC 和 NC 模型的影响。

（1）在 HD 模型和 ND 模型中，当需求不确定性因子的标准差 σ 增大时，批发价格、销售价格、可持续技术投资水平、促销努力水平、制造商和零售商的效用均下降，而生产量和碳排放量增加。此外，如果 σ 相对较小，例如小于 11.96，σ 的变化会导致这些经营决策、效用和碳排放量发生显著变化。否则，它只会导致微小的变化。这意味着在需求不确定性因子标准差 σ 相对较小时，供应链系统对标准差变化高度敏感。σ 值越高，需求不确定性程度越高。此时，风险规避促使制造商降低批发价格、减少技术投资，而作为系统跟随者的零售商则降低销售价格和促销努力水平，以降低需求不确定性带来的风险。销售价格的下降足以增加该产品的需求或产量。由于需求不确定性因子标准差 σ 的增大和批发价格及销售价格的降低，制造商和零售商的效用均降低。生产量的增加和可持续技术水平的降低也导致了碳排放量的增加。此外，当制造商对可持续技术进行投资时，制造商和零售商的效用均增加，制造商的碳排放量相应减少。

（2）在 HC 模型或 NC 模型中，当需求的不确定性因子标准差 σ 增加时，销售价格、促销努力水平、可持续技术投资水平以及供应链的效用都降低，而生产量和碳排放量增加。这一观察表明，无论制造商是否投资可持续技术，σ 对集中系统和分散系统的运营决策、供应链效用和碳排放量有相似的影响。当 σ 较大时，如大于 11.96，HC 模型与 NC 模型的效用和碳排放量的差异不大。

利用上述数值算例，我们进一步研究关键参数 λ_m、e_0 和 c_t 对两部制契约下 HD 模型协调效果的影响。将契约参数设置为 $F=35000$，在保持其他参数不变的情况下每次更改一个关键参数值，参数变化幅度分别为 $+30\%$、$+15\%$、-15% 和 -30%，计算结果见表 8.4。

表 8.4　　　　 $F=35\,000$ 时两部制契约下 λ_m、e_0 和 c_t 对供应链协调的影响

参数	取值	w^{TT}	e^{TT}	s^{TT}	p^{TT}	$U^{TT}(\Pi_r)$	$U^{TT}(\Pi_m)$	$U^{TT}(\Pi_r)+U^{TT}(\Pi_m)$	J_m^{TT}	$\underline{F}$	$\overline{F}$
λ_m	0.65	318.61	24.96	6.05	621.10	55 952	22 544	78 497	37 825	22 379	39 251
	0.575	318.61	24.96	6.05	621.10	55952	22 544	78 497	37 825	23 287	40 612
	0.5	318.61	24.96	6.05	621.10	55 952	22 544	78 497	37 825	24 379	42 224
	0.425	318.61	24.96	6.05	621.10	55 952	22 544	78 497	37 825	25 716	44 161
	0.35	318.61	24.96	6.05	621.10	55 952	22 544	78 497	37 825	27 391	46 533
c_t	3.25	408.73	26.08	5.15	666.34	30 967	21 393	52 360	31 923	21 012	35 331
	2.875	363.19	25.76	5.61	643.58	43 149	21 727	64 876	34 836	22 807	38 958
	2.5	318.61	24.96	6.05	621.10	55 952	22 544	78 496	37 825	24 379	42 224
	2.125	274.37	23.72	6.45	598.61	69 505	23 756	93 261	40 949	25 817	45 256
	1.75	229.91	22.05	6.92	575.85	83 960	25 272	109 232	44 262	27 211	48 198
e_0	195	444.64	19.55	4.74	681.56	20 796	27 359	48 155	41 569	14 956	25 903
	172.5	381.63	22.25	5.40	651.33	37 305	25 098	62 403	40 523	19 381	33 567
	150	318.61	24.96	6.05	621.10	55 952	22 544	78 496	37 825	24 379	42 224
	127.5	255.60	27.66	6.71	590.88	76 736	19 698	96 434	33 474	29 950	51 873
	105	192.59	30.37	7.36	560.65	99 656	16 559	116 215	27 470	36 094	62 513

从表 8.4 可以得到以下结果。

（1）在两部制契约下，当单位碳税 c_t 提高时，批发价格、销售价格和可持续技术投资水平均有所提高，而促销努力水平、制造商和零售商的效用、期望碳排放量都有所降低。c_t 的增加促使制造商投资更高水平的可持续技术以减少单位碳排放，并通过提高批发价格来平衡技术投资成本。另外，两部制契约鼓励零售商减少促销活动，以较高的价格销售产品，降低了市场需求。在这种情形下，由于市场需求的减少、单位碳税和技术投资额的增加，使制造商的效用减少、期望碳排放量增加。批发价格的上升和市场需求的下降最终导致零售商效用降低。

（2）在两部制契约下，当制造商风险规避系数 λ_m 增大时，批发价格、可持续技术投资水平和促销努力水平、制造商和零售商的效用、期望碳排放量均保持不变。当采用两部制契约协调供应链时，增加或减少 λ_m 并不会改变零售商的经营

决策，因为零售商是风险中性的。作为领导者，制造商必须保持其经营决策不变，这样才能激励风险中性的零售商进行合作。此时，制造商与零售商的效用和期望碳排放量均保持不变。特别地，随着λ_m的增加，制造商和零售商可接受两部制契约的参数取值范围缩小。

（3）在两部制契约下，当单位产品的初始碳排放量e_0增加时，批发价格、销售价格、制造商的效用和期望碳排放量都增加，而可持续技术投资水平和促销努力水平下降，零售商的效用下降。e_0的增加促使制造商投资较低水平的可持续技术，促使零售商减少促销活动并以较低的价格销售产品，降低市场需求。制造商也通过提高批发价格来获得更多的收益。由于技术投入的减少和批发价格的提高，制造商的效用最终会增加。市场需求的下降和批发价格的上升会降低零售商的效用。此外，零售商和制造商的效用对e_0比对c_t和λ_m更敏感。例如，当原始值e_0和c_t都增加15%时，零售商（制造商）的效用分别变化 −33.33%（ +11.33% ）和 −22.88%（ −3.62% ），而λ_m变化时零售商和制造商的效用保持不变。

8.5　小　结

市场需求的不确定性给低碳供应链管理带来严峻的挑战。本章考虑碳税政策下单一制造商和单一零售商组成的风险厌恶型供应链，其中制造商的产品生产过程是碳排放的主要来源，受到碳税政策的约束。本章考虑随机需求受到可持续技术投资水平、促销努力水平、销售价格和不确定性因子的影响，采用均值 − 方差准则建立和比较了制造商进行与不进行可持续技术投资时的分散式供应链优化模型。进一步建立进行技术投资的集中式供应链优化模型推导供应链的协调条件。最后，提出了制造商进行技术投资时收益共享契约和两部制契约协调供应链的条件。此外，通过数值分析研究在碳税政策下风险规避对技术投资决策和供应链协调的影响。

通过理论和数值分析得到以下结论：（1）在分散式供应链中，如果风险厌恶型制造商投资可持续技术，则风险厌恶型零售商和制造商的经济绩效与系统的环境绩效都能得到改善。（2）当风险厌恶型制造商和零售商相互合作时，无论制造商是否对可持续技术进行投资，供应链的效用和期望碳排放量都会增加。（3）当风险厌恶型制造商进行可持续技术投资时，只有零售商风险中性型时两部制契约才能有效协调供应链，而收益共享契约无法协调供应链。此外，当两部制契约产生双赢结果时，制造商风险规避系数的改变对期望碳排放量或供应链效用没有影响。上述观察结果可以为决策者改善供应链绩效提供运营决策的理论指导。从政府的角度来看，政府应该制定明确的碳减排目标，使碳税政策更具先进性。从供应链的角度来看，在碳税政策下，作为领导者的制造商对可持续技术进行投资以提高供应链绩效是一个明智的决策。零售商应该对需求不确定性带来的潜在风险保持积极的态度，并与制造商合作实现供应链完美协调。

　　以上结论是利用均值—方差准则在信息对称的假设下得到的，在未来的研究中可以运用均值—方差方法对信息不对称的供应链进行风险分析。另外，本章分析了风险规避对正向供应链运营管理的影响，还可以研究不同碳排放政策下风险规避对闭环供应链运营管理的影响。此外，考虑其他碳政策下经营多种产品的风险厌恶型供应链，并与碳税政策的研究结果进行比较也是一个不错的研究方向。

第9章 碳交易政策下考虑产品可替代性的
供应链投资与协调策略

9.1 引 言

随着全球日益激烈的市场竞争和经济稳定重要性的凸显，企业社会责任（CSR）已成为现代企业运营管理的一个重要方面。一般来说，企业社会责任是企业自我调控的一种形式，被定义为企业对股东以外的广大利益相关者的义务（Letizia and Hendrikse，2016）。越来越多的公司在企业社会责任活动上进行投资，以提高企业发展的可持续性。治理与问责研究所（Governance & Accountability，G&A）的研究小组报告显示，在2017年85%的公司在S&P500（股市指数）发布了可持续发展或企业责任报告，而在2011年只有不到20%的企业报告了其可持续发展和企业社会责任。例如，沃尔玛已经投资了许多CSR活动来增强其经济、环境和社会发展的可持续性，包括"零浪费"的目标，帮助员工在零售业发展，减少包装，提高存储和运输车队的能源效率，并采取措施使其供应链更加绿色环保。该公司2019年的CSR报告显示，截至上一财年末，沃尔玛已成功将其在全球78%的垃圾从垃圾填埋场转移出去。[1] 另外，随着人们对环境可持续发展的持续关注，越来越多的国家和地区组织实施了碳排放交易计划（又称碳配额与交易政策、碳交易政策）。欧盟排放交易体系（EU ETS）是欧盟应对气候变化政策的基石，也是基于成本效益降低温室气体排放的关键工具。在碳配额与交易政策下，企业从政府机构获得排放配额，当企业产生的碳排放量低于（或高于）配额时，剩余（或短缺）的碳排放许可可以通过碳市场出售（或购买）。[2] 此外，大量实证和研究表明，消费者更倾向于具有企业社会责任属性的环境友好型产品（Auger et al.，2003；Liu et al.，2012；Bolton and Mattila，2015）。

减少碳排放的努力为零售商主导的供应链管理带来了许多挑战，因为这些供应链中的产品生产阶段是碳排放的主要来源。例如，苹果公司2017年发布的一

---

[1] 相关信息自官网查询得到。
[2] ICAP，Emissions trading worldwide：Status report 2018，Berlin：ICAP，2018.

份关于 iPhone X 的环境报告显示，在一部手机的生命周期中会产生 79 公斤的二氧化碳排放，而这些排放中大约 89% 是在生产阶段产生的。[①] 特别是在经济全球化趋势下，跨国公司的制造商和供应商大多位于低成本国家，如发展中国家，它们远离这些跨国公司的祖国。这些制造商和供应商被称为国外供应商（Skowronski and Benton，2018）。在政府监管的压力下，为了确保市场份额，承担企业社会责任的零售商要求其供应商控制制造阶段产生的温室气体排放，以提高其供应链系统的环境可持续性。如上所述，沃尔玛是第一家制定基于科学碳减排目标的商店，其目标是到 2030 年将供应链碳排放控制在 10 亿吨。为了实现这一目标，沃尔玛启动了"千亿吨计划"，要求供应商为其产品提供碳排放标签。2017 年，沃尔玛的供应商减少了 2 000 万吨以上的温室气体排放。[②] 然而，地理距离和文化差异往往使零售商难以监督国外供应商的生产活动。此外，随着客户对产品多样化需求的不断增长，许多制造商不得不生产多种产品以满足客户的不同需求（Xu et al.，2017）。例如，在 2019 年 5 月，苹果公司发布了新的 13 英寸 MacBook Pro，其中 1. 4GHz 四核处理器 128GB 和 256GB 两款配置的售价分别为 1 699 美元和 1 949 美元。这两款 13 英寸 MacBook pro 配置机型可以被认为是电子消费市场的替代产品。可替代产品的价格竞争也使零售商主导的 CSR 供应链管理难度增加。

近年来，许多学者针对不同类型的企业社会责任供应链提出了协调模型（Letizia and Hendrikse，2016；Hsueh，2014；Panda and Modak，2016；Panda et al.，2017）。但是，这些研究没有考虑政府行为或减排对系统协调的影响。另外，研究碳减排约束下供应链管理的文献越来越多（Bonney and Jaber，2011；Gurtu et al.，2015；Bouchery et al.，2017；Ma et al.，2018；Marchi et al.，2019）。杨磊等（Yang L. et al.，2017）和柏庆国等（Bai Q. et al.，2018）考虑了碳配额与交易政策下经营两种产品的供应商 - 零售商供应链。这两篇文献在研究中均假设供应商主导系统，没有考虑企业社会责任活动的投资，无法解释零售商（如沃尔玛）主导的供应链运营决策问题。因此，在碳配额与交易政策下，零售商主导的 CSR 供应链面临以下关键问题。首先，当零售商要求制造商控制生产过程产生的碳排放时，制造商将如何应对呢？其次，当以零售商为主导的CSR 供应链中涉及两种可替代产品时，控制碳排放对系统成员的运营策略有什么影响呢？最后，如果对进行企业社会责任投资，零售商主导的 CSR 供应链能否

---

① Environmeantl responsibility report at apple，Https：//www. apple. com/environment/reports/.

② 相关信息自沃尔玛官网查询得到（https：//www. walmart. cn/sustainability – 21）。

通过契约提高经济和环境的可持续性呢？

在上述实践挑战的驱动下，本章考虑碳配额与交易政策下，单一制造商和单一零售商组成的 CSR 供应链。制造商生产两种可替代产品，占主导地位的零售商通过投资消费者环境教育和提高门店的能源效率来践行 CSR 活动。在这个供应链系统中，制造商的生产是碳排放的主要来源。我们首先建立并比较两种分散式模型，一种是制造商进行减排技术投资，另一种是制造商不进行减排技术投资。其次构建一个具有减排技术投资的集中式模型，并将其与相应的分散式模型进行比较，进一步提出收益—成本分担（RC）契约协调进行减排技术投资的分散式模型。最后进行数值分析，获得管理启示。

9.2　问题描述和符号设定

考虑由单一制造商和单一零售商组成的供应链，其中零售商拥有渠道权力。制造商采用按订单生产（MTO）策略生产两种可替代产品给零售商，其中产品 i（$i=1,2$）的单位生产成本和批发价格分别为 c_i 和 w_i。产品 i 在制造阶段的单位碳排放量为 e_i。制造商受到碳配额与交易政策的规制，被分配的碳排放配额为 e，碳排放许可的单位交易价格为 c_p。下游零售商通过差异定价的方式销售这两种产品，其中产品 i 的销售价格为 p_i。为了提高企业的声誉和社会责任，占主导地位的零售商通过投资消费者环境教育和提高门店的能源效率来开展企业社会责任活动（以下简称 CSR 投资）。根据马鹏等（Ma P. et al.，2017）、柏庆国等（Bai Q. et al.，2017）和莫达克等（Modak et al.，2019）的研究，假设零售商的 CSR 水平和投资成本分别为 θ 和 $\frac{1}{2}\eta_1\theta^2$，其中 η_1 为零售商的 CSR 投资系数。

作为供应链主导者，零售商要求上游制造商控制这两种产品的碳排放量，并在包装上标注实际碳排放量。为了满足零售商的要求，制造商投资减排技术，减排水平为 e，产品 i 在制造阶段的单位碳排放量降低为 e_i-e，减排投资成本为 $\frac{1}{2}\eta_2e^2$，其中 η_2 为减排成本参数。不失一般性，假设 $0\leqslant e<\min\{e_1,e_2\}$ 以保证模型的可行性，其中 $e=0$ 为产品的碳排放量无法减少，即制造商没有对减排技术进行投资。最后一个不等式成立是因为现实中的碳排放量无法通过减排技术完全消除。零售商通过决定两种产品的最优 CSR 水平和销售价格实现利润最大化，制造商则通过决定两种产品的最优减排技术水平和批发价格实现利润最大化。

奥杰尔等（Auger et al.，2003）、博尔顿和马蒂拉（Bolton and Mattila，2015）、刘祖刚等（Liu Z. et al.，2012）验证了增强企业社会责任和减少产品碳排放对增加市场需求都有积极作用。因此，对于上述问题，我们将两种可替换产品的需求函数表示为：

$$d_i = a_i - p_i + \alpha p_{3-i} + \beta\theta + \gamma e, i = 1,2 \tag{9.1}$$

其中 $a_i(>0)$ 为产品 i 的基本市场规模，$\alpha(0<\alpha<1)$ 为交叉价格敏感参数，$\beta(>0)$ 和 $\gamma(>0)$ 分别为 CSR 水平和减排技术水平对两种产品需求的影响。需要注意的是，需求的加法形式因为有助于得到直观的管理启示在市场营销和经济学文献中被广泛采用（Lus and Muriel，2009；Xu et al.，2017）。

零售商和制造商的利润函数 $\Pi_r(p_1, p_2, \theta)$、$\Pi_m(p_1, p_2, \theta)$ 以及碳排放量 $J(e)$ 表示如下：

$$\Pi_r(p_1, p_2, \theta) = \sum_{i=1}^{2} (p_i - w_i)d_i - \frac{1}{2}\eta_1\theta^2 \tag{9.2}$$

$$\Pi_m(w_1, w_2, e) = \sum_{i=1}^{2} (w_i - c_i)d_i - \frac{1}{2}\eta_2 e^2 + c_p[E - J(e)] \tag{9.3}$$

$$J(e) = \sum_{i=1}^{2} (e_i - e)d_i \tag{9.4}$$

表9.1描述了本章建模时所使用的主要符号和参数。在以下部分中用上标"C""NT""HT"和"RC"分别代表集中式系统、不进行减排投资的分散式系统、进行减排投资的分散式系统和收益—成本分担（RC）契约下供应链系统对应的最优值。

表9.1　　模型参数、决策变量和目标函数的符号设定

参数符号	含义
a_i	产品 i 的基础市场规模，i=1, 2
c_i	产品 i 的单位生产成本，i=1, 2
e_i	减排投资前产品 i 的单位碳排放量，i=1, 2
c_p	碳排放许可的单位交易价格
E	碳排放配额
α	需求函数中交叉价格敏感参数，$0<\alpha<1$
β	需求的 CSR 弹性系数，$\beta>0$
γ	需求函数中的减排技术弹性参数，$\gamma>0$
η_1	零售商的 CSR 投资系数，$\eta_1>0$
η_2	制造商的减排技术投资系数，$\eta_2>0$

参数符号	含义
决策变量	
d_i	产品 i 的需求函数，i = 1，2
p_i	产品 i 的单位销售价格，i = 1，2
w_i	制造商设定的产品 i 的单位批发价格，i = 1，2
θ	零售商的 CSR 水平
e	制造商的减排技术水平
ρ	RC 契约的契约参数，$0 < \rho < 1$
目标函数	
$\Pi_r(p_1, p_2, \theta)$	在分散式供应链中零售商的总利润
$\Pi_{r/rc}(p_1, p_2, \theta)$	RC 契约下零售商的总利润
$\Pi_m(w_1, w_2)$	无减排技术的分散式供应链中制造商的总利润
$\Pi_m(w_1, w_2, e)$	有减排技术的分散式供应链中制造商的总利润
$\Pi_{m/rc}(w_1, w_2, e)$	RC 契约和减排技术条件下制造商的总利润
$\Pi_c(p_1, p_2, \theta, e)$	有减排技术的集中式供应链总利润
$J(e)$	制造商产品生产过程中产生的碳排放总量

为了保证被分析模型的可行性，假设 $\eta_2 [(1 - \alpha)\eta_1 - \beta^2] > \eta_1 [\gamma + c_p(1 - \alpha)]^2$。该假设与现实中提高企业社会责任或减排水平需要进行大量投资的事实相符。进行类似假设的文献还有莫达克等（Modak et al.，2019），倪得兵等（Ni D. et al.，2010），杨惠霄和陈文博（Yang H. and Chen W.，2018）的相关著作。

9.3 零售商主导的分散式决策模型

考虑到零售商在供应链中具有渠道权力，本节利用零售商主导的斯坦伯格博弈描述系统中两个成员的关系，构建基于减排技术投资的分散式决策模型。决策顺序描述如下：首先，零售商决定两种可替代产品的销售价格和 CSR 水平，使其利润最大化。其次，制造商确定批发价格和减排技术水平来优化自己的利润。此外，如果制造商不投资减排技术，可以构建没有减排技术投资的分散式供应链模型。

我们先求解有/无减排技术投资两种分散式决策模型的最优运营策略。通过比较，解释制造商进行减排技术投资的原因。对于进行减排技术投资的分散式决策模型，求解式（9.2）和式（9.3）得到以下结果。

定理9.1 对于进行减排技术投资的分散式决策模型，有以下结果成立。

（1）存在最优的 w_1^{HT}、w_2^{HT} 和 e^{HT} 使利润 $\Pi_m(w_1, w_2, e)$ 最大，相关表达式为：

$$w_1^{HT} = \frac{[\gamma + c_p(1-\alpha)]\eta_1[a_1 + \alpha a_2 + 3(1-\alpha^2)(c_1 + c_p e_1)] + (1+\alpha)\{\beta^2 \eta_2 + 2\eta_1[\gamma^2 - c_p^2(1-\alpha)^2]\}e^{HT}}{4(1-\alpha^2)\eta_1[\gamma + c_p(1-\alpha)]}$$

(9.5)

$$w_2^{HT} = \frac{[\gamma + c_p(1-\alpha)]\eta_1[\alpha a_1 + a_2 + 3(1-\alpha^2)(c_2 + c_p e_2)] + (1+\alpha)\{\beta^2 \eta_2 + 2\eta_1[\gamma^2 - c_p^2(1-\alpha)^2]\}e^{HT}}{4(1-\alpha^2)\eta_1[\gamma + c_p(1-\alpha)]}$$

(9.6)

$$e^{HT} = \frac{[\gamma + c_p(1-\alpha)]\eta_1\{a_1 + a_2 - (1-\alpha)[c_1 + c_2 + c_p(e_1 + e_2)]\}}{4\eta_1\{(1-\alpha)\eta_2 - [\gamma + c_p(1-\alpha)]^2\} - 2\beta^2\eta_2}$$

(9.7)

（2）存在最优的 p_1^{HT}、p_2^{HT} 和 θ^{HT} 使利润 $\Pi_r(p_1, p_2, \theta)$ 最大，相关表达式为：

$$p_1^{HT} = \frac{\beta\eta_2[3a_1 + 3\alpha a_2 + (1-\alpha^2)(c_1 + c_p e_1)] + (1+\alpha)\{3\beta^2\eta_2 + 2\eta_1[\gamma^2 - c_p^2(1-\alpha)^2]\}\theta^{HT}}{4\beta(1-\alpha^2)\eta_2}$$

(9.8)

$$p_2^{HT} = \frac{\beta\eta_2[3\alpha a_1 + 3a_2 + (1-\alpha^2)(c_2 + c_p e_2)] + (1+\alpha)\{3\beta^2\eta_2 + 2\eta_1[\gamma^2 - c_p^2(1-\alpha)^2]\}\theta^{HT}}{4\beta(1-\alpha^2)\eta_2}$$

(9.9)

$$\theta^{HT} = \frac{\beta\eta_2\{a_1 + a_2 - (1-\alpha)[c_1 + c_2 + c_p(e_1 + e_2)]\}}{4\eta_1\{(1-\alpha)\eta_2 - [\gamma + c_p(1-\alpha)]^2\} - 2\beta^2\eta_2}$$

(9.10)

证明：根据斯坦伯格博弈，先求解制造商的最优策略，然后求解零售商的均衡策略。令 $p_i = w_i + \delta_i$，$\delta_i \geqslant 0$，$i = 1, 2$。将式（9.1）代入式（9.3）可得

$$\Pi_m(w_1, w_2, e) = \sum_{i=1}^{2}[w_i - c_i - c_p(e_i - e)][a_i - (w_i + \delta_i) + \alpha(w_{3-i} + \delta_{3-i}) + \beta\theta +$$

$\gamma e] - \frac{1}{2}\eta_2 e^2 + c_p E$。对任意 θ 和 δ_i，$i = 1, 2$，一阶偏导数 $\dfrac{\partial\Pi_m(w_1, w_2, e)}{\partial w_i}$ 和

$\dfrac{\partial\Pi_m(w_1, w_2, e)}{\partial e}$ 可以化简为：

$$\frac{\partial\Pi_m(w_1, w_2, e)}{\partial w_i} = a_i - (w_i + \delta_i) + \alpha(w_{3-i} + \delta_{3-i}) + \beta\theta + \gamma e$$

$$- [w_i - c_i - c_p(e_i - e)] + \alpha[w_{3-i} - c_{3-i} - c_p(e_{3-i} - e)], i = 1, 2$$

(9.11)

$$\frac{\partial \Pi_m(w_1, w_2, e)}{\partial e} = \sum_{i=1}^{2} \gamma [w_i - c_i - c_p(e_i - e)]$$

$$+ \sum_{i=1}^{2} c_p [a_i - (w_i + \delta_i) + \alpha(w_{3-i} + \delta_{3-i}) + \beta\theta + \gamma e] - \eta_2 e \tag{9.12}$$

对 $\Pi_m(w_1, w_2, e)$ 关于 w_i 和 e 求二阶导数可得 $\dfrac{\partial^2 \Pi_m(w_1, w_2, e)}{\partial w_i^2} =$

$\dfrac{\partial^2 \Pi_m(w_1, w_2, e)}{\partial w_{3-i}^2} = -2, \dfrac{\partial^2 \Pi_m(w_1, w_2, e)}{\partial w_i \partial w_{3-i}} = 2\alpha, \dfrac{\partial^2 \Pi_m(w_1, w_2, e)}{\partial w_i \partial e} = \dfrac{\partial^2 \Pi_m(w_1, w_2, e)}{\partial w_{3-i} \partial e} =$

$\gamma - c_p(1 - \alpha), \dfrac{\partial^2 \Pi_m(w_1, w_2, e)}{\partial e^2} = 4\gamma c_p - \eta_2$。利用 $\eta_2 > \dfrac{[\gamma + c_p(1-\alpha)]^2}{1-\alpha}$ 可得

$\dfrac{\partial^2 \Pi_m(w_1, w_2, e)}{\partial e^2} < 0, \dfrac{\partial^2 \Pi_m(w_1, w_2, e)}{\partial e^2} \cdot \dfrac{\partial^2 \Pi_m(w_1, w_2, e)}{\partial w_1^2} - \left[\dfrac{\partial^2 \Pi_m(w_1, w_2, e)}{\partial w_1 \partial e}\right]^2 =$

$2\eta_2 - 8\gamma c_p - [\gamma - c_p(1-\alpha)]^2 > 0$，$\Pi_m(w_1, w_2, e)$ 的海森矩阵的行列式

$$|\nabla^2 \Pi_m| = \begin{vmatrix} \dfrac{\partial^2 \Pi_m(w_1, w_2, e)}{\partial e^2} & \dfrac{\partial^2 \Pi_m(w_1, w_2, e)}{\partial e \partial w_1} & \dfrac{\partial^2 \Pi_m(w_1, w_2, e)}{\partial e \partial w_2} \\[4mm] \dfrac{\partial^2 \Pi_m(w_1, w_2, e)}{\partial w_1 \partial e} & \dfrac{\partial^2 \Pi_m(w_1, w_2, e)}{\partial w_1^2} & \dfrac{\partial^2 \Pi_m(w_1, w_2, e)}{\partial w_1 \partial w_2} \\[4mm] \dfrac{\partial^2 \Pi_m(w_1, w_2, e)}{\partial w_2 \partial e} & \dfrac{\partial^2 \Pi_m(w_1, w_2, e)}{\partial w_2 \partial w_1} & \dfrac{\partial^2 \Pi_m(w_1, w_2, e)}{\partial w_2^2} \end{vmatrix}_{3\times3} = 4(1+\alpha)$$

$\{[\gamma + c_p(1-\alpha)]^2 - (1-\alpha)\eta_2\} < 0$。由此可知海森矩阵 $\nabla^2 \Pi_m$ 是负定的，因此 $\Pi_m(w_1, w_2, e)$ 是 w_1、w_2 和 e 的联合凹函数。

令式(9.11)等于零并求解 w_i 可得：

$$w_i^{HT} = c_i + c_p(e_i - e) + \frac{a_i + \alpha a_{3-i} - (1-\alpha^2)p_i + (1+\alpha)(\beta\theta + \gamma e)}{1-\alpha^2}, i = 1,2 \tag{9.13}$$

将式 (9.13) 代入式 (9.12) 等于零的方程式可得：

$$e^{HT} = \frac{[\gamma + c_p(1-\alpha)][a_1 + a_2 - (1-\alpha)(p_1 + p_2) + 2\beta\theta]}{(1-\alpha)\eta_2 - 2\gamma[\gamma + c_p(1-\alpha)]}, i = 1,2 \tag{9.14}$$

令 $A_1 = \dfrac{2(1-\alpha)\eta_2 - [\gamma + c_p(1-\alpha)][3\gamma + c_p(1-\alpha)]}{(1-\alpha)\eta_2 - 2\gamma[\gamma + c_p(1-\alpha)]}$, $A_2 = \dfrac{\gamma^2 - c_p^2(1-\alpha)^2}{(1-\alpha)\eta_2 - 2\gamma[\gamma + c_p(1-\alpha)]}$,

$$B_1 = -\frac{(1-\alpha)\eta_2 - (1-\alpha)\gamma[\gamma+c_p(1-\alpha)]}{(1-\alpha)\eta_2 - 2\gamma[\gamma+c_p(1-\alpha)]}, \quad B_2 = \frac{\alpha(1-\alpha)\eta_2 - (1+\alpha)\gamma[\gamma+c_p(1-\alpha)]}{(1-\alpha)\eta_2 - 2\gamma[\gamma+c_p(1-\alpha)]}, \quad C_1 =$$

$$-\frac{\beta\{-\eta_2+2c_p[\gamma+c_p(1-\alpha)]\}}{(1-\alpha)\eta_2-2\gamma[\gamma+c_p(1-\alpha)]}, \quad C_2 = \frac{(1-\alpha)\beta\eta_2}{(1-\alpha)\eta_2-2\gamma[\gamma+c_p(1-\alpha)]}。利用式（9.13）、$$

式（9.14）和式（9.2），对$\Pi_r(p_1,p_2,\theta)$关于p_1、p_2和θ求二阶偏导数可知海森矩阵

$$\nabla^2\Pi_r = \begin{bmatrix} \dfrac{\partial^2\Pi_r(p_1,p_2,\theta)}{\partial p_1^2} & \dfrac{\partial^2\Pi_r(p_1,p_2,\theta)}{\partial p_1\partial p_2} & \dfrac{\partial^2\Pi_r(p_1,p_2,\theta)}{\partial p_1\partial\theta} \\[2mm] \dfrac{\partial^2\Pi_r(p_1,p_2,\theta)}{\partial p_2\partial p_1} & \dfrac{\partial^2\Pi_r(p_1,p_2,\theta)}{\partial p_2^2} & \dfrac{\partial^2\Pi_r(p_1,p_2,\theta)}{\partial p_2\partial\theta} \\[2mm] \dfrac{\partial^2\Pi_r(p_1,p_2,\theta)}{\partial\theta\partial p_1} & \dfrac{\partial^2\Pi_r(p_1,p_2,\theta)}{\partial\theta\partial p_2} & \dfrac{\partial^2\Pi_r(p_1,p_2,\theta)}{\partial\theta^2} \end{bmatrix} 满足\dfrac{\partial^2\Pi_r(p_1,p_2,\theta)}{\partial p_1^2} =$$

$\dfrac{\partial^2\Pi_r(p_1,p_2,\theta)}{\partial p_2^2} = 2B_1(A_1+A_2)$, $\dfrac{\partial^2\Pi_r(p_1,p_2,\theta)}{\partial\theta^2} = 4C_1C_2-\eta_1$, $\dfrac{\partial^2\Pi_r(p_1,p_2,\theta)}{\partial p_1\partial p_2} =$

$A_1B_2+A_2B_1$, $\dfrac{\partial^2\Pi_r(p_1,p_2,\theta)}{\partial p_1\partial\theta} = \dfrac{\partial^2\Pi_r(p_1,p_2,\theta)}{\partial p_2\partial\theta} = (A_1+A_2)C_2+(B_1+B_2)C_1$。下面

证明$\nabla^2\Pi_r$是负定矩阵。

①定义$f(\eta_2) = 2(1-\alpha)^2\eta_2^2 - (1-\alpha)[\gamma+c_p(1-\alpha)][(5+3\alpha)\gamma+c_p(1-\alpha)^2]\eta_2 + 4(1+\alpha)\gamma^2[\gamma+c_p(1-\alpha)]^2$，则$2B_1(A_1+A_2)$可以化简为

$\dfrac{-2f(\eta_2)}{\{(1-\alpha)\eta_2-2\gamma[\gamma+c_p(1-\alpha)]^2\}^2}$，即$\dfrac{\partial^2\Pi_r(p_1,p_2,\theta)}{\partial p_1^2} = \dfrac{-2f(\eta_2)}{\{(1-\alpha)\eta_2-2\gamma[\gamma+c_p(1-\alpha)]^2\}^2}$。

若$0<\gamma\leqslant\dfrac{c_p(1-\alpha)[5+3\alpha+4\sqrt{2(1+\alpha)}]}{9\alpha+7}$，则当$\eta_2\geqslant\dfrac{[\gamma+c_p(1-\alpha)][(5+3\alpha)\gamma+c_p(1-\alpha)^2]}{4(1-\alpha)}$时，

$\dfrac{\partial f(\eta_2)}{\partial\eta_2}>0$意味着$f(\eta_2)$是$\eta_2$的增函数。此时，存在一个根$\eta_2^0 =$

$$\frac{[\gamma+c_p(1-\alpha)]\{[(5+3\alpha)\gamma+c_p(1-\alpha)^2]+\sqrt{(1-\alpha)[-(9\alpha+7)\gamma^2+2(5+3\alpha)c_p(1-\alpha)\gamma+c_p^2(1-\alpha)^3]}\}}{4(1-\alpha)}$$

使得$f(\eta_2^0)=0$，且$\eta_2^0\in\left(\dfrac{[\gamma+c_p(1-\alpha)][(5+3\alpha)\gamma+c_p(1-\alpha)^2]}{4(1-\alpha)}\right.$,

$\left.\dfrac{[\gamma+c_p(1-\alpha)^2]^2}{1-\alpha}\right)$。而对任意$\eta_2>\dfrac{[\gamma+c_p(1-\alpha)^2]^2}{1-\alpha}$有$\dfrac{\partial^2\Pi_r(p_1,p_2,\theta)}{\partial p_1^2}<0$

成立。若$\gamma>\dfrac{c_p(1-\alpha)[5+3\alpha+4\sqrt{2(1+\alpha)}]}{9\alpha+7}$，计算$f(\eta_2)=0$的判别式可

知，该等式的根不存在。这意味着对任意η_2有$f(\eta_2)>0$成立。因此当$\eta_2>$

$\dfrac{\left[\gamma + c_p(1-\alpha)^2\right]^2}{1-\alpha}$ 时有 $\dfrac{\partial^2 \Pi_r(p_1,p_2,\theta)}{\partial p_1^2} < 0$ 成立。

②从 $\dfrac{\partial^2 \Pi_r(p_1,p_2,\theta)}{\partial p_1^2} \cdot \dfrac{\partial^2 \Pi_r(p_1,p_2,\theta)}{\partial p_2^2} - \left(\dfrac{\partial^2 \Pi_r(p_1,p_2,\theta)}{\partial p_1 \partial p_2}\right)^2 = 4A_1(B_1 -$

$B_2)\left[(B_1 + B_2)A_1 + 2A_2 B_1\right]$ 可得 $\dfrac{\partial^2 \Pi_r(p_1,p_2,\theta)}{\partial p_1^2} \cdot \dfrac{\partial^2 \Pi_r(p_1,p_2,\theta)}{\partial p_2^2} -$

$\left(\dfrac{\partial^2 \Pi_r(p_1,p_2,\theta)}{\partial p_1 \partial p_2}\right)^2 = \dfrac{16(1-\alpha)^2(1+\alpha)\eta_2\{(1-\alpha)\eta_2 - [\gamma + c_p(1-\alpha)^2]^2\}}{\{(1-\alpha)\eta_2 - 2\gamma[\gamma + c_p(1-\alpha)]\}^2} > 0$。

③利用 $2B_1(A_1 + A_2) - (A_1 B_2 + A_2 B_1) = -4(1+\alpha)$ 和 $(4C_1 C_2 - \eta_1)[2B_1$

$(A_1 + A_2) + (A_1 B_2 + A_2 B_1)] - 2[(A_1 + A_2)C_2 + (B_1 + B_2)C_1]^2 =$

$\dfrac{2(1-\alpha)^2 \eta_2\{[2\eta_1(1-\alpha) - \beta^2]\eta_2 - 2\eta_1[\gamma + c_p(1-\alpha)]^2\}}{\{(1-\alpha)\eta_2 - 2\gamma[\gamma + c_p(1-\alpha)]\}^2}$ 化简 $\nabla^2 \Pi_r$ 的行列式

可得:

$$|\nabla^2 \Pi_r| = \begin{vmatrix} \dfrac{\partial^2 \Pi_r(p_1,p_2,\theta)}{\partial p_1^2} & \dfrac{\partial^2 \Pi_r(p_1,p_2,\theta)}{\partial p_1 \partial p_2} & \dfrac{\partial^2 \Pi_r(p_1,p_2,\theta)}{\partial p_1 \partial \theta} \\[2ex] \dfrac{\partial^2 \Pi_r(p_1,p_2,\theta)}{\partial p_2 \partial p_1} & \dfrac{\partial^2 \Pi_r(p_1,p_2,\theta)}{\partial p_2^2} & \dfrac{\partial^2 \Pi_r(p_1,p_2,\theta)}{\partial p_2 \partial \theta} \\[2ex] \dfrac{\partial^2 \Pi_r(p_1,p_2,\theta)}{\partial \theta \partial p_1} & \dfrac{\partial^2 \Pi_r(p_1,p_2,\theta)}{\partial \theta \partial p_2} & \dfrac{\partial^2 \Pi_r(p_1,p_2,\theta)}{\partial \theta^2} \end{vmatrix}$$

$$= \left[\dfrac{\partial^2 \Pi_r(p_1,p_2,\theta)}{\partial p_1^2} - \dfrac{\partial^2 \Pi_r(p_1,p_2,\theta)}{\partial p_1 \partial p_2}\right]\left\{\dfrac{\partial^2 \Pi_r(p_1,p_2,\theta)}{\partial \theta^2}\left[\dfrac{\partial^2 \Pi_r(p_1,p_2,\theta)}{\partial p_1^2} + \dfrac{\partial^2 \Pi_r(p_1,p_2,\theta)}{\partial p_1 \partial p_2}\right]\right.$$

$$\left. -2\left[\dfrac{\partial^2 \Pi_r(p_1,p_2,\theta)}{\partial p_1 \partial \theta}\right]^2\right\}$$

$$= \dfrac{-8(1+\alpha)(1-\alpha)^2 \eta_2\{[2\eta_1(1-\alpha) - \beta^2]\eta_2 - 2\eta_1[\gamma + c_p(1-\alpha)^2]^2\}}{\{(1-\alpha)\eta_2 - 2\gamma[\gamma + c_p(1-\alpha)]\}^2} < 0$$

最后一个不等式成立是因为 $0 < \alpha < 1$ 和 $\eta_2[(1-\alpha)\eta_1 - \beta^2] > \eta_1[\gamma + c_p(1-\alpha)]^2$。

令一阶导数等于零可得 $\dfrac{\partial \Pi_r(p_1,p_2,\theta)}{\partial p_1} = \displaystyle\sum_{i=1}^{2} A_i(a_i - p_i + \alpha p_{3-i} + \beta \theta + \gamma e^{HT}) +$

$\displaystyle\sum_{i=1}^{2} B_i(p_i - w_i^{HT}) = 0,\ \dfrac{\partial \Pi_r(p_1,p_2,\theta)}{\partial p_2} = \displaystyle\sum_{i=1}^{2} A_{3-i}(a_i - p_i + \alpha p_{3-i} + \beta \theta + \gamma e^{HT}) +$

$\displaystyle\sum_{i=1}^{2} B_{3-i}(p_i - w_i^{HT}) = 0,\ \dfrac{\partial \Pi_r(p_1,p_2,\theta)}{\partial \theta} = C_1 \displaystyle\sum_{i=1}^{2}(a_i - p_i + \alpha p_{3-i} + \beta \theta + \gamma e^{HT}) +$

$$C_2 \sum_{i=1}^{2} (p_i - w_i^{HT}) - \eta_1 \theta = 0_{\circ} 求解三个方程可得:$$

$$\sum_{i=1}^{2} (a_i - p_i + \alpha p_{3-i} + \beta \theta + \gamma e^{HT}) = \frac{(B_1 + B_2) \eta_1 \theta}{(B_1 + B_2) C_1 - (A_1 + A_2) C_2} = \frac{(1 - \alpha) \eta_1 \theta}{\beta}$$

$$(9.15)$$

$$\sum_{i=1}^{2} (p_i - w_i^{HT}) = \frac{(A_1 + A_2) \eta_1 \theta}{(A_1 + A_2) C_2 - (B_1 + B_2) C_1} = \frac{2 \eta_1 \theta \{ (1 - \alpha) \eta_2 - [\gamma + c_p(1 - \alpha)]^2 \}}{(1 - \alpha) \beta \eta_2}$$

$$(9.16)$$

利用式 (9.13) 和式 (9.14) 整理式 (9.15)、式 (9.16) 可得:

$$e^{HT} = \frac{[\gamma + c_p(1 - \alpha)] \eta_1 \theta^{HT}}{\beta \eta_2} = \frac{[\gamma + c_p(1 - \alpha)] \eta_1 \{ a_1 + a_2 - (1 - \alpha)[c_1 + c_2 + c_p(e_1 + e_2)] \}}{4 \eta_1 \{ (1 - \alpha) \eta_2 - [\gamma + c_p(1 - \alpha)]^2 \} - 2 \beta^2 \eta_2}$$

$$(9.17)$$

和

$$\theta^{HT} = \frac{\beta \eta_2 \{ a_1 + a_2 - (1 - \alpha)[c_1 + c_2 + c_p(e_1 + e_2)] \}}{4 \eta_1 \{ (1 - \alpha) \eta_2 - [\gamma + c_p(1 - \alpha)]^2 \} - 2 \beta^2 \eta_2}$$

$$(9.18)$$

为了保证模型的可行性,我们假设 $\min(a_1, a_2) \geqslant (1 - \alpha) \max \{ (c_1 + c_p e_1),$ $(c_2 + c_p e_2) \}$。因此有 $e^{HT} \geqslant 0$ 和 $\theta^{HT} \geqslant 0$。利用式 (9.15) 和式 (9.16) 求解 $\frac{\partial \Pi_r(p_1, p_2, \theta)}{\partial p_1} = 0$ 和 $\frac{\partial \Pi_r(p_1, p_2, \theta)}{\partial p_2} = 0$ 可得最优价格满足式 (9.8) 和式 (9.9)。将式 (9.17)、式 (9.8) 和式 (9.9) 代入式 (9.13) 和式 (9.14) 可得式 (9.5) ~式 (9.7)。

定理 9.1 证明了存在唯一的最优均衡决策使两个成员在分别制定策略时的利润最大。这些最优决策的解析表达式表明:减排水平与 CSR 水平成正比,这意味着 CSR 水平的提高会导致制造商在减排技术上投入更多。

定理 9.2 进行减排技术投资的分散式决策模型的最优利润和碳排放满足以下条件。

(1) 制造商和零售商的最优利润分别为:

$$
\begin{aligned}
\Pi_m(w_1^{HT}, w_2^{HT}, e^{HT}) = & \frac{\sum_{i=1}^{2} [a_i + \alpha a_{3-i} - (1 - \alpha^2)(c_i + c_p e_i)][a_i - (c_i + c_p e_i) + \alpha(c_{3-i} + c_p e_{3-i})]}{16(1 - \alpha^2)} \\
& + \frac{4(1 - \alpha) \eta_1 \eta_2 \{ \beta^2 \eta_2 + \eta_1 [\gamma + c_p(1 - \alpha)]^2 \}}{8(1 - \alpha) \eta_1^2 [\gamma + c_p(1 - \alpha)]^2} (e^{HT})^2 + c_p E
\end{aligned}
$$

$$(9.19)$$

和

$$\Pi_r(p_1^{HT}, p_2^{HT}, \theta^{HT}) = \frac{\sum_{i=1}^{2} [a_i + \alpha(c_{3-i} + c_p e_{3-i}) - (c_i + c_p e_i)][a_i + \alpha a_{3-i} - (1-\alpha^2)(c_i + c_p e_i)]}{8(1-\alpha^2)}$$

$$+ \frac{\{[2(1-\alpha)\eta_1 - \beta^2]\eta_2 - 2\eta_1[\gamma + c_p(1-\alpha)]^2\}}{4(1-\alpha)\beta^2\eta_2^2} (\theta^{HT})^2 \qquad (9.20)$$

（2）碳排放量为：

$$J(e^{HT}) = \frac{1}{4} \sum_{i=1}^{2} e_i [a_i + \alpha(c_{3-i} + c_p e_{3-i}) - (c_i + c_p e_i)]$$

$$+ \frac{(e_1 + e_2)\{\beta^2\eta_2 + 2\eta_1[\gamma + c_p(1-\alpha)]^2\}e^{HT}}{4\eta_1[\gamma + c_p(1-\alpha)]} - \frac{(1-\alpha)\eta_2(e^{HT})^2}{\gamma + c_p(1-\alpha)}$$

$$(9.21)$$

证明：（1）将最优销售价格代入需求函数可得：

$$d_1^{HT} = \frac{\beta\eta_2[a_1 + \alpha(c_2 + c_p e_2) - (c_1 + c_p e_1)] + \{\beta^2\eta_2 + 2\eta_1[\gamma + c_p(1-\alpha)]^2\}\theta^{HT}}{4\beta\eta_2}$$

$$(9.22)$$

$$d_2^{HT} = \frac{\beta\eta_2[a_2 + \alpha(c_1 + c_p e_1) - (c_2 + c_p e_2)] + \{\beta^2\eta_2 + 2\eta_1[\gamma + c_p(1-\alpha)]^2\}\theta^{HT}}{4\beta\eta_2}$$

$$(9.23)$$

将式（9.22）、式（9.23）以及 w_1^{HT} 和 w_2^{HT} 的表达式代入制造商的利润函数 $\Pi_m(w_1^{HT}, w_2^{HT}, e^{HT})$ 可得式（9.19）。同理将最优销售价格和 θ^{HT} 的表达式代入零售商的利润函数 $\Pi_r(p_1^{HT}, p_2^{HT}, \theta^{HT})$ 可得式（9.20）。

（2）利用式（9.22）和式（9.23）可得 $d_1^{HT} + d_2^{HT} = \dfrac{(1-\alpha)\eta_1\theta^{HT}}{\beta} = \dfrac{(1-\alpha)\eta_2 e^{HT}}{\gamma + c_p(1-\alpha)}$。将 e^{HT} 代入碳排放量 J（e）的表达式式（9.4）可得式（9.21）。

定理 9.2 确定了供应链成员的最大利润和碳排放量。由定理结论（1）可知，当对制造商施加碳配额与交易政策时，碳配额对制造商的最大利润有线性影响，而对零售商的利润没有影响。从定理结论（2）可以发现，碳配额与碳排放量之间不存在相关关系，这意味着作为一种基于市场的方法，碳配额与交易政策的实施为供应链提供了多种经济激励。

为了分析减排投资对分散式决策模型性能的影响，我们进一步考虑分散式决策下制造商不进行减排技术投资的情形。与上述两个定理的证明类似，我们对不进行减排技术投资的分散式决策模型进行求解，结果汇总在表 9.2 中。

表 9.2　　　　　　　　　不进行减排技术投资的分散式决策模型的主要结果

决策变量和目标函数	解析表达式
θ^{NT}	$\dfrac{\beta[a_1 + a_2 - (1-\alpha)(c_1 + c_p e_1) - (1-\alpha)(c_2 + c_p e_2)]}{2[2(1-\alpha)\eta_1 - \beta^2]}$
p_1^{NT}	$\dfrac{3a_1 + 3\alpha a_2 + (1-\alpha^2)(c_1 + c_p e_1) + 3(1+\alpha)\beta\theta^{NT}}{4(1-\alpha^2)}$
p_2^{NT}	$\dfrac{3\alpha a_1 + 3a_2 + (1-\alpha^2)(c_2 + c_p e_2) + 3(1+\alpha)\beta\theta^{NT}}{4(1-\alpha^2)}$
w_1^{NT}	$\dfrac{a_1 + \alpha a_2 + 3(1-\alpha^2)(c_1 + c_p e_1) + (1+\alpha)\beta\theta^{NT}}{4(1-\alpha^2)}$
w_2^{NT}	$\dfrac{\alpha a_1 + a_2 + 3(1-\alpha^2)(c_2 + c_p e_2) + (1+\alpha)\beta\theta^{NT}}{4(1-\alpha^2)}$
$\Pi_m(w_1^{NT}, w_2^{NT})$	$\dfrac{\sum\limits_{i=1}^{2}[a_i + \alpha a_{3-i} - (1-\alpha^2)(c_i + c_p e_i)][a_i - (c_i + c_p e_i) + \alpha(c_{3-i} + c_p e_{3-i})]}{16(1-\alpha^2)} +$ $\dfrac{[4(1-\alpha)\eta_1 - \beta^2]}{8(1-\alpha)}(\theta^{NT})^2 + c_p E$
$\Pi_r(p_1^{NT}, p_2^{NT}, \theta^{NT})$	$\dfrac{\sum\limits_{i=1}^{2}[a_i + \alpha c_{3-i} - (1-\alpha^2)(c_i + c_p e_i)][a_i - (c_i + c_p e_i) + \alpha(c_{3-i} + c_p e_{3-i})]}{8(1-\alpha^2)} +$ $\dfrac{[2(1-\alpha)\eta_1 - \beta^2]}{4(1-\alpha)}(\theta^{NT})^2$
$J(e^{NT})$	$\dfrac{1}{4}\sum\limits_{i=1}^{2} e_i[a_i + \alpha(c_{3-i} + c_p e_{3-i}) - (c_i + c_p e_i)] + \dfrac{\beta(e_1 + e_2)\theta^{NT}}{4}$

定理 9.3　对于不进行减排技术投资的分散式决策模型，有以下结论成立：

（1）$\theta^{HT} > \theta^{NT}$。

（2）当 "$\gamma \geqslant c_p(1-\alpha)$" 或 "$\gamma < c_p(1-\alpha)$ 且 $\eta_1 < \dfrac{\beta^2[\gamma + 2c_p(1-\alpha)]}{(1-\alpha)[c_p(1-\alpha) - \gamma]}$",

时，$p_i^{HT} > p_i^{NT}$；否则 $p_i^{HT} \leqslant p_i^{NT}$。

（3）当 "$\gamma \geqslant c_p(1-\alpha)$" 或 "$\gamma < c_p(1-\alpha)$ 且 $\eta_1 < \dfrac{\beta^2[\gamma + c_p(1-\alpha)]}{2(1-\alpha)[c_p(1-\alpha) - \gamma]}$",

时，$w_i^{HT} > w_i^{NT}$；否则 $w_i^{HT} \leqslant w_i^{NT}$。

（4）$\Pi_m(w_1^{HT}, w_2^{HT}, e^{HT}) > \Pi_m(w_1^{NT}, w_2^{NT})$，$\Pi_r(p_1^{HT}, p_2^{HT}, \theta^{HT}) > \Pi_r(p_1^{NT}, p_2^{NT}, \theta^{NT})$

（5）存在一个阈值 $e_t = \dfrac{(e_1 + e_2)[\gamma + c_p(1-\alpha)]^2 \eta_1}{[2(1-\alpha)\eta_2 - \beta^2]\eta_2}$，当 $e^{HT} > e_t$ 时，$J(e^{HT}) < J(e^{NT})$；否则 $J(e^{HT}) \geqslant J(e^{NT})$。

证明：（1）容易证明 $\dfrac{\theta^{HT}}{\theta^{NT}} = \dfrac{\eta_2[2(1-\alpha)\eta_1 - \beta^2]}{2\eta_1\{(1-\alpha)\eta_2 - [\gamma + c_p(1-\alpha)]^2\} - \beta^2\eta_2} > 1$。

（2）根据最优销售价格的表达式有 $p_1^{HT} - p_1^{NT} = p_2^{HT} - p_2^{NT} = \dfrac{3\beta^2\eta_2 + 2\eta_1[\gamma^2 - c_p^2(1-\alpha)^2]}{4(1-\alpha)\beta\eta_2}$

$\theta^{HT} - \dfrac{3\beta\theta^{NT}}{4(1-\alpha)} = \dfrac{\eta_1[\gamma + c_p(1-\alpha)]\{[2(1-\alpha)\eta_1 - \beta^2][\gamma - c_p(1-\alpha)] + 3\beta^2[\gamma + c_p(1-\alpha)]\}\theta^{HT}}{2(1-\alpha)\beta\eta_2[2(1-\alpha)\eta_1 - \beta^2]}$。当 $\gamma \geqslant c_p(1-\alpha)$ 时，

有 $p_i^{HT} > p_i^{NT}$。当 $\gamma < c_p(1-\alpha)$ 时，若 $\eta_1 < \dfrac{\beta^2[\gamma + 2c_p(1-\alpha)]}{(1-\alpha)[c_p(1-\alpha) - \gamma]}$，则 $p_i^{HT} > p_i^{NT}$；否则 $p_i^{HT} \leqslant p_i^{NT}$。

（3）根据最优批发价格的表达式有 $w_1^{HT} - w_1^{NT} = w_2^{HT} - w_2^{NT} = \dfrac{\beta^2\eta_2 + 2\eta_1[\gamma^2 - c_p^2(1-\alpha)^2]}{4(1-\alpha)\beta\eta_2}$

$\theta^{HT} - \dfrac{\beta\theta^{NT}}{4(1-\alpha)} = \dfrac{\eta_1[\gamma + c_p(1-\alpha)]\{[2(1-\alpha)\eta_1 - \beta^2][\gamma - c_p(1-\alpha)] + \beta^2[\gamma + c_p(1-\alpha)]\}\theta^{HT}}{2(1-\alpha)\beta\eta_2[2(1-\alpha)\eta_1 - \beta^2]}$。

当 $\gamma \geqslant c_p(1-\alpha)$ 时，有 $w_i^{HT} > w_i^{NT}$。当 $\gamma < c_p(1-\alpha)$ 时，若 $\eta_1 < \dfrac{\beta^2[\gamma + c_p(1-\alpha)]}{2(1-\alpha)[c_p(1-\alpha) - \gamma]}$，则 $w_i^{HT} > w_i^{NT}$；否则 $w_i^{HT} \leqslant w_i^{NT}$。

（4）将两种分散式决策模型下制造商的最优利润作差可得 $\Pi_m(w_1^{HT}, w_2^{HT},$

$e^{HT}) - \Pi_m(w_1^{NT}, w_2^{NT}) = \dfrac{4(1-\alpha)\eta_1\eta_2\{\beta^2\eta_2 + \eta_1[\gamma + c_p(1-\alpha)]^2\}(\theta^{HT})^2}{8(1-\alpha)(\beta\eta_2)^2} - \dfrac{\{\beta^2\eta_2 + 2\eta_1[\gamma + c_p(1-\alpha)]^2\}(\theta^{HT})^2}{8(1-\alpha)(\beta\eta_2)^2} -$

$\dfrac{[4(1-\alpha)\eta_1 - \beta^2](\theta^{NT})^2}{8(1-\alpha)} = \dfrac{\eta_1^2 F(\theta^{HT})^2}{[2(1-\alpha)\eta_1 - \beta^2]^2(\beta\eta_2)^2}$，其中 $F = \eta_2[2(1-\alpha)\eta_1 - \beta^2]^2$

$\{(1-\alpha)\eta_2 - [\gamma + c_p(1-\alpha)]^2\} - (1-\alpha)\{[2(1-\alpha)\eta_1 - \beta^2]\eta_2 - 2\eta_1$

$[\gamma + c_p(1-\alpha)]^2\}^2$。进一步化简可得 $F = \dfrac{[\gamma + c_p(1-\alpha)]^2[2(1-\alpha)\eta_1 + \beta^2]}{[2(1-\alpha)\eta_1 - \beta^2]^3}\{\eta_2 -$

$\dfrac{4(1-\alpha)\eta_1^2[\gamma + c_p(1-\alpha)]^2}{[2(1-\alpha)\eta_1 + \beta^2][2(1-\alpha)\eta_1 - \beta^2]}\}$。利用 $\eta_2 > \dfrac{2\eta_1[\gamma + c_p(1-\alpha)]^2}{2(1-\alpha)\eta_1 - \beta^2}$ 和 $0 <$

$\frac{2(1-\alpha)\eta_1}{2(1-\alpha)\eta_1+\beta^2}<1$ 可知 $F>0$，$\Pi_m(w_1^{HT},w_2^{HT},e^{HT})-\Pi_m(w_1^{NT},w_2^{NT})>0$。

同样地，将两种分散式决策模型下零售商的最大利润作差可得 $\Pi_r(p_1^{HT},p_2^{HT},$

$$\theta^{HT})-\Pi_r(p_1^{NT},p_2^{NT},\theta^{NT})=\frac{\{[2(1-\alpha)\eta_1-\beta^2]\eta_2-2\eta_1[\gamma+c_p(1-\alpha)]^2\}}{4(1-\alpha)(\beta\eta_2)^2}-$$

$$\frac{[2(1-\alpha)\eta_1-\beta^2](\theta^{NT})^2}{4(1-\alpha)}=\frac{-2\eta_1[\gamma+c_p(1-\alpha)]^2\}(\theta^{HT})^2}{(\beta\eta_2)^2[2(1-\alpha)\eta_1-\beta^2]}>0。所以$$

$\Pi_r(p_1^{HT},p_2^{HT},\theta^{HT})>\Pi_r(p_1^{NT},p_2^{NT},\theta^{NT})$。

（5）将两种分散式决策模型下的碳排放量作差可得 $J(e^{HT})-J(e^{NT})=$

$$\frac{(e_1+e_2)\{\beta^2\eta_2+2\eta_1[\gamma+c_p(1-\alpha)]\}\theta^{HT}}{4\beta\eta_2}-\frac{(1-\alpha)[\gamma+c_p(1-\alpha)]\eta_1^2(\theta^{HT})^2}{(\beta\eta_2)^2}-$$

$$\frac{\beta(e_1+e_2)\theta^{NT}}{4}=\frac{(1-\alpha)\eta_1\theta^{HT}}{\beta^2}\left\{\frac{(e_1+e_2)\eta_1[\gamma+c_p(1-\alpha)]^2}{[2(1-\alpha)\eta_1-\beta^2]\eta_2}-e^{HT}\right\}。因此，当 e^{HT}<$$

$\frac{(e_1+e_2)[\gamma+c_p(1-\alpha)]^2\eta_1}{[2(1-\alpha)\eta_2-\beta^2]\eta_2}$ 时，$J(e^{HT})>J(e^{NT})$；否则 $J(e^{HT})\leqslant J(e^{NT})$。

定理 9.3 对有减排技术投资和没有减排技术投资的分散式决策模型进行了比较。定理结论（1）表明，进行减排技术投资时的 CSR 水平比不进行减排技术投资时的 CSR 水平要高。这意味着愿意承担较高 CSR 水平的零售商更倾向于供应商投资碳减排技术。定理结论（2）和定理结论（3）提供了区分两种产品在两个模型中销售价格与批发价格差异性的条件。定理结论（4）表明，当制造商投资减排技术控制碳排放时，各成员的利润均大于不进行减排技术投资时各成员的利润。这也解释了现实中常见的现象，即对企业社会责任和减排技术的投资增加了供应链的社会声誉，系统的每个成员都能从这种改善中受益。由定理结论（5）可知，当减排技术水平高于阈值时，制造商的碳排放量将低于不进行减排技术投资的情况。综上所述，与没有进行减排技术投资的分散式决策情形相比，投资减排技术的供应链将获得更高的利润和社会责任水平，同时也可能产生更多的碳排放。这促使我们进一步研究进行减排技术投资情况下分散式决策的协调问题。

9.4 减排技术投资情形下分散式决策系统的协调

为了测度分散式决策系统的性能，先建立进行减排技术投资的集中式决策模型。在集中式决策系统中，制造商和零售商共同决定最优的运营策略，使系统的总利润最大化。此时系统的总利润为：

$$\Pi_c(p_1,p_2,\theta,e) = \sum_{i=1}^{2}(p_i - c_i)d_i - \frac{1}{2}\eta_1\theta^2$$

$$- \frac{1}{2}\eta_2 e^2 + c_p\left[E - \sum_{i=1}^{2}(e_i - e)d_i\right] \tag{9.24}$$

求解式（9.24）可得以下结果。

定理 9.4 对于进行减排技术投资的集中式决策模型，有以下结论成立。

（1）存在最优的 p_1^C、p_2^C、θ^C 和 e^C 使 $\Pi_c(p_1, p_2, \theta, e)$ 最大，其中：

$$p_1^C = \frac{\beta\eta_2[a_1 + \alpha a_2 + (1-\alpha^2)(c_1 + c_p e_1)] + (1+\alpha)\{\beta^2\eta_2 + \eta_1[\gamma^2 - c_p^2(1-\alpha)^2]\}\theta^C}{2\beta\eta_2(1-\alpha^2)}$$

$$\tag{9.25}$$

$$p_2^C = \frac{\beta\eta_2[\alpha a_1 + a_2 + (1-\alpha^2)(c_2 + c_p e_2)] + (1+\alpha)\{\beta^2\eta_2 + \eta_1[\gamma^2 - c_p^2(1-\alpha)^2]\}\theta^C}{2\beta\eta_2(1-\alpha^2)}$$

$$\tag{9.26}$$

$$e^C = \frac{\eta_1[\gamma + c_p(1-\alpha)]\theta^C}{\beta\eta_2} \tag{9.27}$$

$$\theta^C = \frac{\beta\eta_2\{a_1 + a_2 - (1-\alpha)[c_1 + c_2 + c_p(e_1 + e_2)]\}}{2\eta_1\{(1-\alpha)\eta_2 - [\gamma + c_p(1-\alpha)]^2\} - 2\beta^2\eta_2} \tag{9.28}$$

（2）供应链总利润和碳排放量分别为：

$$\Pi_c(p_1^C,p_2^C,\theta^C,e^C) = \frac{\sum_{i=1}^{2}[a_i + \alpha a_{3-i} - (1-\alpha^2)(c_i + c_p e_i)][a_i + \alpha(c_{3-i} + c_p e_{3-i}) - (c_i + c_p e_i)]}{4(1-\alpha^2)}$$

$$+ \frac{\{\beta^2\eta_2 + \eta_1[\gamma + c_p(1-\alpha)]^2\}\{[(1-\alpha)\eta_1 - \beta^2]\eta_2 - \eta_1[\gamma + c_p(1-\alpha)]^2\}(\theta^C)^2}{2(1-\alpha)(\beta\eta_2)^2} + c_p E \tag{9.29}$$

$$J(e^C) = \frac{1}{2}\sum_{i=1}^{2}e_i[a_i + \alpha(c_{3-i} + c_p e_{3-i}) - (c_i + c_p e_i)]$$

$$+ \frac{(e_1 + e_2)\{\beta^2\eta_2 + \eta_1[\gamma + c_p(1-\alpha)]^2\}e^C}{2\eta_1[\gamma + c_p(1-\alpha)]} - \frac{(1-\alpha)\eta_2(e^C)^2}{\gamma + c_p(1-\alpha)} \tag{9.30}$$

证明：（1）对 $\Pi_c(p_1, p_2, \theta, e)$ 关于决策变量求二阶导数可得海森矩阵

$$\nabla^2 \Pi_c = \begin{bmatrix} \dfrac{\partial^2 \Pi_c(p_1,p_2,\theta,e)}{\partial p_1^2} & \dfrac{\partial^2 \Pi_c(p_1,p_2,\theta,e)}{\partial p_1 \partial p_2} & \dfrac{\partial^2 \Pi_c(p_1,p_2,\theta,e)}{\partial p_1 \partial \theta} & \dfrac{\partial^2 \Pi_c(p_1,p_2,\theta,e)}{\partial p_1 \partial e} \\ \dfrac{\partial^2 \Pi_c(p_1,p_2,\theta,e)}{\partial p_2 \partial p_1} & \dfrac{\partial^2 \Pi_c(p_1,p_2,\theta,e)}{\partial p_2^2} & \dfrac{\partial^2 \Pi_c(p_1,p_2,\theta,e)}{\partial p_2 \partial \theta} & \dfrac{\partial^2 \Pi_c(p_1,p_2,\theta,e)}{\partial p_2 \partial e} \\ \dfrac{\partial^2 \Pi_c(p_1,p_2,\theta,e)}{\partial \theta \partial p_1} & \dfrac{\partial^2 \Pi_c(p_1,p_2,\theta,e)}{\partial \theta \partial p_2} & \dfrac{\partial^2 \Pi_c(p_1,p_2,\theta,e)}{\partial \theta^2} & \dfrac{\partial^2 \Pi_c(p_1,p_2,\theta,e)}{\partial \theta \partial e} \\ \dfrac{\partial^2 \Pi_c(p_1,p_2,\theta,e)}{\partial e \partial p_1} & \dfrac{\partial^2 \Pi_c(p_1,p_2,\theta,e)}{\partial e \partial p_2} & \dfrac{\partial^2 \Pi_c(p_1,p_2,\theta,e)}{\partial e \partial \theta} & \dfrac{\partial^2 \Pi_c(p_1,p_2,\theta,e)}{\partial e^2} \end{bmatrix} =$$

$$\begin{bmatrix} -2 & 2\alpha & \beta & \gamma - c_p(1-\alpha) \\ 2\alpha & -2 & \beta & \gamma - c_p(1-\alpha) \\ \beta & \beta & -\eta_1 & 2\beta c_p \\ \gamma - c_p(1-\alpha) & \gamma - c_p(1-\alpha) & 2\beta c_p & 4c_p\gamma - \eta_2 \end{bmatrix}$$。利用 $0 < \alpha < 1$ 且 $(1-\alpha)\eta_1 -$

$\beta^2 > 0$ 可得，$\nabla^2 \Pi_c$ 的一阶顺序主子式 $-2 < 0$，二阶顺序主子式 $\begin{vmatrix} -2 & 2\alpha \\ 2\alpha & -2 \end{vmatrix} =$

$4(1-\alpha^2) > 0$，三阶顺序主子式 $\begin{vmatrix} -2 & 2\alpha & \beta \\ 2\alpha & -2 & \beta \\ \beta & \beta & -\eta_1 \end{vmatrix} = 4(1+\alpha)[\beta^2 - (1-\alpha)\eta_1] <$

0。利用 $\eta_2[(1-\alpha)\eta_1 - \beta^2] > \eta_1[\gamma + c_p(1-\alpha)]^2$ 可得 $|\nabla^2 \Pi_c| = 4(1+\alpha)\{\eta_2[(1-\alpha)\eta_1 - \beta^2] - \eta_1[\gamma + c_p(1-\alpha)]^2\} > 0$。因此 $\nabla^2 \Pi_c$ 是负定矩阵，$\Pi_c(p_1, p_2, \theta,$

$e)$ 是决策变量的联合凹函数。求解方程组 $\begin{cases} \dfrac{\partial \Pi_c(p_1,p_2,\theta,e)}{\partial p_1} = 0 \\ \dfrac{\partial \Pi_c(p_1,p_2,\theta,e)}{\partial p_2} = 0 \\ \dfrac{\partial \Pi_c(p_1,p_2,\theta,e)}{\partial \theta} = 0 \\ \dfrac{\partial \Pi_c(p_1,p_2,\theta,e)}{\partial e} = 0 \end{cases}$ 可得最优决策

p_1^c、p_2^c、θ^c、e^c 的表达式即式（9.25）~式（9.28）。

（2）根据最优决策的表达式可得：

$$p_i^c - c_i - c_p(e_i - e^c) = \frac{a_i + \alpha a_{3-i} - (1-\alpha^2)(c_i + c_p e_i) + (1+\alpha)\{\beta \theta^c + [\gamma + c_p(1-\alpha)]e^c\}}{2(1-\alpha^2)}$$

$$(9.31)$$

$$a_i - p_i^C + \alpha p_{3-i}^C + \beta \theta^C + \gamma e^C = \frac{a_i + \alpha(c_{3-i} + c_p e_{3-i}) - (c_i + c_p e_i) + \beta \theta^C + [\gamma + c_p(1-\alpha)]e^C}{2}, i = 1, 2$$

$$(9.32)$$

$$\beta \theta^C + [\gamma + c_p(1-\alpha)]e^C = \frac{\{\beta^2 \eta_2 + \eta_1[\gamma + c_p(1-\alpha)]^2\}\theta^C}{\beta \eta_2} \quad (9.33)$$

将式（9.31）~式（9.33）代入式（9.24）和式（9.4）整理可得 Π_c（p_1^C, p_2^C, θ^C, e^C）和 J（e^C）的表达式即式（9.29）和式（9.30）。

定理9.4给出了集中式决策系统最优经营策略及最优利润和碳排放量的解析表达式。定理结论（1）论证了集中式决策模型下企业社会责任和减排技术水平、最优联合定价的存在唯一性。定理结论（2）给出了系统最优利润和对应碳排放量的表达式。

令 $\Omega = \dfrac{2\eta_1\{(1-\alpha)\eta_2 - [\gamma + c_p(1-\alpha)]^2\} - \beta^2 \eta_2}{\eta_1\{(1-\alpha)\eta_2 - [\gamma + c_p(1-\alpha)]^2\} - \beta^2 \eta_2}$，比较定理9.1、定理9.2和定理9.4可得以下结论。

定理9.5 进行减排技术投资的分散式和集中式决策模型有以下关系成立：

（1）$\theta^C = \Omega \theta^{HT}$，$e^C = \Omega e^{HT}$，其中 $\Omega > 2$。

（2）存在一个阈值 $\Omega_{t_i} = \dfrac{a_i + \theta a_{3-i}}{1-\alpha^2} - \dfrac{\{(\Omega-3)\beta^2 \eta_2 + (\Omega-2)\eta_1[\gamma^2 - c_p^2(1-\alpha)^2]\}\theta^{HT}}{2(1-\alpha)\beta \eta_2}$，当 $p_i^{HT} > \Omega_{t_i}$ 时 $p_i^C > p_i^{HT}$；否则 $p_i^C \leqslant p_i^{HT}$，i = 1，2。

（3）$1 < \dfrac{\Pi_c(p_1^C, p_2^C, \theta^C, e^C)}{\Pi_m(w_1^{HT}, w_2^{HT}, e^{HT}) + \Pi_r(p_1^{HT}, p_2^{HT}, \theta^{HT})} < \Omega_u$，其中

$$\Omega_u = \frac{4\Omega^2\{\beta^2 \eta_2 + \eta_1[\gamma + c_p(1-\alpha)]^2\}\{[(1-\alpha)\eta_1 - \beta^2]\eta_2 - \eta_1[\gamma + c_p(1-\alpha)]^2\}}{4(1-\alpha)\eta_1 \eta_2\{3\eta_1[\gamma + c_p(1-\alpha)]^2 + 2\beta^2 \eta_2\} - 3\{2\eta_1[\gamma + c_p(1-\alpha)]^2 + \beta^2 \eta_2\}^2}。$$

（4）当 $e_1 = e_2 = e_0$ 时，存在一个阈值 $e_t = \dfrac{e_0}{\Omega+1}$，当 $e^{HT} < e_t$ 时 J（e^C）> J（e^{HT}）；否则 J（e^C）$\leqslant$ J（e^{HT}）。

证明：（1）通过比较 e^{HT} 和 e^C，θ^{HT} 和 θ^C 的表达式可以得以证明。

（2）比较 p_1^{HT} 和 p_1^C 可得

$$2p_1^{HT} - p_1^C = \frac{a_1 + \alpha a_2}{1-\alpha^2} + \frac{\beta^2 \eta_2(2\theta^{HT} - \theta^C) + \eta_1[\gamma^2 - c_p^2(1-\alpha)^2](2\theta^{HT} - \theta^C)}{2(1-\alpha)\beta \eta_2} =$$

$$\frac{a_1 + \alpha a_2}{1-\alpha^2} - \frac{\{(\Omega-3)\beta^2 \eta_2 + (\Omega-2)\eta_1[\gamma^2 - c_p^2(1-\alpha)^2]\}\theta^{HT}}{2(1-\alpha)\beta \eta_2} = \Omega_{t_1}，即 p_1^C - p_1^{HT} =$$

$p_1^{HT} - \Omega_{t_1}$。同样地，对产品 2 有 $p_2^C - p_2^{HT} = p_2^{HT} - \Omega_{t_2}$。所以，当 $p_i^{HT} > \Omega_{t_i}$ 时 $p_i^C > p_i^{HT}$；否则 $p_i^C \leqslant p_i^{HT}$，$i = 1$，2。

(3) 利用 $\eta_2 [(1-\alpha)\eta_1 - \beta^2] > \eta_1 [\gamma + c_p(1-\alpha)]^2$ 可得

$$\frac{(1-\alpha)\eta_1 \eta_2 \{2(1-\alpha)\eta_1 \eta_2 - 2\eta_1 [\gamma + c_p(1-\alpha)]^2 + \beta^2 \eta_2\}}{(1-\alpha)\eta_1 \eta_2 - \{\beta^2 \eta_2 + \eta_1 [\gamma + c_p(1-\alpha)]^2\}} >$$

$$\frac{4(1-\alpha)\eta_1 \eta_2 \{(1-\alpha)\eta_1 \eta_2 - \eta_1 [\gamma + c_p(1-\alpha)]^2\}}{2(1-\alpha)\eta_1 \eta_2 - 2\eta_1 [\gamma + c_p(1-\alpha)]^2 - \beta^2 \eta_2}。$$

不等式两边同时乘以 $\dfrac{1}{2(1-\alpha)\eta_1 \eta_2 - 2\eta_1 [\gamma + c_p(1-\alpha)]^2 - \beta^2 \eta_2}$ 并进行整理可得

$$\frac{3\{\beta^2 \eta_2 + \eta_1 [\gamma + c_p(1-\alpha)]^2\}}{(1-\alpha)\eta_1 \eta_2 - \{\beta^2 \eta_2 + \eta_1 [\gamma + c_p(1-\alpha)]^2\}} > \frac{2\{\beta^2 \eta_2 + 2\eta_1 [\gamma + c_p(1-\alpha)]^2\}}{2(1-\alpha)\eta_1 \eta_2 - 2\eta_1 [\gamma + c_p(1-\alpha)]^2 - \beta^2 \eta_2} +$$

$$\frac{4(1-\alpha)\eta_1 \eta_2 \{\beta^2 \eta_2 + \eta_1 [\gamma + c_p(1-\alpha)]^2\} - \{\beta^2 \eta_2 + 2\eta_1 [\gamma + c_p(1-\alpha)]^2\}^2}{\{2(1-\alpha)\eta_1 \eta_2 - 2\eta_1 [\gamma + c_p(1-\alpha)]^2 - \beta^2 \eta_2\}^2}。$$

将 θ^{HT} 和 θ^C 的表达式，$\Pi_m(w_1^{HT}, w_2^{HT}, e^{HT})$、$\Pi_r(p_1^{HT}, p_2^{HT}, \theta^{HT})$ 和 $\Pi_c(p_1^C, p_2^C, \theta^C, e^C)$ 的表达式代入并化简可得：

$$\frac{\Pi_c(p_1^C, p_2^C, \theta^C, e^C) - c_p E - A_0}{4} > \frac{\Pi_m(w_1^{HT}, w_2^{HT}, e^{HT}) + \Pi_r(p_1^{HT}, p_2^{HT}, \theta^{HT}) - c_p E - B_0}{3} > 0$$

$$(9.34)$$

其中 $A_0 = \dfrac{\sum\limits_{i=1}^{2} [a_i + \alpha a_{3-i} - (1-\alpha^2)(c_i + c_p e_i)][a_i + \alpha(c_{3-i} + c_p e_{3-i}) - (c_i + c_p e_i)]}{4(1-\alpha^2)}$，

$B_0 = \dfrac{3}{4} A_0$。利用 $\dfrac{\Pi_c(p_1^C, p_2^C, \theta^C, e^C) - c_p E - B_0}{3} > \dfrac{\Pi_c(p_1^C, p_2^C, \theta^C, e^C) - c_p E - A_0}{4}$，结合式(9.34)可得

$$\frac{\Pi_c(p_1^C, p_2^C, \theta^C, e^C)}{\Pi_m(w_1^{HT}, w_2^{HT}, e^{HT}) + \Pi_r(p_1^{HT}, p_2^{HT}, \theta^{HT})} < \frac{\Pi_c(p_1^C, p_2^C, \theta^C, e^C) - c_p E}{\Pi_m(w_1^{HT}, w_2^{HT}, e^{HT}) + \Pi_r(p_1^{HT}, p_2^{HT}, \theta^{HT}) - c_p E}$$

$$< \frac{\Pi_c(p_1^C, p_2^C, \theta^C, e^C) - c_p E - A_0}{\Pi_m(w_1^{HT}, w_2^{HT}, e^{HT}) + \Pi_r(p_1^{HT}, p_2^{HT}, \theta^{HT}) - c_p E - B_0},$$

最后一个不等式成立是因为 $A_0 > B_0$。因此有 $\dfrac{\Pi_c(p_1^C, p_2^C, \theta^C, e^C)}{\Pi_m(w_1^{HT}, w_2^{HT}, e^{HT}) + \Pi_r(p_1^{HT}, p_2^{HT}, \theta^{HT})} < \Omega_u$。

(4) 当 $e_1 = e_2 = e_0$ 时，比较两种模型的碳排放量可得 $J(e^C) - J(e^{HT}) = \dfrac{(1-\alpha)(\Omega-1)\eta_2 e^{HT} [e_0 - (\Omega+1) e^{HT}]}{\gamma + c_p(1-\alpha)}$。利用 $\Omega > 2$ 和 $0 < \alpha < 1$ 可知，当

$e^{HT} < \dfrac{e_0}{\Omega + 1}$ 时，$J\left(e^C\right) > J\left(e^{HT}\right)$；否则 $\left(e^C\right) \leqslant J\left(e^{HT}\right)$。

定理 9.5 将制造商投资减排技术实现碳减排时的分散式决策模式与集中式决策模式进行了比较。根据定理结论（1），集中式决策模式下零售商的 CSR 水平和制造商的减排技术水平至少是分散式决策模式下的 2 倍。定理结论（2）为两种模型之间销售价格的比较提供了条件。由定理结论（3）可知，集中式决策模式下的系统利润高于分散式决策模式下的系统利润，而集中式决策模式下的系统利润最多为分散式决策模式下系统利润的 $\Omega_u\left(> \dfrac{4}{3}\right)$ 倍。这意味着当这两个成员愿意合作时，系统利润会增加。此外，在碳配额与交易政策下，碳配额会给系统利润的潜在改善设定一个上限。定理结论（4）表明，当制造商对减排技术进行投资时，集中式系统的碳排放量可能比分散式系统的碳排放量少。

综上所述，当系统的两个成员共同作出与集中决策情形一致的运营决策时，可以增加分散式决策系统的利润，减少碳排放量。因此，在进行减排技术投资的情况下，我们将设计一个收益—成本共享（RC）契约来协调分散式决策系统。本章提出的 RC 契约如下：为了激励制造商设定与集中式决策系统一致的减排技术水平，零售商作为领导者，先对两种产品设定与集中式决策系统相同的销售价格，然后分摊制造商减排技术投资的 $1 - \rho$。作为交换，制造商愿意分享零售商社会责任投资成本的比例为 ρ，并分享从碳交易和产品销售中获得的总收入的 $1 - \rho$。在 RC 契约下，制造商和零售商的利润分别表示为：

$$\Pi_{m/rc}(w_1, w_2, e) = \sum_{i=1}^{2}(\rho w_i - c_i)d_i - \frac{1}{2}\rho\,\eta_2 e^2 - \frac{1}{2}\rho\,\eta_1\,\theta^2 + \rho c_p\Big[E - \sum_{i=1}^{2}(e_i - e)d_i\Big]$$

(9.35)

$$\Pi_{r/rc}(p_1, p_2, \theta) = \sum_{i=1}^{2}(p_i - \rho w_i)d_i - \frac{1}{2}(1 - \rho)\,\eta_1\,\theta^2$$

$$- \frac{1}{2}(1 - \rho)\,\eta_2 e^2 + (1 - \rho)c_p\Big[E - \sum_{i=1}^{2}(e_i - e)d_i\Big]$$

(9.36)

利用协调条件求解制造商的最大利润可得以下结论。

定理 9.6　在 RC 契约下有以下结论成立。

（1）当 $e^{RC} = e^C$，$p_i^{RC} = p_i^C$ 时，RC 契约能够协调进行减排技术投资的分散式决策系统，此时的 CSR 水平和批发价格分别为：

$$\theta^{RC} = \frac{\beta\,\eta_2\{a_1 + a_2 - (1 - \alpha)[c_1 + c_2 + c_p(e_1 + e_2)]\}}{2\,\eta_1\{(1 - \alpha)\eta_2 - [\gamma + c_p(1 - \alpha)]^2\} - 2\,\beta^2\,\eta_2}$$

(9.37)

$$w_i^{RC} = \frac{\rho p_i^C + (1-\rho)c_i}{\rho}, i = 1,2 \tag{9.38}$$

（2）制造商和零售商都愿意接受 RC 契约当且仅当 ρ 满足 $\dfrac{\Pi_m(w_1^{HT}, w_2^{HT}, e^{HT})}{\Pi_c(p_1^C, p_2^C, \theta^C, e^C)} \leqslant$

$\rho \leqslant 1 - \dfrac{\Pi_r(p_1^{HT}, p_2^{HT}, \theta^{HT})}{\Pi_c(p_1^C, p_2^C, \theta^C, e^C)}$。

（3）$\Pi_{m/rc}(w_1^{RC}, w_2^{RC}, e^{RC}) + \Pi_{r/rc}(p_1^{RC}, p_2^{RC}, \theta^{RC}) = \Pi_c(p_1^C, p_2^C, \theta^C, e^C)$，$J(e^{RC}) = J(e^C)$。

证明：（1）令 $p_i = w_i + \delta_i$，$\delta_i \geqslant 0$。将式（9.1）代入 $\Pi_{m/rc}(w_1, w_2, e)$ 的表达

式整理可得 $\Pi_{m/rc}(w_1, w_2, e) = \sum\limits_{i=1}^{2} [\rho w_i - c_i c_p(e_i - e)][a_i - (w_i + \delta_i) + \alpha(w_{3-i} +$

$\delta_{3-i}) + \beta\theta + \gamma e] - \dfrac{1}{2}\rho\eta_1\theta^2 - \dfrac{1}{2}\rho\eta_2 e^2 + \rho c_p E$。对任意的 θ，求解

$\dfrac{\partial\Pi_{m/rc}(w_1, w_2, e)}{\partial w_i} = 0$ 和 $\dfrac{\partial\Pi_{m/rc}(w_1, w_2, e)}{\partial e} = 0$ 可得：

$$w_i^{RC} = \frac{c_i + \rho c_p(e_i - e^{RC})}{\rho} + \frac{a_i + \alpha a_{3-i} - (1-\alpha^2)p_i^{RC} + (1+\alpha)(\beta\theta^{RC} + \gamma e^{RC})}{1-\alpha^2}, i = 1,2$$

$$\tag{9.39}$$

$$e^{RC} = \frac{[\gamma + c_p(1-\alpha)][a_1 + a_2 - (1-\alpha)(p_1^{RC} + p_2^{RC}) + 2\beta\theta^{RC}]}{(1-\alpha)\eta_2 - 2\gamma[\gamma + c_p(1-\alpha)]} \tag{9.40}$$

根据 RC 契约的定义，令 $e^{RC} = e^C$ 和 $p_i^{RC} = p_i^C$ 可知，存在可行解（θ^{RC}，w_1^{RC}，w_2^{RC}）满足 $\theta^{RC} = \theta^C$ 和 $w_i^{RC} > 0$ 使供应链得到协调。利用协调条件，$\theta^{RC} = \theta^C$ 可整理

为 $\theta^{RC} = \theta^C = \dfrac{\beta\eta_2\{a_1 + a_2 - (1-\alpha)[c_1 + c_2 + c_p(e_1 + e_2)]\}}{2\eta_1\{(1-\alpha)\eta_2 - [\gamma + c_p(1-\alpha)]^2\} - 2\beta^2\eta_2}$。将 e^{RC}、p_i^{RC} 和 θ^{RC} 的

值代入式（9.41）可得 $w_i^{RC} = \dfrac{\rho p_i^C + (1-\rho)c_i}{\rho}$，$i = 1, 2$。

（2）根据 e^{RC} 和 e^{RC} 的表达式可知

$\rho w_i^{RC} - c_i - \rho(e_i - e^{RC}) = \dfrac{\rho a_i + \alpha a_{3-i} - (1-\alpha^2)p_i^C + (1+\alpha)(\beta\theta^C + \gamma e^C)}{1-\alpha^2} =$

$\dfrac{a_i + \alpha a_{3-i} - (1-\alpha^2)(c_i + c_p e_i) + (1+\alpha)\{\beta\theta^C + [\gamma + c_p(1-\alpha)]e^C\}}{2(1-\alpha^2)} = p_i^C - c_i - c_p(e_i -$

$e^C)$ 和 $p_i^{RC} - \rho w_i^{RC} - (1-\rho)c_p(e_i - e^{RC}) = (1-\rho)[p_i^C - c_i - c_p(e_i - e^C)]$，$i = 1, 2$。将其

代入利润表达式可得 $\Pi_{m/rc}(w_1^{RC}, w_2^{RC}, e^{RC}) = \rho\{\sum\limits_{i=1}^{2} [p_i^C - c_i - c_p(e_i - e^C)](a_i - p_i^C +$

$\alpha p_{3-i}^C + \beta\theta^C + \gamma e^C) - \dfrac{1}{2}\eta_1(\theta^C)^2 - \dfrac{1}{2}(\eta_2 e^C)^2 + c_p E\} = \rho\Pi_c(p_1^C, p_2^C, \theta^C, e^C)$，

$$\Pi_{r/rc}(p_1^{RC},\ p_2^{RC},\ \theta^{RC}) = (1-\rho)\Big\{ \sum_{i=1}^{2} [p_i^C - c_i - c_p(e_i - e^C)](a_i - p_i^C + \alpha p_{3-i}^C + \beta\theta^C + \gamma e^C) -$$

$$\frac{1}{2}\eta_1(\theta^C)^2 - \frac{1}{2}(\eta_2 e^C)^2 + c_p E \Big\} = (1-\rho)\Pi_c(p_1^C,\ p_2^C,\ \theta^C,\ e^C)。\text{RC 契约能完美}$$

协调供应链，当且仅当制造商和零售商的利润都不低于没有 RC 契约的分散式决策情形下的利润，即 $\Pi_{m/rc}(w_1^{RC},\ w_2^{RC},\ e^{RC}) \geqslant \Pi_m(w_1^{HT},\ w_2^{HT},\ e^{HT})$ 和 $\Pi_{r/rc}(p_1^{RC},\ p_2^{RC},\ \theta^{RC}) \geqslant \Pi_r(p_1^{HT},\ p_2^{HT},\ \theta^{HT})$。整理可得 $\dfrac{\Pi_m(w_1^{HT},\ w_2^{HT},\ e^{HT})}{\Pi_c(p_1^C,\ p_2^C,\ \theta^C,\ e^C)} \leqslant \rho \leqslant$

$1 - \dfrac{\Pi_r(p_1^{HT},\ p_2^{HT},\ \theta^{HT})}{\Pi_c(p_1^C,\ p_2^C,\ \theta^C,\ e^C)}$。

（3）利用 $\theta^{RC} = \theta^C$，$e^{RC} = e^C$ 和 $p_i^{RC} = p_i^C$，$i=1,2$ 可知，$\Pi_{m/rc}(w_1^{RC},\ w_2^{RC},\ e^{RC}) + \Pi_{r/rc}(p_1^{RC},\ p_2^{RC},\ \theta^{RC}) = \Pi_c(p_1^C,\ p_2^C,\ \theta^C,\ e^C)$ 且 $J(e^{RC}) = J(e^C)$。

定理 9.6 给出了在 RC 契约下分散式决策系统的最优运营决策、利润和相应的碳排放量。定理结论（1）表明，当 $e^{RC} = e^C$，$p_i^{RC} = p_i^C$ 时，RC 契约可以对分散式决策系统进行有效的协调。此时，RC 契约下的 CSR 水平与集中式决策下的 CSR 水平相同。这意味着当制造商愿意选择与集中式决策相同的运作决策以实现协调时，系统的最优运营决策与集中式决策系统的最优运营决策是一致的。从定理结论（1）还观察到，当 RC 契约有效协调供应链时，批发价格大于相应的销售价格。造成这一结果的主要原因是，为了实现供应链协调，较高技术水平的投资促使制造商提高两种产品的批发价格。定理结论（2）给出了系统中每个成员接受 RC 契约时分摊比例 ρ 的可行范围。这个可行范围的存在意味着 RC 契约可以产生双赢的结果。定理结论（3）表明，集中式决策系统的最优利润和碳排放量与 RC 契约下分散式决策系统的最优利润和碳排放量相同。该定理的这些发现证实了进行减排技术投资的分散式决策系统可以被 RC 契约完美协调。

利用上述定理还可以得出以下推论。

推论 9.1 当制造商和零售商均接受 RC 契约时：

（1）$\Pi_m(w_1^{HT},\ w_2^{HT},\ e^{HT}) \leqslant \Pi_{\frac{m}{rc}}(w_1^{RC},\ w_2^{RC},\ e^{RC}) \leqslant \Pi_c(p_1^C,\ p_2^C,\ \theta^C,\ e^C) - \Pi_r(p_1^{HT},\ p_2^{HT},\ \theta^{HT})$；

（2）$\Pi_r(p_1^{HT},\ p_2^{HT},\ \theta^{HT}) \leqslant \Pi_{r/rc}(p_1^{RC},\ p_2^{RC},\ \theta^{RC}) \leqslant \Pi_c(p_1^C,\ p_2^C,\ \theta^C,\ e^C)$。

由推论 9.1 可知，当系统在 RC 契约下达到双赢结果时，制造商和零售商的利润存在上限与下限。研究还表明，在 RC 契约下，零售商利润的可变幅度大于制造商利润的可变幅度。这也解释了为什么零售商作为领导者，愿意为制造商提供一定的激励措施来促成合作。

在 RC 契约的基础上，我们提出一种新收益—成本分担（NRC）契约来协调没有进行减排技术投资的分散式决策系统。NRC 契约由以下两部分构成：零售商作为领导者，先按照集中式决策系统设定两种产品的销售价格和 CSR 水平。作为交换，制造商作为追随者分担零售商社会责任投资成本的比例为 ρ，并将碳交易和产品销售的收入按比例 ρ 分享给零售商。通过类似于定理 9.6 的分析，我们得到如下结果。

推论 9.2 对于不进行减排技术投资的分散式决策系统，NRC 契约可以实现完美协调。

证明：先考虑不进行减排技术投资的集中式决策模型。根据 $\Pi_r(p_1,p_2,\theta)$ 和 $\Pi_m(w_1,w_2)$ 的表达式可知 $\Pi_c(p_1,p_2,\theta) = \sum_{i=1}^{2}(p_i-c_i)(a_i-p_i+\alpha p_{3-i}+\beta\theta) - \frac{1}{2}\eta_1$ $\theta^2 + c_p[E - \sum_{i=1}^{2}e_i(a_i-p_i+\alpha p_{3-i}+\beta\theta)]$。利用 $0<\alpha<1$ 和 $(1-\alpha)\eta_1-\beta^2>0$ 求解 $\frac{\partial\Pi_c(p_1,p_2,\theta)}{\partial p_1}=0$, $\frac{\partial\Pi_c(p_1,p_2,\theta)}{\partial p_2}=0$, 以及 $\frac{\partial\Pi_c(p_1,p_2,\theta)}{\partial\theta}=0$ 可得两种产品的最优销售价格和 CSR 水平分别为 $p_i^{NC} = \dfrac{a_i+\alpha a_{3-i}+(1-\alpha^2)(c_i+c_p e_i)+\beta(1+\alpha)\theta^{NC}}{2(1-\alpha^2)}$,

$i=1,2$, 以及 $\theta^{NC} = \dfrac{\beta\{a_1+a_2-(1-\alpha)[c_1+c_2+c_p(e_1+e_2)]\}}{2[(1-\alpha)\eta_1-\beta^2]}$。

NRC 契约下零售商和制造商的利润函数分别为 $\Pi_{r/nrc}(p_1,p_2,\theta) = \sum_{i=1}^{2}(p_i - \rho w_i)(a_i-p_i+\alpha p_{3-i}+\beta\theta) - \frac{1}{2}(1-\rho)\eta_1\theta^2 + (1-\rho)c_p[E - \sum_{i=1}^{2}e_i(a_i-p_i+\alpha p_{3-i}+\beta\theta)]$ 和 $\Pi_{m/nrc}(w_1,w_2) = \sum_{i=1}^{2}(\rho w_i-c_i)(a_i-p_i+\alpha p_{3-i}+\beta\theta) - \frac{1}{2}\rho\eta_1\theta^2 + \rho c_p[E - \sum_{i=1}^{2}e_i(a_i-p_i+\alpha p_{3-i}+\beta\theta)]$。利用 $p_i = w_i+\delta_i$, $i=1,2$, 求解 $\frac{\partial\Pi_{m/nrc}(w_1,w_2)}{\partial w_1}=0$ 和 $\frac{\partial\Pi_{m/nrc}(w_1,w_2)}{\partial w_2}=0$ 可得 NRC 契约下两种产品的最优批发价格为：

$$w_i^{NRC} = \frac{c_i+\rho c_p e_i}{\rho} + \frac{a_i+\alpha a_{3-i}-(1-\alpha^2)p_i^{NRC}+(1+\alpha)\beta\theta^{NRC}}{1-\alpha^2}, i=1,2 \quad (9.41)$$

从 NRC 契约的定义出发，利用协调条件 $p_i^{NRC} = p_i^{NC}$，$i = 1$，2，以及 $\theta^{NRC} = \theta^{NC}$ 可得，存在 w_i 的可行解满足 $w_i > 0$。在此情形下，NRC 契约能够协调不进行减排技术投资的分散式决策系统，式（9.41）所示两种产品的最优批发价格可以重新表示为 $w_i^{NRC} = \dfrac{\rho p_i^{NC} + (1 - \rho) c_i}{\rho}$，$i = 1$，$2$。

最后利用协调条件可得 $\rho w_i^{NRC} - c_i - \rho c_p e_i = \rho(p_i^{NC} - c_i - c_p e_i)$，$p_i^{NRC} - \rho w_i^{NRC} = (1 - \rho)(p_i^{NC} - c_i)$，$i = 1$，$2$。结合 $\Pi_c(p_1, p_2, \theta)$、$\Pi_{r/nrc}(p_1, p_2, \theta)$ 和 $\Pi_{m/nrc}(w_1, w_2)$ 的表达式可得，$\Pi_{r/nrc}(p_1^{NRC}, p_2^{NRC}, \theta^{NRC}) = (1 - \rho) \Pi_c(p_1^{NC}, p_2^{NC}, \theta^{NC})$，$\Pi_{m/nrc}(w_1^{NRC}, w_2^{NRC}) = \rho \Pi_c(p_1^{NC}, p_2^{NC}, \theta^{NC})$。

NRC 契约能够实现完美协调当且仅当 $\Pi_{r/nrc}(p_1^{NRC}, p_2^{NRC}, \theta^{NRC}) \geqslant \Pi_r(p_1^{NT}, p_2^{NT}, \theta^{NT})$ 且 $\Pi_{m/nrc}(w_1^{NRC}, w_2^{NRC}) \geqslant \Pi_m(w_1^{NT}, w_2^{NT})$。根据表 9.2 可知，存在一个可行的 ρ 满足 $\dfrac{\Pi_m(w_1^{NT}, w_2^{NT})}{\Pi_c(p_1^{NC}, p_2^{NC}, \theta^{NC})} \leqslant \rho \leqslant 1 - \dfrac{\Pi_r(p_1^{NT}, p_2^{NT}, \theta^{NT})}{\Pi_c(p_1^{NC}, p_2^{NC}, \theta^{NC})}$。

推论 9.2 表明当制造商不投资减排技术时，NRC 契约能够完美协调供应链。在 NRC 契约下，存在协调参数的可行值，使系统的每个成员都愿意接受该契约。

9.5　数值分析

本节通过数值算例诠释上述理论结果，并通过关键参数的敏感性分析得到一些管理启示。

9.5.1　数值算例

参数基本取值分别为：$a_1 = 1\,000$，$a_2 = 800$，$\alpha = 0.6$，$\beta = 1.5$，$\gamma = 1.2$，$\eta_1 = 65$，$\eta_2 = 80$，$c_1 = 10$，$c_2 = 8$，$e_1 = 150$，$e_2 = 140$，$c_p = 5$，$E = 43\,000$、$44\,000$、$45\,000$、$46\,000$ 或 $47\,000$。利用上述参数值对进行和不进行减排技术投资的分散式决策模型进行求解，得到的决策变量、最优利润及碳排放量汇总在表 9.3 中。

表9.3　　　　　进行和不进行减排技术投资的分散式决策模型计算结果

E	(p_1；p_2；θ)	(w_1；w_2；e)	零售商利润	制造商利润	总利润	碳排放量
进行减排技术投资的分散式决策模型						
E = 43 000	(1 954；1 847.3；27.47)	(1 126.3；1 056；47.62)	361 480	408 000	769 480	46 517
E = 44 000	(1 954；1 847.3；27.47)	(1 126.3；1 056；47.62)	361 480	413 000	774 480	46 517
E = 45 000	(1 954；1 847.3；27.47)	(1 126.3；1 056；47.62)	361 480	418 000	779 480	46 517
E = 46 000	(1 954；1 847.3；27.47)	(1 126.3；1 056；47.62)	361 480	423 000	784 480	46 517
E = 47 000	(1 954；1 847.3；27.47)	(1 126.3；1 056；47.62)	361 480	428 000	789 480	46 517
不进行减排技术投资的分散式决策模型						
E = 43 000	(1 975.8；1 869；18.28)	(1 165.3；1 095；-)	240 750	340 810	581 560	46 098
E = 44 000	(1 975.8；1 869；18.28)	(1 165.3；1 095；-)	240 750	345 810	586 560	46 098
E = 45 000	(1 975.8；1 869；18.28)	(1 165.3；1 095；-)	240 750	350 810	591 560	46 098
E = 46 000	(1 975.8；1 869；18.28)	(1 165.3；1 095；-)	240 750	355 810	596 560	46 098
E = 47 000	(1 975.8；1 869；18.28)	(1 165.3；1 095；-)	240 750	360 810	601 560	46 098

从表9.3可以看出：

（1）对于进行减排技术投资的分散式决策模型，当E增加时，两种产品的最优销售价格和批发价格、企业社会责任水平、减排技术水平、零售商利润和相应的碳排放量保持不变，而制造商利润增加。对于不进行减排技术投资的分散式决策模型也得到了类似的结果。这意味着供应链中任何成员的最佳运营决策都不会受到E的影响。此外，在每个模型中，增加E值可以在不改变碳排放量的基础上提高制造商的利润。这说明现实中实施碳配额与交易政策为碳排放企业提供了一定的经济激励。

（2）在进行减排技术投资的分散式决策模型中，两种产品的销售价格和批发价格都低于不进行减排技术投资的情形。而企业社会责任水平、制造商和零售商利润及碳排放量则相反。企业社会责任水平越高，零售商就会要求供应链追随者在碳减排技术上投入越多资金，从而提高供应链声誉。另外，零售商通过降低销售价格来增加两种产品的需求，这导致了两种产品批发价格下降。降低两种产品的销售价格，提高两种产品的企业社会责任水平和减排技术水平，改进了两种产品的需求，最终，增加了制造商和零售商的利润。特别地，投资减排技术为零售商带来的利润增加值比为制造商带来的利润增加值还要多。例如，当 E = 45 000时，与没有进行减排技术投资的供应链相比，在进行减排技术投资的模型中，供应链成员的利润分别增加了50.15%和19.15%。另外，在本例中，进行减排技术投资的供应链碳排放量比没有进行减排技术投资的供应链碳排放量高。

造成这一结果的主要原因是碳排放技术水平低于阈值 $e_t = 48.50$。

选取 E = 45 000，利用上例中给出的参数值求解进行减排技术投资的供应链决策模型，其集中式决策、分散式决策和 RC 契约协调后的计算结果见表9.4。

表9.4　　　　进行碳减排技术投资情形下三种供应链模型的比较

模型	$(p_1; p_2; \theta)$	$(w_1; w_2; e)$	零售商利润	制造商利润	总利润	碳排放量
集中式	(1 544.6;1 456.1;58.95)	(- ; - ;102.18)	—	—	1 000 600	44 045
分散式	(1 954;1 847.3;27.47)	(1 126.3;1 056;47.62)	361 480	418 000	779 480	46 517
RC 契约协调						
$\rho = 0.4$	(1 544.6;1 456.1;58.95)	(1 559.6;1 468.1;102.18)	600 360	400 240	1 000 600	44 045
$\rho = 0.45$	(1 544.6;1 456.1;58.95)	(1 556.8;1 456.9;102.18)	550 330	450 270	1 000 600	44 045
$\rho = 0.5$	(1 544.6;1 456.1;58.95)	(1 554.6;1 464.1;102.18)	500 300	500 300	1 000 600	44 045
$\rho = 0.6$	(1 544.6;1 456.1;58.95)	(1 551.3;1 461.4;102.18)	400 240	600 360	1 000 600	44 045
$\rho = 0.65$	(1 544.6;1 456.1;58.95)	(1 550.0;1 460.4;102.18)	350 210	650 390	1 000 600	44 045

从表9.4可以看出：

（1）集中式决策模型的最优 CSR 水平、减排技术水平和系统利润均高于分散式决策模型，而两种产品的销售价格和碳排放量则相反。与分散式决策模型相比，集中式决策模型下成员之间的合作促使零售商降低销售价格以提高每种产品的市场需求，提高 CSR 水平以提高供应链的社会声誉。制造商还会在减排技术上投入更多资金。降低两种产品的销售价格，提高企业社会责任水平和减排技术水平，会提高两种产品的市场需求，最终提高系统利润。综上所述，本例的数值结果表明，集中式供应链的利润高于分散式供应链，而碳排放量则低于分散式供应链。例如，与分散式决策模型相比，集中式决策模型下的系统利润提高了28.37%，而相应的碳排放量下降了5.31%。这意味着集中式决策系统比分散式决策系统具有更高的利润和更低的碳排放量。

（2）两种产品的销售价格、企业社会责任水平和减排技术水平、系统利润和相应的碳排放量在 RC 契约协调后和集中式决策系统之间没有差异。此外，制造商在协调系统中设定的两种产品的批发价格均高于分散式决策系统。当 RC 契约在系统协调中发挥有效作用时，零售商提供多种激励措施，如提高每种产品的批发价格，使系统的运营决策与集中式决策模型中的一致。在这种情况下，协调模型的系统利润和碳排放量与集中式决策模型相同。特别是当协调参数 ρ 大于0.4178时，制造商在协调模型中获得的利润高于在分散式决策模型中的利润。

当 ρ 接近 0.6387 时，协调模型中的零售商利润低于分散式决策模型中的利润。

图 9.1 描绘了协调参数 ρ 对系统性能的影响。从图 9.1 可以观察到，当 ρ 在 $[0.4178, 0.6387]$ 范围内时，每个系统成员在协调模型中获得的利润比在分散式决策模型中的利润高，这意味着 RC 契约能够被供应链成员接受。图 9.1 还表明，当采用 RC 契约协调分散式决策系统时能够实现碳减排。

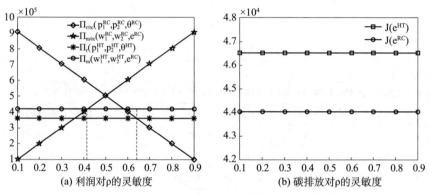

图 9.1　分散式供应链与 RC 契约下的供应链比较

9.5.2　灵敏度分析

本部分使用上面的算例进行一个静态灵敏度分析，研究进行减排技术投资时关键参数 a_i、c_i、e_i、c_p 和 E 对供应链协调的影响。在进行静态灵敏度分析时，每个参数值的变化幅度分别为 $+20\%$、$+10\%$、-10% 和 -20%，其他参数保持不变。表 9.5 总结了相应的计算结果。

表 9.5　RC 契约下关键参数的灵敏度分析（$\rho = 0.55$）

参数	取值(百分比)	$(p_1; p_2; \theta)$	$(w_1; w_2; e)$	$\Pi_{r/rc}$	$\Pi_{m/rc}$	$J(e^{RC})$
a_1	1 200（ $+20\%$ ）	(1 702.2;1 551.2;68.67)	(1 710.38;1 557.75;119.03)	577 755	706 145	31 704
	1 100（ $+10\%$ ）	(1 623.4;1 503.7;63.81)	(1 631.59;1 510.25;110.61)	511 290	624 910	38 584
	900（ -10% ）	(1 465.8;1 408.5;54.09)	(1 473.98;1 415.05;93.76)	394 690.5	482 399.5	48 087
	800（ -20% ）	(1 387.0;1 361.0;49.23)	(1 395.18;1 367.55;85.33)	344 556	421 124	50 708
a_2	960（ $+20\%$ ）	(1 620.7;1 582.2;66.73)	(1 628.89;1 588.75;115.66)	547 875	669 625	33 826
	880（ $+10\%$ ）	(1 582.7;1 519.2;62.84)	(1 590.88;1 525.75;108.92)	497 340	607 860	39 390
	720（ -10% ）	(1 506.6;1 393.1;55.06)	(1 514.78;1 399.65;95.44)	406 683	497 057	47 792
	640（ -20% ）	(1 468.5;1 330;51.17)	(1 476.68;1 336.55;88.70)	366 583.5	448 046.5	50 630

参数	取值(百分比)	$(p_1;p_2;\theta)$	$(w_1;w_2;e)$	$\Pi_{r/rc}$	$\Pi_{m/rc}$	$J(e^{RC})$
c_1	12(+20%)	(1 545.6;1 456.1;58.91)	(1 553.78;1 462.65;102.11)	449 779.5	549 730.5	44 077
	11(+10%)	(1 545.1;1 456.1;58.93)	(1 553.28;1 462.65;102.15)	450 045	550 055	44 061
	9(-10%)	(1 544.1;1 456.1;58.97)	(1 552.28;1 462.65;102.21)	450 495	550 605	44 029
	8(-20%)	(1 543.6;1 456.1;58.99)	(1 551.78;1 462.65;102.25)	450 765	550 935	44 013
c_2	9.6(+20%)	(1 544.6;1 456.9;58.92)	(1 552.78;1 463.45;102.13)	449 919	549 901	44 084
	8.8(+10%)	(1 544.6;1 456.5;58.94)	(1 552.78;1 463.05;102.15)	450 090	550 110	44 065
	7.2(-10%)	(1 544.6;1 455.7;58.97)	(1 552.78;1 462.25;102.21)	450 450	550 550	44 026
	6.4(-20%)	(1 544.6;1 455.3;58.98)	(1 552.78;1 461.85;102.23)	450 630	550 770	44 007
e_1	180(+20%)	(1 619.2;1 455.7;56.03)	(1 627.38;1 462.25;97.13)	416 686.5	509 283.5	59 835
	165(+10%)	(1 581.9;1 455.9;57.50)	(1 590.08;1 462.45;99.65)	432 756	528 924	52 644
	135(-10%)	(1 507.3;1 456.3;60.41)	(1 515.48;1 462.85;104.71)	469 215	573 485	34 040
	120(-20%)	(1 470.0;1 456.5;61.87)	(1 478.18;1 463.05;107.24)	489 600	598 400	22 628
e_2	168(+20%)	(1 544.2;1 525.7;56.23)	(1 552.38;1 532.25;97.46)	422 424	516 296	58 443
	154(+10%)	(1 544.4;1 490.9;57.59)	(1 552.58;1 497.45;99.82)	435 721.5	532 548.5	51 857
	126(-10%)	(1 544.8;1 421.3;60.31)	(1 552.98;1 427.85;104.54)	466 065	569 635	35 008
	112(-20%)	(1 545.0;1 386.5;61.67)	(1 553.18;1 393.05;106.90)	483 120	590 480	24 746
c_p	6(+20%)	(1 545.9;1 452.4;62.23)	(1 554.08;1 458.95;121.34)	454 545	555 555	25 774
	5.5(+10%)	(1 548.0;1 457.0;60.33)	(1 556.18;1 463.55;111.10)	451 395	551 705	35 722
	4.5(-10%)	(1 536.8;1 450.8;57.98)	(1 544.98;1 457.35;94.23)	450 900	551 100	51 345
	4(-20%)	(1 525.3;1 441.8;57.34)	(1 533.48;1 448.35;86.97)	453 060	553 740	58 011
E	54 000(+20%)	(1 544.6;1 456.1;58.95)	(1 552.78;1 462.65;102.18)	470 520	575 080	44 045
	49 500(+10%)	(1 544.6;1 456.1;58.95)	(1 552.78;1 462.65;102.18)	460 395	562 705	44 045
	40 500(-10%)	(1 544.6;1 456.1;58.95)	(1 552.78;1 462.65;102.18)	440 140.5	537 949.5	44 045
	36 000(-20%)	(1 544.6;1 456.1;58.95)	(1 552.78;1 462.65;102.18)	430 015.5	525 574.5	44 045

从表9.5可以看出：

(1) 在 RC 契约下，当每种产品的市场规模 a_i （$i=1$，2）增加时，两种产品的销售价格和批发价格、CSR 水平和减排技术水平、零售商和制造商的利润均增加，而碳排放量减少。此外，零售商和制造商的利润以及相应的碳排放量对 a_1 的变化比对 a_2 的变化更敏感。例如，一方面当 a_1 从 -10% 变化到 +10% 时，零售商和制造商的利润均增加了 29.54%，而碳排放量下降了 19.76%。另一方面，当 a_2 从 -10% 变化到 +10% 时，零售商和制造商的利润均增加了 22.29%，而碳排放量减少了 17.58%。在现实中，产品的基础市场规模越大，意味着企业获得了越多的市场份额，具有重要的市场支配力。当 a_i 增加时，零售商的社会责任水平提高，要求其追随者投资更高水平的减排技术，从而承担更多的社会责任，提高供应链的社会声誉。企业社会责任投资的增加会促使零售商提高两种产品的销售价格。RC 契约还鼓励零售商通过允许制造商提高两种产品的批发价格为协调提供经济激励。企业社会责任水平和减排技术水平的提高以及产品 $3-i$ 销售价格的提高最终会导致产品 i 需求的增加（$i=1$, 2）。因此，两种产品的销售价格、批发价格以及市场需求的增加最终导致零售商和制造商利润的提升。此外，尽管两种产品的需求增加，减排技术水平的提高足以减少碳排放量。

（2）在 RC 契约下，当每个产品的单位生产价格 c_i（$i=1$, 2）增加时，产品 i 的销售价格、批发价格和碳排放量增加，CSR 水平和减排技术水平、零售商和制造商的利润减少，而产品 $3-i$ 的销售价格和批发价格保持不变。这些事实表明，虽然两种产品之间存在价格竞争，但产品 i 的销售价格和批发价格对产品 $3-i$ 单位生产价格的变化不敏感。提高 c_i 的值会促使制造商提高产品 i 的批发价格，并投资较低水平的减排技术以降低生产成本。零售商作为领导者，必须提高产品 i 的销售价格，减少对企业社会责任水平的投资。随着产品 i 销售价格的增加、企业社会责任水平和减排技术水平的降低，产品 i 的需求减少，产品 $3-i$ 的需求增加，而产品 $3-i$ 的销售价格不变。特别地，产品 i 需求的减少最终会导致零售商和制造商的利润下降。当 c_i 增加时，较低水平减排技术的投资和产品 $3-i$ 需求的增加会导致碳排放量的增加。

（3）在 RC 契约下，当单位产品的碳排放 e_i 增加时，产品 i 的销售价格和批发价格以及碳排放量均增加，而产品 $3-i$ 的销售价格和批发价格、CSR 水平和减排技术水平、零售商和制造商利润均减少。当产品 i 产生的单位碳排放量较高时，零售商（作为领导者）会提高产品 i 的销售价格，降低产品 $3-i$ 的销售价格，减少对企业社会责任水平的投资，从而减少产品 i 的订货量。RC 契约鼓励制造商提高产品 i 的批发价格，降低产品 $3-i$ 的批发价格。制造商作为追随者，也会投资较低水平的减排技术，减少产品 i 的需求，以响应零售商的决策。当产品 i 销售价格上升、产品 $3-i$ 销售价格下降、企业社会责任水平和减排技术水平提高时，产品 $3-i$ 的需求会增加。一方面，产品 $3-i$ 的销售价格和批发价格以及产品 i 需求的下降足以降低零售商与制造商的利润。另一方面，产品 i 的单位碳排放量和产品 $3-i$ 需求的增加以及对低水平减排技术的投资导致碳排放量增加。

（4）在 RC 契约下，当单位碳排放交易价格 c_p 增加时，CSR 水平和减排技术水平提高、零售商和制造商的利润先降低后增加、碳排放量降低，而两种产品的销售价格和批发价格则是先升高后降低。当碳排放量超过碳配额时，增加 c_p 会促使制造商投资更高水平的减排技术，通过减少碳排放来降低购买排放权的成本。制造商会提高两种产品的批发价格以获得更多的收益。减排技术投资的增加，鼓励零售商增加对企业社会责任的投资，从而提高供应链的社会声誉。零售商会提高两种产品的销售价格以支付企业社会责任的投资成本。企业社会责任水平和减排技术水平以及产品 $3-i$ 销售价格的提高最终导致产品 i 的需求增加。在这种情况下，由于两种产品批发价格的提高以及 CSR 投资和减排技术投资的增加，零售商和制造商的利润下降。另外，当碳排放量低于碳配额时，较高的 c_p 会促使制造商投资更高水平的减排技术，通过出售过剩的碳排放许可获得更多的收益。这也允许制造商降低两种产品的批发价格。RC 契约鼓励零售商降低两种产品的销售价格、增加企业社会责任活动，这有助于实现合作、增加两种产品的需求。在这种情况下，两种产品需求的增加足以增加零售商和制造商的利润。此外，由于减排技术水平的提高，碳排放量也随着 c_p 的增加而减少。

（5）在 RC 契约下，当碳配额 E 增加时，销售价格和批发价格、企业社会责任水平、减排技术水平和碳排放量均保持不变，而零售商和制造商的利润增加。RC 契约鼓励零售商和制造商合作制定能够使利润最大化的经营决策。当碳配额增加时，零售商和制造商保持经营决策不变以避免违反协议，因为碳配额是由政府决定和分配的。在这种情况下，制造商保持运营决策不变意味着产生的碳排放量不变。此外，制造商将以更低的成本购买排放许可或出售过剩的排放许可以获得更多收益。也就是说，如果碳配额增加，制造商的利润就会增加，根据 RC 契约，零售商的利润也会增加。

9.6　小　结

可持续发展已经成为供应链管理的一个重要组成部分，越来越多的大企业开始开展企业社会责任活动、销售低碳产品，以提高自身和整个供应链的可持续性，这给供应商带来了许多新的挑战，其中包括投资减排技术的运营决策。这激发我们考虑一个由零售商主导的二级供应链系统，在碳配额与交易政策下，零售商通过投资提高商店的能源效率来承担企业社会责任。制造商生产两种可替代产品并销售给零售商，生产过程是碳排放的主要来源。通过建立和比较制造商进行与不进行减排技术投资的两种分散式决策优化模型，分析了制造商进行减排技术投资的主要原因。然后，建立了进行减排技术投资的集中式决策模型，并设计了一个收益—成本分担（RC）契约来协调分散式决策系统。本章的理论结果通过数值分析得到进一步验证，并且获得了一些管理启示。首先，当供应链的两个成员分别以自身利润最大化进行决策优化时，如果制造商投资减排技术，则制造商的利润会增加，相应的碳排放量会得到控制。此时，供应链的主导者（零售商）会进行更多的企业社会责任活动。其次，与分散式供应链相比，集中式供应链在环境和经济的可持续性方面都有很大的提高，集中式供应链会进行更多的企业社会责任活动，并在减排技术上投入更多。最后，当零售商提出收益—成本分担契约时，存在有效的契约分摊参数保证系统的每个成员都愿意接受该契约。

以上研究具有如下意义。首先，对于具有渠道权力的零售商，本章研究为企业将社会责任融入供应链管理提供了理论支持。零售商可以利用收益—成本分担契约激励供应链成员合作对减排技术进行投资，实现系统可持续水平的提升。其次，对于受到碳配额与交易政策规制的制造商而言，本章研究提供的理论证据表明减排技术投资能够改善供应链的可持续性，当供应链主导者从事企业社会责任实践时，可以帮助决策者确定最优减排技术水平。最后，本章研究为政府机构在碳配额的实施方面提供了一定的参考。

第10章　碳交易政策下供应链的多 周期订购与协调策略

10.1　引　言

　　碳排放政策对许多制造和服务企业的供应链结构及经营决策产生重大影响。一方面，在这种供应链中寻求利润最大化的企业将不可避免地面临新的决策制约，迫使它们减少碳排放。另一方面，在各种碳排放政策约束下，一些企业已经采取措施解决可持续供应链管理中出现的一系列问题。例如，沃尔玛在其供应链管理方面已经作出很大努力，以实现环境的可持续性。它要求供应商在产品包装上提供绿色标签（Plambeck，2012）。在传统绿色供应链管理实践中，产品在存储过程变质是十分常见的现象。如许多乳制品、蔬菜和水果随着时间的推移会迅速变质。因为具有易腐性，这类产品对运输和存储条件有特殊要求，会消耗更多能源，对环境造成的负面影响往往大于其他常规产品。例如，莱克兰（Lekkerland）团队采用多温度分布策略，利用特殊的多温度、多室设备来分配易腐品，大大减少了产品变质造成的损失，但与其他常规产品相比却产生了更多碳排放（Bai et al.，2019）。在碳减排压力下，当供应链系统中涉及易腐品时，供应链成员之间的协调也会变得更为复杂。由此可见，易腐品对可持续供应链管理提出了新的挑战。

　　基于以上背景，本章考虑一个易腐品的多周期供应链。由于生产过程是供应链温室气体排放的最主要来源之一，我们将碳足迹引入生产制造过程。为了对二级供应链进行建模，我们假设碳配额与交易政策只约束了制造商，并称该制造商为排放依赖型制造商（Du et al.，2016）。实践证明，通过边做边学，企业的经营活动可以积累经验（Kogan et al.，2017）。对于供应链中的零售商来说，当发生多次订购时，操作经验就会使订购活动变得更有效率。基于此，本章在建模时考虑了这些经营和操作活动的学习效应。本章的研究主要解决以下问题：（1）当碳配额与交易政策和学习效应同时作用于易腐品供应链时，分散式决策系统和集中式决策系统在利润方面的区别是什么呢？（2）是否存在一个契约能有效地协调这样一个供应链系统呢？（3）碳配额与交易政策对此类易腐品供应链的运作决策有何影响呢？针对这些问题，本章假设产品需求受销售价格、促销活动和当前库存水平三个因素的影响，首先构建并比较集中式和分散式决策下供应链的最佳运营策略。其次提出两部制契约协调该供应链的条件。最后利用数值算例诠释理论结果并进行关键参数的灵敏度分析，得到一些管理启示。

10.2　问题描述和基本假设

考虑由一个排放依赖型制造商和一个零售商组成的供应链，在一个有限计划期内销售一种易腐品。产品需求取决于销售价格、促销努力和当前的库存水平。当零售商的库存水平由于市场需求和产品变质而降为零时，从上游制造商处订购的产品将会到达零售商库存。假设零售商的采购提前期为零，且不允许发生缺货现象。由于在有限计划期内往往会多次订购，我们假设多次订购产生的学习效应会降低固定订购成本。为此，我们将固定订购成本的学习效应纳入库存控制模型。在有限计划期内，零售商要确定最优的补货时间、补货数量、销售价格和促销努力，使其利润最大化。制造商的产品制造过程是温室气体的主要来源，因此排放依赖型制造商受到碳配额与交易政策管制。排放依赖型制造商根据零售商的订单进行生产，为了方便分析，建模时不考虑生产时间。排放依赖型制造商要确定最优批发价格使其利润最大化。本章使用的参数和符号见表 10.1。

表 10.1　　　　　　　　　　　参数符号及含义

符号	含义
决策变量	
n	补货次数
t_i	第 i 次补货的时间点，$i=1, 2, \cdots, n$, $t_0=0$, $t_n=H$
s	零售商的促销努力（广告、服务等）
p	单位产品的销售价格
w	单位产品的批发价格
F	在两部制契约中，排放依赖型制造商支付给零售商的固定费用
目标函数	
$\Pi_r(n, s, p)$	分散决策下零售商的总利润
$\Pi_{r/tt}(n, s, p)$	两部制契约下零售商的总利润
$\Pi_m(w)$	分散决策下排放依赖型制造商的总利润
$\Pi_{m/tt}(w)$	两部制契约下排放依赖型制造商的总利润

符号	含义
$\Pi_c(n,\ s,\ p)$	集中决策下供应链的总利润
J_m^i	第 j 个模型中的碳排放总量，j = d 表示分散决策模型，j = c 表示集中决策模型，j = tt 表示两部制契约模型
参数	
H	有限计划期的长度
I (t)	t 时刻零售商的库存水平
I_i	第 i 个补货期零售商的总库存量，i = 1，2，…，n
Q_i	第 i 个补货期零售商的订购量，i = 1，2，…，n
A_i	第 i 个补货期零售商的固定订购成本，$A_1 \geqslant A_2 \geqslant \cdots \geqslant A_n$
ϕ	学习率。研究发现，在现实生活中，不同行业的学习率从 0.7 到 1.0 不等（Hung and Chen，2010）
b	学习指数，$b = \log_2 \phi$，$-0.515 < b < 0$
θ	产品变质率，$0 < \theta < 1$
f（·）	市场需求率
h_r	零售商的单位存储成本
h_d	零售商单位变质产品的处理成本
C	碳排放配额
c_p	单位碳排放许可交易价格
$\hat{c}$	生产单位产品产生的碳排放量
S_m	排放依赖型制造商的固定生产成本
c_m	排放依赖型制造商的单位生产成本

问题分析过程中用到的基本假设有：

（1）产品一旦变质立刻离开库存系统。

（2）零售商固定订购成本的学习现象由赖特（Wright，1936）提出的学习效应公式来表示。

（3）需求率函数影响因素的线性关系表达式为 f（·）= f(s,p,I(t))= D_0 + αs − βp + γI(t)，其中 D_0 表示潜在市场规模，α、β、γ 分别表示需求对零售商促销努力、销售价格和当前库存水平的弹性系数。需求函数的线性关系表达式被很多文献广泛使用（Burnetas and Ritchken，2005；Lus and Muriel，2009；Luo et al.，2016；Bai et al.，2019），由于需求量的非负性，这里假设 D_0 + αs − βp $\geqslant$ 0。

（4）零售商在每个补货期的促销努力成本为 $\frac{1}{2}\eta s^2$，其中 η 表示成本效率系数（Gurnani and Erkoc，2008）。

10.3 集中决策和分散决策分析与优化

根据以上问题描述，零售商的库存变化见图 10.1。第 i 个补货期从t_{i-1}时刻开始到t_i时刻结束。t_{i-1}时刻的初始库存量为零，并即刻收到来自制造商的第 i 次订单，库存量达到最高水平。然后由于市场需求和产品变质，库存水平逐渐下降，并在t_i时刻变为零。

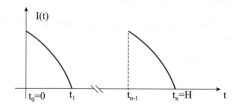

图 10.1 零售商的库存变化示意

因此 t 时刻的库存水平可以用以下微分方程表示：

$$\frac{dI(t)}{dt} = -f(s,p,I(t)) - \theta I(t), t_{i-1} \le t \le t_i \quad (10.1)$$

利用边界条件 $I(t_i) = 0$ 可得式（10.1）的解为：

$$I(t) = \frac{D_0 + \alpha s - \beta p}{\theta + \gamma} \left[e^{(\theta+r)(t_i-t)} - 1 \right] \quad (10.2)$$

因此，$[t_{i-1}, t_i]$区间内的累积库存量为：

$$I_i = \int_{t_{i-1}}^{t_i} I(t) dt = \frac{D_0 + \alpha s - \beta p}{\theta + \gamma} \left\{ \frac{e^{(\theta+r)(t_i-t)} - 1}{\theta + \gamma} - (t_i - t_{i-1}) \right\} \quad (10.3)$$

零售商在第 i 次补货期的订购量为：

$$Q_i = I(t_{i-1}) \quad (10.4)$$

由于第 i 个补货期产品会发生变质，故该补货期内零售商销售的产品数量为：

$$Q_i - \theta I_i = \frac{D_0 + \alpha s - \beta p}{\theta + \gamma} \left\{ \frac{\gamma}{\theta + \gamma} \left[e^{(\theta+\gamma)(t_i-t_{i-1})} - 1 \right] + \theta(t_i - t_{i-1}) \right\} \quad (10.5)$$

计划期内生产过程产生的碳排放总量为：

$$\hat{c} \sum_{i=1}^{n} Q_i = \hat{c} \frac{D_0 + \alpha s - \beta p}{\theta + \gamma} \sum_{i=1}^{n} \left[e^{(\theta+r)(t_i-t_{i-1})} - 1 \right] \quad (10.6)$$

10.3.1 集中决策

在集中决策情形下，排放依赖型制造商和零售商共同制定最优补货时间、补货次数、促销努力和销售价格来最大化整个供应链的利润。在碳交易政策约束下，系统利润表示为：

$$\Pi_c(n,s,p) = p\sum_{i=1}^{n}(Q_i - \theta I_i) - (h_r + \theta h_d)\sum_{i=1}^{n}I_i - \sum_{i=1}^{n}A_i - \frac{n\eta s^2}{2}$$

$$- \sum_{i=1}^{n}(c_m Q_i + S_m) + c_p(C - \hat{c}\sum_{i=1}^{n}Q_i) \quad (10.7)$$

其中第一项为系统总销售收入，第二项为库存和变质成本，第三项为零售商的固定订购成本，第四项为促销成本，第五项为制造商的生产成本，第六项为碳排放收益。令 $\Delta p = \gamma p - (c_m + c_p\hat{c})(\theta + \gamma) - (h_r + \theta h_d)$，根据系统利润可得以下引理和定理。

引理 10.1 集中决策下，对给定的 n、s、p 和 $\Delta p \neq 0$，$\Pi_c(n, s, p)$ 存在最大值的必要条件为 $t_i - t_{i-1} = \dfrac{H}{n}$，$i = 1, 2, \cdots, n$。

证明：将式（10.3）~式（10.6）代入式（10.7）可得：

$$\Pi_c(n,s,p) = \frac{D_0 + \alpha s - \beta p}{(\theta + \gamma)^2}\sum_{i=1}^{n}\Big\{\Delta p\big[e^{(\theta+\gamma)(t_i-t_{i-1})} - 1\big] + (\theta + \gamma)(p\theta + h_r + \theta h_d)$$

$$(t_i - t_{i-1})\Big\} - \sum_{i=1}^{n}A_i - \frac{n\eta s^2}{2} - n S_m + c_p C \quad (10.8)$$

对给定的 n、s、p，$\Pi_c(n, s, p)$ 存在最大值的必要条件是 $\dfrac{\partial \Pi_c(n, s, p)}{\partial t_i} = 0$，$i = 1, 2, \cdots, n$。利用式（10.8）化简可得：

$$\frac{\partial \Pi_c(n,s,p)}{\partial t_i} = \frac{D_0 + \alpha s - \beta p}{\theta + \gamma}\Delta p\big[e^{(\theta+\gamma)(t_i-t_{i-1})} - e^{(\theta+\gamma)(t_{i+1}-t_i)}\big] = 0 \quad (10.9)$$

利用 $e^{\theta x}$ 的单调性求解式（10.9）可得，$t_i - t_{i-1} = t_{i+1} - t_i$，$i = 1, 2, \cdots, n-1$。结合初始条件 $t_0 = 0$，$t_n = H$ 可得 $t_i - t_{i-1} = \dfrac{H}{n}$，$i = 1, 2, \cdots, n$。

定理 10.1 集中决策下，对给定的 n，s，p 和 $\Delta p < 0$，$\Pi_c(n, s, p)$ 存在最大值的充要条件为 $t_i - t_{i-1} = \dfrac{H}{n}$，$i = 1, 2, \cdots, n$。

证明：对给定的 n、s、p，当 $\Delta p < 0$ 时，根据引理 10.1 可知，$\Pi_c(n, s, p)$

存在最大值的必要条件为$t_i - t_{i-1} = \dfrac{H}{n}$，$i = 1$，$2$，$\cdots$，$n$。另外，对式（10.7）关于$t_i$求二阶偏导数可得：

$$\frac{\partial^2 \Pi_c(n,s,p)}{\partial t_i^2} = (D_0 + \alpha s - \beta p)\Delta p\left[e^{(\theta+\gamma)(t_i - t_{i-1})} - e^{(\theta+\gamma)(t_{i+1} - t_i)}\right] \quad (10.10)$$

$$\frac{\partial^2 \Pi_c(n,s,p)}{\partial t_i \partial t_{i-1}} = -(D_0 + \alpha s - \beta p)\Delta p e^{(\theta+\gamma)(t_i - t_{i-1})} \quad (10.11)$$

$$\frac{\partial^2 \Pi_c(n,s,p)}{\partial t_i \partial t_{i+1}} = -(D_0 + \alpha s - \beta p)\Delta p e^{(\theta+\gamma)(t_{i+1} - t_i)} \quad (10.12)$$

而且，当$j < i-1$或$j > i+1$时，有$\dfrac{\partial^2 \Pi_c(n,\ s,\ p)}{\partial t_i \partial t_j} = 0$。

令$u(t_i) = (D_0 + \alpha s - \beta p)e^{(\theta+\gamma)(t_i - t_{i-1})}$。利用$t_i - t_{i-1} = \dfrac{H}{n}$可得$u(t_i) = u(t_{i+1})$，$i = 1$，$2$，$\cdots$，$n$。将$u(t_i)$简记为$u$，显然$u > 0$成立。为了确保$t_i - t_{i-1} = \dfrac{H}{n}$能够使$\Pi_c(n,\ s,\ p)$达到最大值，下面证明海森矩阵是负定的。令$M_k$表示$k$阶顺序主子式，当$\Delta p < 0$时，利用式（10.10）～式（10.12）可得$M_1 = 2u\Delta p < 0$，$M_2 = 3u^2(\Delta p)^2 > 0$，对任意$k > 2$，有$M_k = (k+1)u^k(\Delta p)^k$。显然，当$k$是奇数时$M_k > 0$，当$k$是偶数时$M_k < 0$。因此海森矩阵负定。

定理10.1表明寻找补货时间序列$\{t_i\}$的n维问题可以转化为一维问题。当给定n、s、p且$\Delta p < 0$时，从$t_0 = 0$或$t_n = H$可以通过一维搜索找到使$\Pi_c(n,\ s,\ p)$最大的补货时间序列$\{t_i\}$。此外关于系统利润还有以下结论成立。

定理10.2 集中决策下，对给定的s和p：

（1）当$\Delta p \geq 0$时，最优补货次数$n = 1$；

（2）当$\Delta p < 0$时，$\Pi_c(n,\ s,\ p)$是n的凹函数。

证明：由于n是整数变量，我们证明当n是连续型变量时结论成立。参考赖特（Wright，1936）的学习曲线公式，零售商第i次补货的固定订购成本可表示为$A_i = A_1 i^b$，有限计划期内的总固定订购成本为：

$$\sum_{i=1}^n A_i = \sum_{i=1}^n A_1 i^b \approx \int_0^n A_1 i^b di = \frac{A_1}{b+1}n^{b+1} \quad (10.13)$$

利用引理10.1，将式（10.13）代入式（10.8）并化简可得：

$$\Pi_c(n,s,p) = \frac{D_0 + \alpha s - \beta p}{(\theta+\gamma)^2}\left\{\Delta pn\left[e^{\frac{(\theta+\gamma)H}{n}} - 1\right] - \frac{n\eta s^2}{2}\right.$$

$$\left. + (\theta+\gamma)(p\theta + h_r + \theta h_d)H\right\} - \frac{A_1}{b+1}n^{b+1} - nS_m + c_pC \quad (10.14)$$

$\Pi_c(n, s, p)$ 关于 n 的一阶导数为：

$$\frac{\partial \Pi_c(n, s, p)}{\partial n} = \frac{D_0 + \alpha s - \beta p}{(\theta + \gamma)^2} \Delta p \left[e^{\frac{(\theta + \gamma)H}{n}} - 1 - \frac{(\theta + \gamma)H}{n} e^{\frac{(\theta + \gamma)H}{n}} \right] - A_1 n^b - \frac{\eta s^2}{2} - S_m$$

(10.15)

令 $x = \frac{(\theta + \gamma)H}{n}$，$f(x) = e^x - 1 - xe^x$。可以证明 $f(x)$ 是严格减函数且 $f(0) = 0$，因此有 $f(x) < 0$ 成立。

(1) 当 $\Delta p \geq 0$ 时，有 $\frac{\partial \Pi_c(n, s, p)}{\partial n} < 0$，表明 $\Pi_c(n, s, p)$ 是关于 n 的严格减函数。此时，零售商的最优补货次数为 1 时 $\Pi_c(n, s, p)$ 最大。

(2) 当 $\Delta p < 0$ 时，令 $\frac{\partial \Pi_c(n, s, p)}{\partial n} = 0$ 可得：

$$A_1 n^b = \frac{D_0 + \alpha s - \beta p}{(\theta + \gamma)^2} \Delta p \left[e^{\frac{(\theta + \gamma)H}{n}} - 1 - \frac{(\theta + \gamma)H}{n} e^{\frac{(\theta + \gamma)H}{n}} \right] - \frac{\eta s^2}{2} - S_m \quad (10.16)$$

$\Pi_c(n, s, p)$ 关于 n 的二阶导数为：

$$\frac{\partial^2 \Pi_c(n, s, p)}{\partial n^2} = \frac{(D_0 + \alpha s - \beta p) \Delta p H^2}{n^3} e^{\frac{(\theta + \gamma)H}{n}} - A_1 b n^{b-1} \quad (10.17)$$

令 $g(x) = x^2 e^x + bx e^x - b e^x + b$，利用 $-0.515 < b < 0$ 可以证明 $g(x)$ 是严格增函数，且 $g(x) > 0$。因此，当 $\Delta p < 0$ 时，有 $\frac{\partial^2 \Pi_c(n, s, p)}{\partial n^2} < 0$，说明 $\Pi_c(n, s, p)$ 是关于 n 的凹函数。

定理 10.2 保证了集中决策下最优补货次数的唯一性。由该定理可知，存在一个阈值，当销售价格不低于该阈值时，供应链系统只需要进行一次补货，否则需要进行多次补货。由于补货次数是整数，当 $\Delta p < 0$ 时，最优补货次数 n 应满足 $\Pi_c(n, s, p) \geq \Pi_c(n-1, s, p)$ 且 $\Pi_c(n, s, p) \geq \Pi_c(n+1, s, p)$。为了方便表述，用 n_c^*、s_c^* 和 p_c^* 表示集中决策下的最优补货次数、促销努力和销售价格。

令

$$\Phi_1(n) = \frac{n}{\theta + \gamma} \left[e^{\frac{(\theta + \gamma)H}{n}} - 1 \right] \quad (10.18)$$

$$\Phi_2(n) = \frac{n}{\theta + \gamma} \left\{ \frac{1}{\theta + \gamma} \left[e^{\frac{(\theta + \gamma)H}{n}} - 1 \right] - \frac{H}{n} \right\} \quad (10.19)$$

$$\Phi_3(n) = \frac{n}{\theta + \gamma} \left\{ \frac{\gamma}{\theta + \gamma} \left[e^{\frac{(\theta + \gamma)H}{n}} - 1 \right] + \theta \frac{H}{n} \right\} \quad (10.20)$$

容易证明 $\Phi_3(n) = \Phi_1(n) - \theta \Phi_2(n)$ 且 $\Phi_1(n) > 0$，$\Phi_2(n) > 0$，$\Phi_3(n) > 0$。

将它们代入供应链利润 $\Pi_c(n, s, p)$ 可得如下结论。

定理 10.3 给定 n，若 $2\beta n\eta - \alpha^2 \Phi_3(n) > 0$，则 $\Pi_c(n, s, p)$ 是 s 和 p 的联合凹函数。而且，当最优补货次数为 n_c^* 时，最优销售价格和促销努力分别为：

$$p_c^* = \frac{D_0 n_c^* \eta \Phi_3(n_c^*) + [\beta\eta n_c^* - \alpha^2 \Phi_3(n_c^*)][(c_m + c_p\hat{c})\Phi_1(n_c^*) + (h_r + \theta h_d)\Phi_2(n_c^*)]}{[2\beta\eta n_c^* - \alpha^2 \Phi_3(n_c^*)]\Phi_3(n_c^*)}$$

$$(10.21)$$

$$s_c^* = \frac{\alpha[D_0 \Phi_3(n_c^*) - \beta(c_m + c_p\hat{c})\Phi_1(n_c^*) - \beta(h_r + \theta h_d)\Phi_2(n_c^*)]}{2\beta\eta n_c^* - \alpha^2 \Phi_3(n_c^*)} \quad (10.22)$$

证明：将式（10.18）~式（10.20）代入式（10.8），化简可得：

$$\Pi_c(n,s,p) = (D_0 + \alpha s - \beta p)[p\Phi_3(n) - (c_m + c_p\hat{c})\Phi_1(n) - (h_r + \theta h_d)\Phi_2(n)]$$

$$- \frac{1}{2}n\eta s^2 - \sum_{i=1}^{n} A_i - n S_m + c_p C \quad (10.23)$$

对给定的 n，$\Pi_c(n, s, p)$ 关于 s 和 p 的二阶导数满足 $\dfrac{\partial^2 \Pi_c(n, s, p)}{\partial s^2} = -n\eta$，

$\dfrac{\partial^2 \Pi_c(n, s, p)}{\partial p^2} = -2\beta\Phi_3(n)$，$\dfrac{\partial^2 \Pi_c(n, s, p)}{\partial p \partial s} = \alpha\Phi_3(n)$。由于 $\dfrac{\partial^2 \Pi_c(n, s, p)}{\partial s^2}$

$\dfrac{\partial^2 \Pi_c(n, s, p)}{\partial p^2} - \left(\dfrac{\partial^2 \Pi_c(n, s, p)}{\partial p \partial s}\right)^2 = \Phi_3(n)[2\beta n\eta - \alpha^2 \Phi_3(n)] > 0$，因此集中决策

下系统利润是 s 和 p 的联合凹函数，存在唯一的促销努力水平和销售价格使得

$\Pi_c(n, s, p)$ 最大。因此，当最优补货次数为 n_c^* 时，求解一阶导数 $\dfrac{\partial \Pi_c(n, s, p)}{\partial s} = 0$ 和 $\dfrac{\partial \Pi_c(n, s, p)}{\partial p} = 0$ 可得式（10.21）和式（10.22）。

根据以上结果，我们设计算法 A 求解集中决策下的最优运作决策 (n_c^*, s_c^*, p_c^*)。

算法 A：

步骤 1 令 k = 1。若 $2\beta\eta - \alpha^2 \Phi_3(k) \leq 0$，停止。若 $2\beta\eta - \alpha^2 \Phi_3(k) > 0$，令 $(\Delta p)^{(k)} = \gamma p_c^{(k)} - (c_m + c_p\hat{c})(\theta + \gamma) - (h_r + \theta h_d)$。若 $(\Delta p)^{(k)} \geq 0$，根据式（10.21）和式（10.22）计算 $p_c^{(k)}$ 和 $s_c^{(k)}$，令 $(n_c^*, s_c^*, p_c^*) = (1, s_c^{(k)}, p_c^{(k)})$，停止。若 $(\Delta p)^{(k)} < 0$，进入步骤 2。

步骤 2 令 n = k + 1，进入步骤 3。

步骤 3 若 $2\beta\eta n - \alpha^2 \Phi_3(n) \leq 0$，停止。若 $2\beta\eta n - \alpha^2 \Phi_3(n) > 0$，根据式（10.21）和式（10.22）计算 $p_c^{(n)}$ 和 $s_c^{(n)}$。若 $\Pi_c(n, s_c^{(n)}, p_c^{(n)}) \geq \Pi_c(n-1, s_c^{(n)}, p_c^{(n)})$ 且 $\Pi_c(n, s_c^{(n)}, p_c^{(n)}) \geq \Pi_c(n+1, s_c^{(n)}, p_c^{(n)})$，令 $(n_c^*, s_c^*, p_c^*) = (n,$

$s_c^{(n)}$，$p_c^{(n)}$），停止。否则，进入步骤 2。

将式（10.21）和式（10.22）代入集中决策下的系统利润与碳排放公式可得：

$$\Pi_c(n_c^*,s_c^*,p_c^*) = \frac{n_c^* \eta [2\beta\eta n_c^* - \alpha^2 \Phi_3(n_c^*)]}{2\alpha^2 \Phi_3(n_c^*)}(s_c^*)^2 - \sum_{i=1}^{n_c^*} A_i - n_c^* S_m + c_p C$$

$$（10.24）$$

$$J_m^c = \frac{\hat{c}\beta\eta n_c^* \Phi_1(n_c^*)}{\alpha \Phi_3(n_c^*)}s_c^*$$

$$（10.25）$$

10.3.2　分散决策

在分散决策下，制造商和零售商从各自利润最大化的角度制定运作决策。在制造商主导的博弈中，排放依赖型制造商先设定批发价格，然后零售商确定补货时间、补货次数、促销努力和销售价格。此时，零售商的利润表示为：

$$\Pi_r(n,s,p) = p\sum_{i=1}^{n}(Q_i - \theta I_i) - (h_r + \theta h_d)\sum_{i=1}^{n}I_i - \sum_{i=1}^{n}(wQ_i + A_i) - \frac{n}{2}\eta s^2$$

$$（10.26）$$

其中第一项为零售商的销售收入，第二项为零售商的库存和产品损耗成本，第三项为零售商的总订购成本，第四项为零售商的促销努力成本。

由于制造商是排放依赖型并且批量提供产品，制造商的利润表示为：

$$\Pi_m(w) = w\sum_{i=1}^{n}Q_i - \left[\sum_{i=1}^{n}c_m Q_i + nS_m\right] + c_p(C - \hat{c}\sum_{i=1}^{n}Q_i) \quad （10.27）$$

其中第一项为制造商的销售收入，第二项为总生产成本，第三项为碳排放收入。

可以证明分散决策下定理 10.2 和定理 10.3 仍然成立，其中 $\Delta p = \gamma p - w(\theta + \gamma) - (h_r + \theta h_d)$。这意味着对于给定的 s、p、w，存在最优的补货时间和补货次数使得 $\Pi_r(n,s,p)$ 最大。用下标 d 表示分散决策下问题的最优解，根据式（10.26）和式（10.27）可以得到以下结论。

定理 10.4　分散决策下，对于给定的 n，若 $2\beta\eta n - \alpha^2 \Phi_3(n) > 0$，则以下结论成立。

（1）零售商的利润 $\Pi_r(n, s, p)$ 是 s 和 p 的联合凹函数。当最优补货次数为 n_d^* 时，对应的最优促销努力和销售价格分别为：

$$p_d^* = \frac{D_0 \Phi_3(n_d^*)[3\beta\eta n_d^* - \alpha^2 \Phi_3(n_d^*)]}{2\beta[2\beta\eta n_d^* - \alpha^2 \Phi_3(n_d^*)]\Phi_3(n_d^*)}$$

$$+ \frac{\left[\beta \eta n_d^* - \alpha^2 \, \Phi_3(n_d^*)\right]\left[(c_m + c_p \hat{c}) \Phi_1(n_d^*) + (h_r + \theta \, h_d) \Phi_2(n_d^*)\right]}{2\left[2\beta \eta n_d^* - \alpha^2 \, \Phi_3(n_d^*)\right] \Phi_3(n_d^*)} \quad (10.28)$$

$$s_d^* = \frac{\alpha \left[D_0 \Phi_3(n_d^*) - \beta(c_m + \hat{c} c_p) \Phi_1(n_d^*) - \beta(h_r + \theta \, h_d) \Phi_2(n_d^*)\right]}{2\left[2\beta \eta n_d^* - \alpha^2 \, \Phi_3(n_d^*)\right]}$$

$$(10.29)$$

（2）制造商的利润$\Pi_m(w)$是 w 的凹函数，最优批发价格为：

$$w_d^* = c_m + \hat{c} c_p + \frac{2\beta \eta n_d^* - \alpha^2 \, \Phi_3(n_d^*)}{\alpha \beta \, \Phi_1(n_d^*)} s_d^* \quad (10.30)$$

证明：根据逆向求解法，先分析零售商的最优决策，然后求解排放依赖型制造商的均衡策略。利用定理10.1和定理10.2改写式（10.26）和式（10.27）可得：

$$\Pi_r(n,s,p) = (D_0 + \alpha s - \beta p)\left[p \, \Phi_3(n) - w \, \Phi_1(n)\right.$$

$$\left. - (h_r + \theta \, h_d) \Phi_2(n)\right] - \sum_{i=1}^{n} A_i - \frac{n}{2} \eta s^2 \quad (10.31)$$

$$\Pi_m(w) = (w - c_m - \hat{c} c_p)(D_0 + \alpha s - \beta p) \Phi_1(n) + c_p C \quad (10.32)$$

对于给定的 n 和 w，$\Pi_r(n,s,p)$关于 s、p 的一阶导数可以化简为：

$$\frac{\partial \Pi_r(n,s,p)}{\partial s} = \alpha\left[p \, \Phi_3(n) - w \, \Phi_1(n) - (h_r + \theta \, h_d) \Phi_2(n)\right] - n\eta s \quad (10.33)$$

$$\frac{\partial \Pi_r(n,s,p)}{\partial p} = -2\beta p \, \Phi_3(n) + \beta w \, \Phi_1(n) + \beta(h_r + \theta \, h_d) \Phi_2(n) + D_0 \Phi_3(n) + \alpha s \, \Phi_3(n)$$

$$(10.34)$$

二阶导数满足$\dfrac{\partial^2 \, \Pi_r(n,s,p)}{\partial s^2} = -n\eta$，$\dfrac{\partial^2 \, \Pi_r(n,s,p)}{\partial p^2} = -2\beta \, \Phi_3(n)$，

$\dfrac{\partial^2 \, \Pi_r(n,s,p)}{\partial s \partial p} = \alpha \, \Phi_3(n)$，$\dfrac{\partial^2 \, \Pi_r(n,s,p)}{\partial s^2} \dfrac{\partial^2 \, \Pi_r(n,s,p)}{\partial p^2} - \left(\dfrac{\partial^2 \, \Pi_r(n,s,p)}{\partial s \partial p}\right)^2 = $

$\Phi_3(n)\left[2\beta \eta n - \alpha^2 \, \Phi_3(n)\right]$。这说明当$2\beta \eta n - \alpha^2 \, \Phi_3(n) > 0$时，$\Pi_r(n,s,p)$是关于 s、p 的联合凹函数。

当最优补货次数为n_d^*时，令一阶导数等于零可得：

$$p_d^* = \frac{D_0 \Phi_3(n_d^*) \eta n_d^* + \left[\beta \eta n_d^* - \alpha^2 \, \Phi_3(n_d^*)\right]\left[w \, \Phi_1(n_d^*) + (h_r + \theta \, h_d) \Phi_2(n_d^*)\right]}{\left[2\beta \eta n_d^* - \alpha^2 \, \Phi_3(n_d^*)\right] \Phi_3(n_d^*)}$$

$$(10.35)$$

$$s_d^* = \frac{\alpha \left[D_0 \Phi_3(n_d^*) - \beta w \, \Phi_1(n_d^*) - \beta(h_r + \theta \, h_d) \Phi_2(n_d^*)\right]}{2\beta \eta n_d^* - \alpha^2 \, \Phi_3(n_d^*)} \quad (10.36)$$

此外可得$D_0 + \alpha s_d^* - \beta p_d^* = \dfrac{\beta \eta n_d^*}{\alpha \, \Phi_3(n_d^*)} s_d^*$。将其代入式（10.41）可得：

$$\Pi_{m}(w) = (w - c_{m} - \hat{c} c_{p}) \frac{\beta \eta n_{d}^{*}}{\alpha \ \Phi_{3}(n_{d}^{*})} s_{d}^{*} \ \Phi_{1}(n^{*}) + c_{p} C \qquad (10.37)$$

$\Pi_{m}(w)$ 关于 w 的二阶导数为 $\dfrac{\partial^{2} \ \Pi_{m}(w)}{\partial w^{2}} = -\dfrac{2 \ \beta^{2} \eta n_{d}^{*} \ \Phi_{1}^{2}(n_{d}^{*})}{2 \beta \eta n_{d}^{*} - \alpha^{2} \ \Phi_{3}(n_{d}^{*})}$。当 $2 \beta \eta n_{d}^{*} -$

$\alpha^{2} \ \Phi_{3}(n_{d}^{*}) < 0$ 时，$\Pi_{m}(w)$ 是 w 的凹函数。令一阶导数等于零可得式(10.30)。将式(10.30)代入式(10.47)可得式(10.29)。根据式(10.29)和式(10.30)可得：

$$w_{d}^{*} \ \Phi_{1}(n_{d}^{*}) + (h_{r} + \theta \ h_{d}) \Phi_{2}(n_{d}^{*}) = \frac{1}{2\beta} \big[D_{0} \Phi_{3}(n_{d}^{*}) + \beta(c_{m} +$$
$$\hat{c} c_{p}) \Phi_{1}(n_{d}^{*}) + \beta(h_{r} + \theta \ h_{d}) \Phi_{2}(n_{d}^{*}) \big] \quad (10.38)$$

将式 (10.38) 代入式 (10.35) 可得式 (10.28)。

与集中决策类似，我们可以设计如下算法 B 得到分散决策下的最优运作决策。

算法 B：

步骤 1 令 $k = 1$。若 $2 \beta \eta - \alpha^{2} \ \Phi_{3}(k) \leqslant 0$，停止。若 $2 \beta \eta - \alpha^{2} \ \Phi_{3}(k) > 0$，令 $(\Delta p)^{(k)} = \gamma p_{c}^{(k)} - w_{d}^{(1)}(\theta + \gamma) - (h_{r} + \theta \ h_{d})$。若 $(\Delta p)^{(k)} \geqslant 0$，根据式 (10.28)、式 (10.29) 和式 (10.30) 计算 $p_{d}^{(k)}$、$s_{d}^{(k)}$ 和 $w_{d}^{(k)}$，令 $(n_{d}^{*}, s_{d}^{*}, p_{d}^{*}, w_{d}^{*}) = (k, s_{c}^{(k)}, p_{c}^{(k)}, w_{d}^{(k)})$，停止。若 $(\Delta p)^{(k)} < 0$，进入步骤 2。

步骤 2 令 $n = k + 1$，进入步骤 3。

步骤 3 若 $2 \beta \eta n - \alpha^{2} \ \Phi_{3}(n) \leqslant 0$，停止。若 $2 \beta \eta n - \alpha^{2} \ \Phi_{3}(n) > 0$，根据式 (10.28)、式 (10.29) 和式 (10.30) 计算 $p_{d}^{(k)}$、$s_{d}^{(k)}$ 和 $w_{d}^{(k)}$。若 $\Pi_{r}(n, s_{d}^{(n)}, p_{d}^{(n)}) \geqslant \Pi_{r}(n-1, s_{d}^{(n)}, p_{d}^{(n)})$ 且 $\Pi_{r}(n, s_{d}^{(n)}, p_{d}^{(n)}) \geqslant \Pi_{r}(n+1, s_{d}^{(n)}, p_{d}^{(n)})$，令 $(n_{d}^{*}, s_{d}^{*}, p_{d}^{*}, w_{d}^{*}) = (n, s_{d}^{(n)}, p_{d}^{(n)}, w_{d}^{(k)})$，停止。否则，进入步骤 2。

利用式 (10.28)、式 (10.29) 和式 (10.30) 化简零售商和制造商的最优利润以及碳排放量可得：

$$\Pi_{r}(n_{d}^{*}, s_{d}^{*}, p_{d}^{*}) = \frac{n_{d}^{*} \eta \big[2 \beta \eta n_{d}^{*} - \alpha^{2} \ \Phi_{3}(n_{d}^{*}) \big]}{2 \ \alpha^{2} \ \Phi_{3}(n_{d}^{*})} (s_{d}^{*})^{2} - \sum_{i=1}^{n_{d}^{*}} A_{i} \quad (10.39)$$

$$\Pi_{m}(w_{d}^{*}) = \frac{n_{d}^{*} \eta \big[2 \beta \eta n_{d}^{*} - \alpha^{2} \ \Phi_{3}(n_{d}^{*}) \big]}{\alpha^{2} \ \Phi_{3}(n_{d}^{*})} (s_{d}^{*})^{2} - n_{d}^{*} \ S_{m} + c_{p} C \quad (10.40)$$

$$J_{m}^{d} = \frac{\hat{c} \beta \eta n_{d}^{*} \ \Phi_{1}(n_{d}^{*})}{\alpha \ \Phi_{3}(n_{d}^{*})} s_{d}^{*} \qquad (10.41)$$

根据式 (10.24)、式 (10.25)、式 (10.39)~式 (10.41) 可得以下结论。

定理 10.5 对比集中决策和分散决策可得：

(1) 存在一个阈值 $\Delta = \dfrac{\Phi_{1}(n_{d}^{*}) \Phi_{3}(n_{c}^{*})}{\Phi_{1}(n_{c}^{*}) \Phi_{3}(n_{d}^{*})}$，当 $s_{c}^{*} < \Delta s_{d}^{*}$ 时，$J_{m}^{c} < J_{m}^{d}$ 成立；否

则 $J_m^c \geqslant J_m^d$ 成立。

（2）集中决策和分散决策下供应链的利润差满足 $\Pi_c\left(n_c^*,s_c^*,p_c^*\right) -$
$\left[\Pi_r\left(n_d^*,s_d^*,p_d^*\right) + \Pi_m\left(w_d^*\right)\right] \geqslant \dfrac{n_d^*\eta\left[2\beta\eta n_d^* - \alpha^2\,\Phi_3\left(n_d^*\right)\right]}{2\,\alpha^2\,\Phi_3\left(n_d^*\right)}\left(s_d^*\right)^2$。

证明：先找到集中式供应链的一个可行解。当 $n_c^* = n_d^*$ 时，比较定理 10.3
和定理 10.4 中的最优解可得，$s_c^* = 2s_d^*$，$p_c^* = 2p_d^* + \dfrac{D_0}{\beta}$。显然，$\left(n_d^*,\ 2s_d^*,\right.$

$\left.2p_d^* + \dfrac{D_0}{\beta}\right)$ 是集中式供应链的一个可行解。利用 $\left(n_c^*,\ s_c^*,\ p_c^*\right)$ 的最优性可得，

$\Pi_c(n_c^*,s_c^*,\ p_c^*) \geqslant \Pi_c\left(n_d^*,\ 2s_d^*,\ 2p_d^* + \dfrac{D_0}{\beta}\right)$。根据式（10.24）可得：

$$\Pi_c(n_c^*,s_c^*,p_c^*) \geqslant \Pi_c\left(n_d^*,2s_d^*,2p_d^* + \frac{D_0}{\beta}\right)$$
$$= \frac{2\eta n_d^*\left[2\beta\eta n_d^* - \alpha^2\,\Phi_3\left(n_d^*\right)\right]}{\alpha^2\,\Phi_3\left(n_d^*\right)}\left(s_d^*\right)^2 - \sum_{i=1}^{n_d^*}A_i - n_d^*\,S_m + c_p C$$

$$(10.42)$$

比较式（10.24）、式（10.39）和式（10.40）可得：
$$\Pi_c(n_c^*,s_c^*,p_c^*) - \left[\Pi_r(n_d^*,s_d^*,p_d^*) + \Pi_m(w_d^*)\right]$$
$$\geqslant \Pi_c\left(n_d^*,2s_d^*,2p_d^* + \frac{D_0}{\beta}\right) - \left[\Pi_r(n_d^*,s_d^*,p_d^*) + \Pi_m(w_d^*)\right]$$
$$= \frac{n_d^*\eta\left[2\beta\eta n_d^* - \alpha^2\,\Phi_3\left(n_d^*\right)\right]}{2\,\alpha^2\,\Phi_3\left(n_d^*\right)}\left(s_d^*\right)^2$$

$$(10.43)$$

定理 10.5 比较了集中决策和分散决策下的系统利润与碳排放量。定理结论（1）表明当集中决策和分散决策下最优促销努力水平的比值小于阈值 Δ 时，集中决策下的碳排放量低于分散决策下的碳排放量。结论（2）给出了制造商和零售商合作时供应链总利润增加额的最小值。特别地，当 $c_p C \leqslant n_d^*\,S_m + \sum\limits_{i=1}^{n_d^*}A_i$ 时，集中决策下供应链总利润增加值至少是分散决策下供应链总利润的 $\dfrac{1}{3}$。制造商作为领导者希望零售商愿意合作。然而对零售商来说，合作并不一定能使其自身利润增加。例如，从定理 10.3 和定理 10.4 可知，若 $n_c^* = n_d^*$，则 $s_c^* = 2s_d^*$，$p_c^* = 2p_d^* - \dfrac{D_0}{\beta}$。根据式（10.4）可知分散决策下的订购量低于集中决策下的订购量。

此外，若 $p_d^* < \dfrac{D_0}{\beta}$，则 $p_c^* < p_d^*$ 成立。此时就会产生如下问题：（1）合作导致订购量增加，进而增加了零售商的存储和订购成本。（2）合作会提高促销努力水平，相应的成本由零售商承担。（3）较低的销售价格和较高的促销努力水平会提高消费者需求，但是零售商的利润不一定上升。因此，为了让零售商愿意合作，制造商需要与零售商进行协商并通过合同的形式给予一定的激励保障。两部制（TT）契约与其他契约相比具有一定的稳健性，被广泛应用在不同供应链的协调中（Bai et al.，2017）。下一节将利用两部制契约协调该供应链，并用下标 tt 表示契约协调下供应链的最优决策。

10.4　两部制契约协调

在两部制契约下，制造商降低批发价格 w 并向零售商收取固定费用 F，通过这种方式激励零售商执行集中决策下的最优运作决策。此时，零售商和制造商的利润分别为：

$$\Pi_{r/tt}(n,s,p) = (D_0 + \alpha s - \beta p)[p\,\Phi_3(n) - w\,\Phi_1(n)$$

$$- (h_r + \theta h_d)\Phi_2(n)] - \sum_{i=1}^{n} A_i - \frac{n}{2}\eta s^2 - F \qquad (10.44)$$

$$\Pi_{m/tt}(w) = (D_0 + \alpha s - \beta p)(w - c_m - \hat{c}c_p)\Phi_1(n) + c_p C + F \qquad (10.45)$$

根据式（10.44）、式（10.45）及协调的条件可得以下结论。

定理 10.6　当 $n_{tt}^* = n_c^*$ 且 $p_{tt}^* = p_c^*$ 时，两部制契约能够协调供应链，对应的最优批发价格和促销努力水平分别为：

$$w_{tt}^* = c_m + c_p \hat{c} \qquad (10.46)$$

$$s_{tt}^* = \frac{\alpha[D_0\Phi_3(n_c^*) - \beta(c_m + c_p\hat{c})\Phi_1(n_c^*) - \beta(h_r + \theta h_d)\Phi_2(n_c^*)]}{2\beta\eta n_c^* - \alpha^2\,\Phi_3(n_c^*)}$$

$$(10.47)$$

证明：与定理 10.4 的证明类似，可以证明对于给定的 n，$2\beta\eta n - \alpha^2\,\Phi_3(n) > 0$，$\Pi_{r/tt}(n, s, p)$ 是 s 和 p 的联合凹函数。因此，对最优补货次数 n_{tt}^*，令一阶导数 $\dfrac{\partial\Pi_{r/tt}(n_{tt}^*, s, p)}{\partial s} = 0$，$\dfrac{\partial\Pi_{r/tt}(n_{tt}^*, s, p)}{\partial p} = 0$ 可得：

$$p_{tt}^* = \frac{D_0 n_{tt}^* \eta\,\Phi_3(n_{tt}^*) + [\beta\eta n_{tt}^* - \alpha^2\,\Phi_3(n_{tt}^*)][w\,\Phi_1(n_{tt}^*) + (h_r + \theta h_d)\Phi_2(n_{tt}^*)]}{[2\beta\eta n_{tt}^* - \alpha^2\,\Phi_3(n_{tt}^*)]\Phi_3(n_{tt}^*)}$$

$$(10.48)$$

$$s_{tt}^* = \frac{\alpha\left[D_0\Phi_3(n_{tt}^*) - \beta w\Phi_1(n_{tt}^*) - \beta(h_r + \theta h_d)\Phi_2(n_{tt}^*)\right]}{2\beta\eta n_{tt}^* - \alpha^2\Phi_3(n_{tt}^*)} \tag{10.49}$$

协调的条件是 $n_{tt}^* = n_c^*$ 且 $p_{tt}^* = p_c^*$，此时 $w_{tt}^* = c_m + c_p\hat{c}$。将其代入式 （10.49）可得式（10.47）。

比较式（10.22）和式（10.47）可得 $s_{tt}^* = s_c^*$。由此可知，两部制契约下零售商的最优决策与集中决策下的最优运作决策相同。定理10.6表明在两部制契约下，当批发价格等于单位生产成本与单位碳排放权交易价格之和时，两部制契约能够协调供应链。下面分析制造商和零售商接受两部制契约的条件。

定理10.7 在两部制契约下有：

（1）$J_m^{tt} = J_m^c$；

（2）$\Pi_c(n_c^*, s_c^*, p_c^*) = \Pi_{r/tt}(n_{tt}^*, s_{tt}^*, p_{tt}^*) + \Pi_{m/tt}(w_{tt}^*)$；

（3）制造商和零售商都愿意接受两部制契约协调的条件是 $\dfrac{\eta n_c^*\left[2\beta\eta n_c^* - \alpha^2\Phi_3(n_c^*)\right]}{4\alpha^2\Phi_3(n_c^*)}(s_c^*)^2 \leqslant F \leqslant \dfrac{3\eta n_c^*\left[2\beta\eta n_c^* - \alpha^2\Phi_3(n_c^*)\right]}{8\alpha^2\Phi_3(n_c^*)}(s_c^*)^2$。

证明：（1）利用定理10.6和式（10.6）可得 $J_m^{tt} = J_m^c$。

（2）根据定理10.6，化简两部制契约下制造商和零售商的最优利润可得：

$$\Pi_{r/tt}(n_{tt}^*, s_{tt}^*, p_{tt}^*) = \Pi_c(n_c^*, s_c^*, p_c^*) - c_pC - F \tag{10.50}$$

$$\Pi_{m/tt}(w_{tt}^*) = c_pC + F \tag{10.51}$$

因此，结论（2）成立。

（3）容易证明 $\left(n_c^*, w_c^*, \dfrac{1}{2}s_c^*, \dfrac{1}{2}p_c^* + \dfrac{D_0}{2\beta}\right)$ 是分散决策系统的可行解，其中 $w_c^* = c_m + \hat{c}c_p + \dfrac{\left[2\beta\eta n_c^* - \alpha^2\Phi_3(n_c^*)\right]}{2\alpha\beta\Phi_1(n_c^*)}s_c^*$。将其代入式（10.26）和式（10.27）可得：

$$\Pi_r\left(n_c^*, \frac{1}{2}s_c^*, \frac{1}{2}p_c^* + \frac{D_0}{2\beta}\right) = \frac{\eta n_c^*\left[2\beta\eta n_c^* - \alpha^2\Phi_3(n_c^*)\right]}{8\alpha^2\Phi_3(n_c^*)}(s_c^*)^2 - \sum_{i=1}^{n_c^*}A_i \tag{10.52}$$

$$\Pi_m(w_c^*) = \frac{\eta n_c^*\left[2\beta\eta n_c^* - \alpha^2\Phi_3(n_c^*)\right]}{4\alpha^2\Phi_3(n_c^*)}(s_c^*)^2 - n_c^*S_m + c_pC \tag{10.53}$$

利用分散决策系统的最优解 $(n_d^*, w_d^*, s_d^*, p_d^*)$ 可得 $\Pi_r(n_d^*, s_d^*, p_d^*) \geqslant \Pi_r\left(n_c^*, \dfrac{1}{2}s_c^*, \dfrac{1}{2}p_c^* + \dfrac{D_0}{2\beta}\right)$，$\Pi_m(w_d^*) \geqslant \Pi_m(w_c^*)$。若两部制契约被制造商和零售商双方接受，则有 $\Pi_{r/tt}(n_{tt}^*, s_{tt}^*, p_{tt}^*) \geqslant \Pi_r(n_d^*, s_d^*, p_d^*)$ 和 $\Pi_{m/tt}(w_{tt}^*) \geqslant$

$\Pi_m(w_d^*)$。因此有 $\Pi_{r/tt}(n_{tt}^*, s_{tt}^*, p_{tt}^*) \geqslant \Pi_r\left(n_c^*, \dfrac{1}{2}s_c^*, \dfrac{1}{2}p_c^* + \dfrac{D_0}{2\beta}\right)$ 和 $\Pi_{m/tt}(w_{tt}^*) \geqslant$

$\Pi_m(w_c^*)$。比较式（10.50）～式（10.53）可得 $\dfrac{\eta n_c^*\left[2\beta\eta n_c^* - \alpha^2 \Phi_3(n_c^*)\right]}{4\alpha^2 \Phi_3(n_c^*)}(s_c^*)^2 \leqslant$

$F \leqslant \dfrac{3\eta n_c^*\left[2\beta\eta n_c^* - \alpha^2 \Phi_3(n_c^*)\right]}{8\alpha^2 \Phi_3(n_c^*)}(s_c^*)^2$。

从定理 10.7 可知，两部制契约下系统总利润和碳排放量均与集中决策下系统总利润和碳排放量相同。这意味着两部制契约可以使分散决策下的供应链总利润增加而碳排放量降低。此外，存在一个固定成本的取值范围可以使制造商和零售商都愿意接受两部制契约对分散式供应链进行协调，且协调后每个成员的利润都会有所增加。

10.5　数值分析

本节通过数值实验验证理论结果并通过数值分析获得管理启示。

10.5.1　数值例子

各参数的取值分别为：$H = 12$，$A_1 = 400$，$D_0 = 900$，$\alpha = 1$，$\beta = 3$，$\gamma = 0.8$，$h_r = 6$，$h_d = 1.5$，$\theta = 0.06$，$\eta = 25$，$\phi = 0.75$，$C = 3\,000$，$S_m = 600$，$c_m = 20$，$c_p = 3$，$\hat{c} = 10$。计算结果见表 10.2 和图 10.2。

表 10.2　　　　　　　　　　　算例在不同情形下的计算结果

模型	w	s	p	n	零售商利润	制造商利润	供应链利润	碳排放量
集中决策	—	12.15	213.75	3	—	—	25 589.00	285 270
分散决策	56.76	6.08	256.88	3	3 622.10	17 045.00	20 667.10	142 640
TT 契约								
F = 9 850	50	12.15	213.75	3	8 539.00	17 050.00	25 589.00	285 270
F = 12 000	50	12.15	213.75	3	6 389.00	19 200.00	25 589.00	285 270
F = 14 750	50	12.15	213.75	3	3 639.00	21 950.00	25 589.00	285 270

观察表 10.2 和图 10.2 可以得到以下结论。

（1）集中决策下供应链利润和碳排放量分别为 25 589 和 285 270，而分散决

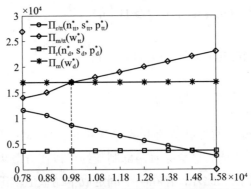

图 10.2　实现双赢的契约参数 F 的取值区间

策下供应链利润和碳排放量分别为 20 667.10 和 142 640。两种决策模式下制造商都需要购买碳排放权，因为两种决策模式下的碳排放均超过碳配额 3 000。当零售商与制造商合作，系统利润和碳排放量分别增加了 23.82% 和 99.99%。集中决策下系统碳排放量增加的原因是零售商提高了促销努力水平，使其与分散决策下促销努力水平的比值 1.998 4 超过了阈值 1.0。因此，本例中制造商和零售商的合作不但增加了供应链利润还增加了碳排放量。

（2）在两部制契约下，当制造商收取的固定费用增加时，最优批发价格不变，且该批发价格小于分散决策下的批发价格。这意味着两部制契约能够激励零售商与制造商的合作意愿。另外，零售商的最优运作决策等于集中决策下的最优运作决策。这意味着无论 F 如何变化，两部制契约下的系统总利润和碳排放量与集中决策总是相同的。因此，碳交易政策下两部制契约能够协调该分散式供应链。

（3）图 10.2 给出了制造商和零售商接受两部制契约的条件。此外还可以看出，当 F > 9 845 时，两部制契约下排放依赖性制造商的利润高于分散决策下制造商的利润。然而，当 F > 14 767 时，两部制契约下零售商的利润低于分散决策下零售商的利润。这意味着只有当 $F \in [9\ 845,\ 14\ 767]$ 时，两部制契约才会同时被制造商和零售商接受。

10.5.2　灵敏度分析

本部分主要研究碳交易政策和学习效应对集中决策与分散决策的影响。令 S.I.P 表示 $\Pi_c(n_c^*, s_c^*, p_c^*) - [\Pi_r(n_d^*, s_d^*, p_d^*) + \Pi_m(w_d^*)]$ 超过 $\Pi_r(n_d^*, s_d^*, p_d^*) +$

$\Pi_m(w_d^*)$ 的比率，它显示了制造商和零售商不合作的损失率。碳配额 C、单位碳排放权交易价格 c_p、学习率 ϕ 对供应链的影响见图 10.3 ~ 图 10.5。

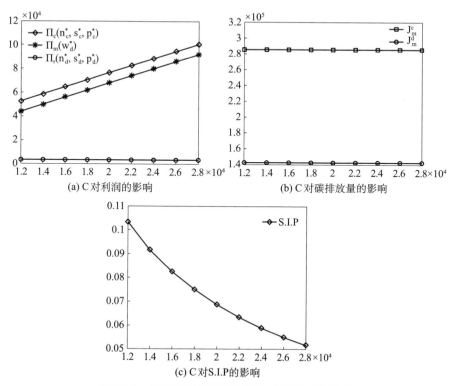

图 10.3　碳配额对供应链利润和碳排放量的影响

从图 10.3 ~ 图 10.5 可以观察到如下结果。

（1）从图 10.3 可以看出，随着碳配额的增加，集中决策或分散决策下的碳排放量以及分散决策下的零售商利润保持不变，集中决策下的系统利润和分散决策下的制造商利润增加，然而 S.I.P 减少。这意味着：①在碳交易政策下，集中决策或分散决策下的总碳排放量不受碳配额的影响。②碳配额的增加会提高集中决策下的系统利润和分散决策下的制造商利润，这是因为该政策为排放者提供了经济激励。③碳配额的增加使分散决策下的系统利润越来越贴近集中决策下的系统利润。

（2）从图 10.4 可以看出，随着单位碳排放权交易价格的增加，集中决策或分散决策下的碳排放量、分散决策下的零售商利润和 S.I.P 下降，而集中决策下的系统利润和分散决策下的制造商利润增加。这些观察结果表明：①在碳交易政策下，增加 c_p 会迫使制造商产生较少的碳排放，从而降低碳排放权的采购成本，

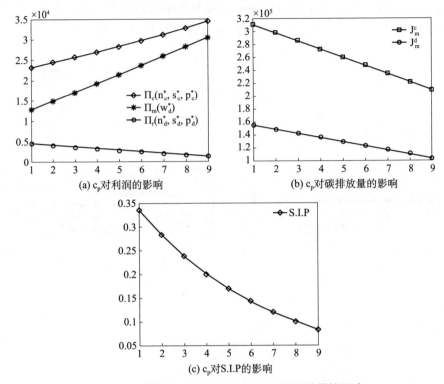

图 10.4　碳排放权交易价格对利润和碳排放量的影响

最终导致集中决策下的系统利润和分散决策下的制造商利润增加。②增加 c_p 会提高分散决策下的系统利润，从而使分散决策下的系统利润向集中决策下的系统利润逼近。

（3）从图 10.5 可以看出，随着学习率的增加，集中决策或分散决策下的碳排放量、分散决策下的制造商利润保持不变，集中决策下的系统利润和分散决策下的零售商利润增加，而 S.I.P 减少。这意味着学习率的提高对分散决策下零售商利润的增长和集中决策下系统利润的增长具有正向促进作用，而对分散决策下制造商利润、集中决策或分散决策下的碳排放量没有影响。主要原因是学习效应作用在零售商的产品订购过程。此外，学习率的下降会加大集中决策和分散决策下系统利润之间的差距。

下面我们利用田口实验（Taguchi，1960；Taguchi，1987；Lin and Lin，2007）对两部制契约协调模型进行参数鲁棒性分析。实验主要针对五个控制因子，即零售商的单位存储成本、碳配额、单位碳交易价格、学习率和产品腐败率。在 F = 12 000 的算例基础上令各参数分别上下浮动30%，即每个参数有两个水平，水平

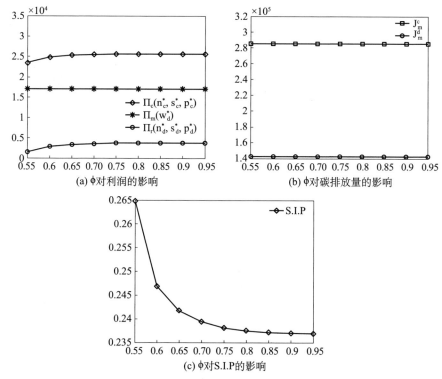

图 10.5　学习率对利润和碳排放量的影响

1 表示相应数值上浮 30%，水平 2 表示相应数值下浮 30%。选用正交表 $L_8(2^5)$，相应计算结果见表 10.3，其中 SN 比率被称为信噪比，是反映系统鲁棒性的重要指标。信噪比越大，系统鲁棒性越强，相应的原理和计算公式见已有相关文献（Taguchi，1960）。

表 10.3　　　　　　　　　　两部制契约协调模型对应正交表的计算结果

编号	A h_r	B θ	C ϕ	D C	E c_p	总利润	利润信噪比	碳排放量	碳排放量信噪比
1	1	1	1	1	1	43 394	92.75	284 600	-109.085
2	1	1	1	2	2	38 191	91.64	309 080	-109.801
3	1	2	2	1	1	15 727	83.93	259 150	-108.271
4	1	2	2	2	2	6 371	76.08	280 390	-108.955
5	2	1	2	1	1	39 551	91.94	314 060	-109.940
6	2	1	2	2	1	32 531	90.25	289 570	-109.235
7	2	2	1	1	2	15 409	83.76	284 830	-109.092
8	2	2	1	2	1	13 943	82.89	263 590	-108.419

从表 10.3 可以得出以下结论。

（1）在 8 次实验中，利润和信噪比的最大值均出现在第 1 次实验中，这意味着当 5 个参数的取值都上浮时系统利润和对应的鲁棒性最大。比较实验 1 和实验 2 可知，当碳交易政策参数 C 和 c_p 减少而其他参数取值不变时，系统总利润和其信噪比分别下降 11.99% 和 1.2%，这意味着碳交易政策参数对系统利润的影响最大。

（2）在 8 次实验中，最小碳排放量和碳排放量信噪比的最大值出现在实验 3 中，这意味着当 θ 和 φ 减少而其他参数增加时，总碳排放量最小，碳排放量的鲁棒性最大。比较实验 3 和实验 4 可知，当碳交易政策参数 C 和 c_p 减少而其他参数取值不变时，碳排放量增加 8.2%，碳排放量信噪比下降 0.63%，这说明碳交易政策参数对碳排放量的影响最大。

（3）当 h_r 增加而 θ、φ、C 和 c_p 减少时，总利润及其信噪比都最小，其中总利润比最大利润少 85.32%，利润信噪比比最大值少 17.97%。当 h_r、φ 和 c_p 减少而 θ 和 C 增加时，碳排放量最大，比最小碳排放量多 21.19%；碳排放量信噪比最小，比最大碳排放量信噪比小 1.54%。这说明多个参数同时变化可能会导致总利润波动较大，碳排放量波动较小。

为了比较这些参数对利润和碳排放量的影响，我们给出信噪比的主效应图（见图 10.6）和方差分析结果（见表 10.4、表 10.5）。

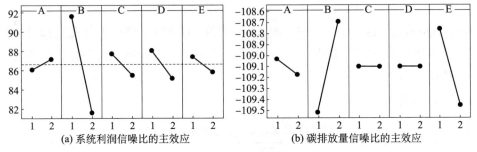

(a) 系统利润信噪比的主效应　　(b) 碳排放量信噪比的主效应

图 10.6　协调模型的信噪比主效应

表 10.4　　　　　　　　　总利润和其信噪比的方差分析

(a) 总利润的方差分析

	df	SS（×10^8）	MS（×10^8）	F	P
A h_r	1	0.0063	0.0063	0.11	0.776
B θ	1	13.0604	13.0604	217.25	0.005
C φ	1	0.3510	0.3510	5.84	0.137
D C	1	0.6639	0.6639	11.04	0.080

续表

	df	SS（$\times 10^8$）	MS（$\times 10^8$）	F	P
E　c_p	1	0.0461	0.0461	0.77	0.474
Error	2	0.1202	0.0601	—	—
Total	7	14.2480	—	—	—

（b）总利润信噪比的方差分析

	df	SS	MS	F	P
A　h_r	1	2.450	2.450	0.43	0.581
B　θ	1	199.178	199.178	34.55	0.028
C　ϕ	1	9.734	9.734	1.69	0.323
D　C	1	16.603	16.603	2.88	0.232
E　c_p	1	5.109	5.109	0.89	0.446
Error	2	11.529	5.765	—	—
Total	7	244.604	—	—	—

表 10.5　　　　　　　　　碳排放量和其信噪比的方差分析

（a）碳排放量的方差分析

	df	SS（$\times 10^8$）	MS（$\times 10^8$）	F	P
A　h_r	1	0.4432	0.4432	16.84	0.055
B　θ	1	14.9468	14.9468	567.78	0.002
C　ϕ	1	0.0014	0.0014	0.05	0.837
D　C	1	0.0000	0.0000	0.00	0.998
E　c_p	1	10.4539	10.4539	397.11	0.003
Error	2	0.0527	0.0263	—	—
Total	7	25.8979	—	—	—

（b）碳排放量信噪比的方差分析

	df	SS	MS	F	P
A　h_r	1	0.0411	0.0411	157.77	0.006
B　θ	1	1.3819	1.3819	5307.76	0.000
C　ϕ	1	0.0000	0.0000	0.01	0.920
D　C	1	0.0001	0.0001	0.25	0.669
E　c_p	1	0.9655	0.9655	3708.69	0.000
Error	2	0.0005	0.0003	—	—
Total	7	2.3891	—	—	—

从图 10.6 可以得出以下结论。

（1）图 10.6（a）表明 5 个参数对利润信噪比的影响从大到小的排序为 $\theta >$ $C > \phi > c_p > h_r$。利润信噪比在两水平差距最大的是参数 θ。参数 θ 的两水平信噪比的差为 9.98，是参数 C 两水平信噪比差值的 2.47 倍。这意味着参数 θ 和 C 对利润鲁棒性的影响具有明显差异。

（2）图 10.6（b）表明 5 个参数对碳排放量信噪比的影响从大到小的排序为 $\theta > c_p > h_r > C > \phi$。碳排放量信噪比在两水平差距最大的仍然是参数 θ。参数 θ 的两水平信噪比的差为 0.8，而 c_p 的两水平信噪比差值为 0.7。这意味着参数 θ 和 c_p 对碳排放量鲁棒性的影响差异不显著。

（3）系统利润鲁棒性最强的参数变动组合是 $h_r(2)$、$\theta(1)$、$\phi(1)$、$C(1)$、$c_p(1)$，碳排放量鲁棒性最强的参数变动组合是 $h_r(1)$、$\theta(2)$、$\phi(1)$、$C(1)$、$c_p(1)$。这说明除了 h_r 和 θ，增加 ϕ、C 和 c_p 的值不仅可以提高系统利润的鲁棒性还能提高碳排放量的鲁棒性。然而 h_r 和 θ 的变动无法同时最大化系统利润和碳排放量的稳定性。

表 10.4 ~ 表 10.5 验证了表 10.3 和图 10.6 的结果，并提供了以下信息。

（1）表 10.4（a）显示当显著性水平为 10% 时，参数 θ 和 C 对利润的影响都是统计上显著的，而其他 3 个参数对利润的影响并不显著。表 10.4（b）显示当显著性水平为 10% 时，只有参数 θ 对利润信噪比的影响是显著的，其他 4 个参数对利润信噪比的影响均不显著。这说明当供应链注重利润的增长时需要重点关注的参数是 θ 和 C，而当供应链关注的是利润稳健性时只需要重点关注参数 θ。

（2）表 10.5（a）显示当显著性水平为 10% 时，参数 θ 和 c_p 对碳排放量有显著影响，而其他 3 个参数对碳排放量的影响不显著。表 10.5（b）显示当显著性水平为 10% 时，只有参数 C 和 ϕ 对碳排放量信噪比的影响不显著，其他 3 个参数对碳排放量信噪比的影响均显著。这说明若供应链的目标是减少碳排放量则应重点关注参数 θ 和 c_p 的变化，若供应链的目标是碳排放量的稳定性则应重点关注参数 θ、h_r 和 c_p。

10.6　小　结

考虑到当前碳交易政策的广泛实施和易腐品在碳排放中的特殊性，本章研究碳交易政策约束下由排放依赖性制造商和零售商组成的二级供应链系统在有限计划期内的减排运营策略。结合零售商订购行为中的学习效应，构建分散决策和集中决策下供应链的决策优化模型，分析利润差距，并研究两部制契约对分散式供应链的协调效果。研究发现：（1）集中决策和分散决策下的系统利润差存在最小值，分散决策下存在很大的利润提升空间。（2）两部制契约能够实现供应链的完美协调，且存在一个协调参数的取值范围使制造商和零售商均愿意接受两部制契约进行协调。（3）碳配额、碳交易价格和学习因子的增加均能够降低不合作带来的利润损失。（4）增加碳配额或学习率不会影响集中决策或分散决策下的碳排放量，但是增加碳交易价格会减少碳排放量。（5）田口实验表明在契约协调模型中，变质率对利润和碳排放的鲁棒性均有显著影响。这些结论为碳减排政策下易变质产品供应链协调策略的制定提供了理论指导。

第 11 章　总结与展望

11.1　研究总结

在实现"碳达峰"和"碳中和""双碳"目标的背景下，本书从供应链企业自身的决策行为及供应链成员之间的博弈决策行为两个方面研究低碳供应链鲁棒运营策略与协调优化问题，分别从常规运营决策在碳减排政策下的鲁棒性、减排投资决策的取舍、复杂供应链在碳政策下的运营与协调等多个角度进行探究，采用分布式鲁棒优化、博弈论、风险决策、田口实验等方法探讨"双碳"目标下供应链的低碳运营策略与协调方案，为业界运营决策的制定提供理论依据和决策建议，为学术界低碳供应链的运营与协调提供研究基础和文献参考。本书得到的主要研究结论与管理建议如下。

（1）不同碳减排政策对具有不同采购源的供应链企业鲁棒运营策略有显著影响。本书第 3 章和第 4 章分别研究了当企业具有不同供应源时不同碳减排政策对其鲁棒订购策略的影响。研究发现在需求信息有限的条件下，当企业只有一个供应源时，碳交易政策在提高经济绩效方面优于碳限额政策是有条件的。而当企业有两个供应源时，在碳税政策下，在国外供应商处的订购量为零可以减少需求不确定性带来的负面影响，并可能为企业带来非负利润。当碳交易政策中碳排放许可买卖价格不同时，碳排放配额对企业利润的影响显著。田口实验结果表明：在碳限额政策下，企业应减少订购和存储过程中产生的单位碳排放量以实现高利润与低排放，同时应谨慎处理其他参数平衡最大最坏情况的期望利润和最小碳排放。随着碳税价格的增加，企业的最优订购量、最优利润以及相应的碳排放量均减少。而随着碳交易价格的增加，企业最优订购量、最优利润和碳排放量先减少后稳定在碳配额的水平上。

（2）创新型决策的引入能够改变碳减排政策对企业鲁棒运营策略的影响。该结论主要来自本书的第 5 章和第 6 章。第 5 章通过与无碳政策约束的情形进行比较，发现碳限额政策下企业的利润不超过无碳政策约束时的利润，而碳交易政策下企业的利润满足一定条件时才会大于无碳政策约束时的利润。与碳限额政策相比，碳交易政策能够实现高利润低排放。将该结论与第 3 章的结论进行比较可以发现，碳减排投资决策的引入将碳交易政策的条件优势转变为绝对优势。第 6 章研究了企业的鲁棒回收和生产决策，并对比了企业在受碳交易政策管制和不受碳交易政策管制两种情形下的最优决策、经济和环境绩效。将第 5 章与第 6 章的鲁棒运营结果进行比较可以发现，回收决策的引入可以使碳交易政策下企业的碳排放量比不受碳政策管制时少，企业的经济和环境绩效可以通过碳交易政策的实施得到改善。数值实验表明：当只有有限的需求信息（包括均值和方差）可用时，碳交易政策下企业的最优回收和生产量对方差的敏感性比不受碳政策管制时最优回收和生产量对方差的敏感性高。此外，当再制造企业受到碳交易政策管制时，高方差会导致最差情况下的期望利润和相应的排放量下降。当再制造企业的碳排放量超过碳配额时，企业的期望碳排放量可以从较高的碳排放权单位购买价格中获益，而最坏情况下的期望利润则相反。

（3）碳限额政策对渠道的价格竞争和价格折扣协调策略均具有显著影响。第 7 章研究的碳减排政策下双渠道供应链定价和协调策略，将消费者划分为零售商忠诚和品牌忠诚两类，供应链成员需要确定最优销售价格以平衡各自的利润和碳排放，当实施价格折扣契约时，还需要确定折扣参数以提高供应链的协调效果。研究发现在分散式系统中，当分配给零售商的碳限额充足时，如果供应商的排放限额得到充分利用，最优批发价格和销售价格都会升高，而零售商利润会降低。当分配给零售商的碳排放限额得到充分利用时，如果供应商的碳排放限额也得到充分利用，那么最优批发价格和销售价格同样会升高，但供应商利润会降低，而零售商利润不变。数值算例的结果表明：①在分散式决策系统中，通过调节碳排放限额，可以降低零售商和供应商利润对偏好线上渠道的消费者比例的敏感性。最优销售价格对价格弹性系数的变化不敏感，但利润对价格弹性系数较为敏感，靠近消费者的企业对价格弹性系数更敏感。此外，供应商和零售商的利润对零售商的碳限额比对供应商的碳限额更敏感。②与零售商利润相比，在两种价格折扣契约下供应商利润对价格折扣系数更加敏感。在碳排放限额约束下，供应商和零售商都倾向于通过线下渠道价格折扣来协调双渠道供应链。但是，系统总利润始终低于集中式系统的总利润。

（4）在碳减排政策下，处于不同渠道地位的企业制定的投资决策对供应链运营与协调具有不同的影响。该结论主要来自本书的第 8 ~ 第 10 章，其中，第 8 章和第 10 章研究了碳减排政策下上游企业主导的供应链投资与协调策略，第 9 章研究了下游企业主导的供应链投资与协调策略。通过比较第 8 章和第 9 章的研究结果可以发现：①在上游企业主导的分散式供应链中，当主导者投资可持续技术以减少碳排放时，跟随者也将加大促销投资。②在下游企业主导的分散式供应链中，当跟随者投资可持续技术以减少碳排放时，主导者也会加大对企业社会责任活动的投资。③当风险厌恶型上游主导者对可持续技术进行投资时，只有零售商风险中性时两部制契约才能有效协调供应链，而收益共享契约无法协调供应链。此外，当两部制契约产生双赢结果时，制造商风险规避系数的改变对期望碳排放量或供应链效用没有影响。当上游跟随者对可持续技术进行投资时，存在有效的契约分摊系数能保证系统的每个成员都愿意接受收益—成本分担契约。通过对比第 8 章和第 10 章的研究结果可以发现：①碳减排政策下多周期供应链运营策略的求解更为复杂，两部制契约能够实现供应链多周期运营的完美协调。②碳配额、碳交易价格和学习因子的增加均能够降低不合作带来的利润损失。③增加碳配额或学习率不会影响集中决策或分散决策下的碳排放量，但是增加碳交易价格会减少碳排放量。

11.2　研究展望

本书在研究供应链低碳运营与协调策略时虽然考虑了市场需求的随机性，但由于问题求解的复杂性，没有考虑需求信息的有限性。综合当前低碳减排的社会经济环境，结合供应链运营管理的影响因素，未来低碳供应链的运营策略与协调优化的研究可以从以下几个方面继续开展。

（1）考虑信息不对称的低碳供应链运营与协调。信息是供应链运营管理中的关键要素，随着全球市场竞争的日益激烈，企业的私有信息和技术创新成为决胜的关键因素之一。因此，在低碳供应链成员决策行为的博弈过程中，是否要与上下游供应链成员共享部分私有信息，以及企业对上下游供应链成员私有信息的预测精度，如何影响低碳供应链的运营决策和协调策略成为一个有趣的科学问题。

（2）低碳供应链运营与协调的动态均衡。当前很多关于供应链运营与协调的文献都是基于单周期的报童模型或 EOQ 模型展开研究的。然而，现实中，供应链成员之间的业务往往是长期存在的。因此，在获得新的信息后，上一周期的运营和协调策略应如何根据新获得的信息调整下一周期的运营和协调策略，使供应链成员自身的利益最大化也是一个很好的研究方向。

（3）大数据驱动下的低碳供应链运营与协调。互联网的快速发展和电子商务的兴起，促进了供应链从传统的拉动式供应链向推动式供应链的转型。通过大数据分析，挖掘消费者的潜在功能需要和需求，帮助企业开发具有相应功能的新产品，推动顾客产生需求进而获得收益，这是大数据时代赋予供应链的时代特征和优势。因此，如何利用大数据制定低碳供应链运营策略，并设计契约机制对供应链进行协调成为供应链运营管理的前沿。

（4）新零售环境下的低碳供应链运营与协调。新冠疫情的爆发和后疫情时代的到来改变了零售行业的生态圈，催生了多种新型零售模式，如社区团购、微店、直播带货、线上订购线下取货等。这些新型零售模式给消费者带来了全新的购物体验，同时也带来了很多供应链运营管理与协调问题。因此，解决新零售环境下出现的低碳供应链运营与协调问题也是一个富有挑战的研究方向。

参 考 文 献

［1］陈剑．低碳供应链管理研究［J］．系统管理学报，2012，21（6）：721－735．

［2］李进，张江华．碳交易机制对物流配送路径决策的影响研究［J］．系统工程理论与实践，2014，34（7）：1779－1787．

［3］鲁力，陈旭．不同碳排放政策下基于回购合同的供应链协调策略［J］．控制与决策，2014，29（12）：2212－2220．

［4］孙彩虹．部分信息下联合鲁棒定价、订货决策的报童模型［J］．系统工程理论与实践，2014，34（5）：1122－1130．

［5］谢鑫鹏，赵道致．低碳供应链企业减排合作策略研究［J］．管理科学，2013，26（3）：108－119．

［6］熊中楷，张盼，郭年．供应链中碳税和消费者环保意识对碳排放的影响［J］．系统工程理论与实践，2014，34（9）：2245－2252．

［7］ABSI N，DAUZÈRE-PÉRÈS S，KEDAD-SIDHOUM S，et al. Lot sizing with carbon emission constraints［J］．European Journal of Operational Research，2013，227（1）：55－61．

［8］ALFARES H K，ELMORRA H H. The distribution-free newsboy problem：extensions to the shortage penalty case［J］．International Journal of Production Economics，2005：93－94，465－477．

［9］AMIN S H，ZHANG G，AKHTAR P. Effects of uncertainty on a tire closed-loop supply chain network［J］．Expert Systems with Applications，2017，73：82－91．

［10］AMIN S H，ZHANG G. An integrated model for closed-loop supply chain configuration and supplier selection：multi-objective approach［J］．Expert Systems with Applications，2012，39（8）：6782－6791．

［11］AMIN S H，ZHANG G. A three-stage model for closed-loop supply chain configuration under uncertainty［J］．International Journal of Production Research，2013，51（5）：1405－1425．

［12］ ANDERSSON J, JÖRNSTEN K, NONÅS S L, et al. A maximum entropy approach to the newsvendor problem with partial information ［J］. European Journal of Operational Research, 2013, 228 (1): 190 – 200.

［13］ AN S, LI B, SONG D, et al. Green credit financing versus trade credit financing in a supply chain with carbon emission limits ［J］. European Journal of Operational Research, 2021, 292 (1): 125 – 142.

［14］ ARIKAN E, JAMMERNEGG W. The single period inventory model under dual sourcing and product carbon footprint constraint ［J］. International Journal of Production Economics, 2014, 157: 15 – 23.

［15］ ATASU A, TOKTAY L B, VAN WASSENHOVE L N, et al. How collection cost structure drives a manufacturer's reverse channel choice ［J］. Production and Operations Management, 2013, 22 (5): 1089 – 1102.

［16］ AUGER P, BURKE P, DEVINNEY T M, et al. What will consumers pay for social product features ［J］? Journal of Business Ethics, 2003, 42: 281 – 304.

［17］ AVI-YONAH R S, UHLMANN D M. Combating global climate change: why a carbon tax is a better response to global warming than cap and trade ［J］. Stanford Environmental Law Journal, 2009, 28 (1): 3 – 50.

［18］ BAI Q, CHEN M. The distributional robust Newsvendor problem with dual sourcing under carbon tax and cap-and-trade regulations ［J］. Computers & Industrial Engineering, 2016, 98: 260 – 274.

［19］ BAI Q, GONG Y, JIN M, et al. Effects of carbon emission reduction on supply chain coordination with vendor-managed deteriorating product inventory ［J］. International Journal of Production Economics, 2019, 208: 83 – 99.

［20］ BAI Q, CHEN M, XU L. Revenue and promotional cost-sharing contract versus two-part tariff contract in coordinating sustainable supply chain systems with deteriorating items ［J］. International Journal of Production Economics, 2017, 187: 85 – 101.

［21］ BAI Q, XU J, GONG Y, et al. Robust decisions for regulated sustainable manufacturing with partial demand information: Mandatory emission capacity versus emission tax ［J］. European Journal of Operational Research, 2022, 298 (3): 874 – 893.

［22］ BAI Q, XU J, ZHANG Y. Emission reduction decision and coordination of

a make-to-order supply chain with two products under cap-and-trade regulation [J].
Computers & Industrial Engineering, 2018, 119: 131 – 145.

[23] BENJAAFAR S, LI Y, DASKIN M. Carbon footprint and the management
of supply chains: insights from simple models [J]. IEEE Transactions on Automation
Science and Engineering, 2013, 10 (1): 99 – 116.

[24] BERK E, GÜRLERÜ, LEINE R A. Bayesian demand updating in the lost
sales Newsvendor problem: a two-moment approximation [J]. European Journal of Op-
erational Research, 2007, 182 (1): 256 – 281.

[25] BERTSIMAS D, THIELE A. A robust optimization approach to inventory
theory [J]. Operations Research, 2006, 54 (1): 150 – 168.

[26] BOLTON L E, MATTILA A S. How does corporate social responsibility af-
fect consumer response to service failure in buyer-seller relationships [J]? Journal of
Retailing, 2015, 91 (1): 140 – 153.

[27] BONNEY M, JABER M Y. Environmentally responsible inventory models:
non-classical models for a non-classical era [J]. International Journal of Production E-
conomics, 2011, 133 (1): 43 – 53.

[28] BOUCHERY Y, GHAFFARI A, JEMAI Z, et al. Impact of coordination
on costs and carbon emissions for a two-echelon serial economic order quantity problem
[J]. European Journal of Operational Research, 2017, 260 (2): 520 – 533.

[29] BURNETAS A, RITCHKEN P. Option pricing with downward-sloping de-
mand curves: the case of supply chain options [J]. Management Science, 2005, 51
(4): 566 – 580.

[30] CAI G, ZHANG Z G, ZHANG M. Game theoretical perspectives on dual-
channel supply chain competition with price discounts and pricing schemes [J]. Inter-
national Journal of Production Economics, 2009, 117 (1): 80 – 96.

[31] CAO K, HE P. LIU Z. Production and pricing decisions in a dual-channel
supply chain under remanufacturing subsidy policy and carbon tax policy [J]. Journal
of the Operational Research Society, 2020, 71 (8): 1199 – 1215.

[32] CHEN S, WANG X, WU Y, et al. Pricing policies of a dual-channel sup-
ply chain considering channel environmental sustainability [J]. Sustainability, 2017,
9 (3): 382.

[33] CHEN X, BENJAAFAR S, ELOMRI A. The carbon-constrained EOQ

[J]. Operations Research Letters, 2013, 41 (2): 172 – 179.

[34] CHEN X, CHAN C K, LEE Y C E. Response production policies with substitution and carbon emissions trading [J]. Journal of Cleaner Production, 2016, 134, 642 – 651.

[35] CHEN X, WANG X. Effects of carbon emission reduction policies on transportation model selections with stochastic demand [J]. Transportation Research Part E: Logistic and Transportation Review, 2016, 90: 196 – 205.

[36] CHIANG W Y K, CHHAJED D, HESS J D. Direct marking, indirect profit: a strategic analysis of dual-channel supply chain design [J]. Management Science, 2003, 49 (1): 1 – 20.

[37] CHIU C H, CHOI T M, DAI X, et al. Optimal advertising budget allocation in luxury fashion markets with social influences: a mean-variance analysis [J]. Production and Operations Management, 2018, 27 (8): 1611 – 1629.

[38] CHIU C H, CHOI T M. Supply chain risk analysis with mean-variance models: a technical review [J]. Annals of Operations Research, 2016, 240: 489 – 507.

[39] CHOI T M. Local sourcing and fashion quick response system: the impacts of carbon footprint tax [J]. Transportation Research Part E: Logistics and Transportation Review, 2013, 55: 43 – 54.

[40] CHOI T M. Multi-period risk minimization purchasing models for fashion products with interest rate, budget, and profit target considerations [J]. Annals of Operations Research, 2016, 237: 77 – 98.

[41] CHOI T M, LI D, YAN H, et al. Channel coordination in supply chains with agents having mean-variance objectives [J]. Omega, 2008, 36 (4): 565 – 576.

[42] CHOI T M, MA C, SHEN B, et al. Optimal pricing in mass customization supply chains with risk-averse agents and retail competition [J]. Omega, 2019, 88: 150 – 161.

[43] CHUANG C H, WANG C X, ZHAO Y. Closed-loop supply chain models for a high-tech product under alternative reverse channel and collection cost structures [J]. International Journal of Production Economics, 2014, 156: 108 – 123.

[44] DARYANTO Y, WEE H M, ASTANTI R D. Three-echelon supply chain model considering carbon emission and item deterioration [J]. Transportation Research

Part E-Logistics and Transportation Review, 2019, 122: 368 – 383.

［45］DING H, ZHAO Q, AN Z, et al. Collaborative mechanism of a sustainable supply chain with environmental constraints and carbon caps ［J］. International Journal of Production Economics, 2016, 181: 191 – 207.

［46］DONG C, SHEN B, CHOW P S, et al. Sustainability investment under cap-and-trade regulation ［J］. Annals of Operations Research, 2016, 240: 509 – 531.

［47］DRAKE D F, KLEINDORFER P R, VAN WASSENHOVE L N. Technology choice and capacity portfolios under emissions regulation ［J］. Production and Operations Management, 2016, 25 (6): 1006 – 1025.

［48］DU S, HU L, SONG M. Production optimization considering environmental performance and preference in the cap-and-trade system ［J］. Journal of Cleaner Production, 2016, 112: 1600 – 1607.

［49］DU S, MA F, FU Z, et al. Game-theoretic analysis for an emission-dependent supply chain in a n ［J］. Production and Operations Management, 2016, 25 (6): 135 – 149, 1006 – 1025.

［50］DU S, QIAN J, LIU T, et al. Emission allowance allocation mechanism design: a low-carbon operations perspective ［J］. Annals of Operations Research, 2020, 291: 247 – 280.

［51］DU S, ZHU L, LIANG L, et al. Emission-dependent supply chain and environment-policy – making in the 'cap – and – trade' system ［J］. Energy Policy, 2013, 57: 61 – 67.

［52］FENG Y, LIU Y, CHEN Y. A robust multi-supplier multi-period inventory model with uncertain market demand and carbon emission constraint ［J］. Computers & Industrial Engineering, 2022, 165: 107937.

［53］GALLEGO G, MOON I. The distribution free newsboy problem: review and extensions ［J］. Journal of the Operational Research Society, 1993, 44: 825 – 834.

［54］GAN X, SETHI S P, YAN H. Coordination of supply chains with risk-averse agents ［J］. Production and Operations Management, 2004, 13 (2): 135 – 149.

［55］GHOSH A, JHA J K, SARMAH S P. Optimal lot-sizing under strict carbon cap policy considering stochastic demand ［J］. Applied Mathematical Modelling,

2017, 44: 688 – 704.

[56] GHOSH S K, SEIKH M R, CHAKRABORTTY M. Analyzing a stochastic dual-channel supply chain under consumers' low carbon preferences and cap-and-trade regulation [J]. Computers & Industrial Engineering, 2020, 149: 106765.

[57] GONG X, ZHOU S X. Optimal production planning with emissions trading [J]. Operations Research, 2013, 61 (4): 908 – 924.

[58] GOVINDAN K, SOLEIMANI H, KANNAN D. Reverse logistics and closed-loop supply chain: A comprehensive review to explore the future [J]. European Journal of Operational Research, 2015, 240 (3): 603 – 626.

[59] GÜRAY GÜLER M. A note on: "The effect of advertising on the distribu-tion-free newsboy problem" [J]. International Journal of Production Economics, 2014, 148: 90 – 92.

[60] GURNANI H, ERKOC M. Supply contracts in manufacturer-retailer interac-tions with manufacturer-quality and retailer effort-induced demand [J]. Naval Re-search Logistics, 2008, 55 (3): 200 – 217.

[61] GURTU A, JABER M Y, SEARCY C. Impact of fuel price and emissions on inventory policies [J]. Applied Mathematical Modelling, 2015, 39 (3 – 4): 1202 – 1216.

[62] HAJEJ Z, REZG N, GHARBI A. Maintenance on leasing sales strategies for manufacturing/remanufacturing system with increasing failure rate and carbon emis-sion [J]. International Journal of Production Research, 2020, 58 (21): 6616 – 6637.

[63] HAN Q, DU D, ZULUAGA L F. Technical note-A risk- and ambiguity-a-verse extension of the max-min Newsvendor order formula [J]. Operations Research, 2014, 62 (3): 535 – 542.

[64] HE R, XIONG Y, LIN Z. Carbon emissions in a dual channel closed loop supply chain: the impact of consumer free riding behavior [J]. Journal of Cleaner Pro-duction, 2016, 134: 384 – 394.

[65] HE Y, WANG L, WANG J. Cap-and-trade vs. carbon taxes: a quantitative comparison from a generation expansion planning perspective [J]. Computers & Indus-trial Engineering, 2012, 63 (3): 708 – 716.

[66] HEYDARI J, GOVINDAN K, BASIRI Z. Balancing price and green quality

in presence of consumer environmental awareness: a green supply chain coordination approach [J]. International Journal of Production Research, 2021, 59 (7): 1957 – 1975.

[67] HONG Z, GUO X. Green product supply chain contracts considering environmental responsibilities [J]. Omega, 2019, 83: 155 – 166.

[68] HSUEH C F. Improving corporate social responsibility in a supply chain through a new revenue sharing contract [J]. International Journal of Production Economics, 2014, 151: 214 – 222.

[69] HUA G, CHENG T C E, WANG S. Managing carbon footprints in inventory management [J]. International Journal of Production Economics, 2011, 132 (2): 178 – 185.

[70] HUANG M H, RUST R T. Sustainability and consumption [J]. Journal of the Academy of Marketing Science, 2011, 39: 40 – 54.

[71] HUNG T W, CHEN P T. On the optimal replenishment in a finite planning horizon with learning effect of setup costs [J]. Journal of Industrial and Management Optimization, 2010, 6 (2): 425 – 433.

[72] JABER M Y, GLOCK C H, EL SAADANY A M A. Supply chain coordination with emissions reduction incentives [J]. International Journal of Production Research, 2013, 51 (1): 69 – 82.

[73] JI J, ZHANG Z, YANG L. Carbon emission reduction decisions in the retail-/dual-channel supply chain with consumers' preference [J]. Journal of Cleaner Production, 2017, 141: 852 – 867.

[74] JIANG W, CHEN X. Optimal strategies for manufacturer with strategic customer behavior under carbon emission-sensitive random demand [J]. Industrial Management & Data Systems, 2016, 116 (4): 759 – 776.

[75] JIN M, GRANDA-MARULANDA N A, DOWN I. The impact of carbon policies on supply chain design and logistics of a major retailer [J]. Journal of Cleaner Production, 2014, 85: 453 – 461.

[76] KAMBUROWSKI J. The distribution-free newsboy problem and the demand skew [J]. International Transactions in Operational Research, 2015, 22 (5): 929 – 946.

[77] KAMBUROWSKI J. The distribution-free newsboy problem under the worst-

case and best-case scenarios [J]. European Journal of Operational Research, 2014, 237 (1): 106 – 122.

[78] KEVORK I S. Estimating the optimal order quantity and the maximum expected profit for single-period inventory decisions [J]. Omega, 2010, 38 (3 – 4): 218 – 227.

[79] KOGAN K, EI OUARDIGHI F, HERBON A. Production with learning and forgetting in a competitive environment [J]. International Journal of Production Economics, 2017, 189, 52 – 62.

[80] KUMAR R S, GOSWAMI A. A continuous review production-inventory system in fuzzy random environment: minimax distribution free procedure [J]. Computer & Industrial Engineering, 2015, 79, 65 – 75.

[81] KWON K, CHEONG T. A min max distribution-free procedure for a newsvendor problem with free shipping [J]. European Journal of Operational Research, 2014, 232 (1): 234 – 240.

[82] LAN Y, BALL M O, KARAESMEN I Z. Regret in overbooking and fare-class allocation for single leg [J]. Manufacturing & Service Operations Management, 2011, 13 (2): 194 – 208.

[83] LEE C M, HSU S L. The effect of advertising on the distribution-free newsboy problem [J]. International Journal of Production Economics, 2011, 129 (1): 217 – 224.

[84] LETIZIA P, HENDRIKSE G. Supply chain structure incentives for corporate social responsibility: an incomplete contracting analysis [J]. Production and Operations Management, 2016, 25 (11): 1919 – 1941.

[85] LEVY H, MARKOWITZ H M. Approximated expected utility by a function of mean and variance [J]. The American Economic Review, 1979, 69 (3): 308 – 317.

[86] LI J, SU Q, MA L. Production and transportation outsourcing decisions in the supply chain under single and multiple carbon policies [J]. Journal of Cleaner Production, 2017, 141, 1109 – 1122.

[87] LI X, LI Y, CAI X. On core sorting in RMTS and RMTO systems: a newsvendor framework [J]. Decision Sciences, 2016, 47 (1): 60 – 93.

[88] LIAO Y, BANERJEE A, YAN C. A distribution-free newsvendor model

with balking and lost sales penalty [J]. International Journal of Production Economics, 2011, 133 (1): 224 – 227.

[89] LIN C, LIN Y. A cooperative inventory policy with deteriorating items for a two-echelon model [J]. European Journal of Operational Research, 2007, 178 (1): 92 – 111.

[90] LIU B, HOLMBOM M, SEGERSTEDT A, et al. Effects of carbon emission regulations on remanufacturing decisions with limited information of demand distribution [J]. International Journal of Production Research, 2015, 53 (2): 532 – 548.

[91] LIU X, LI J, WU J, et al. Coordination of supply chain with a dominant retailer under government price regulation by revenue sharing contracts [J]. Annals of Operations Research, 2017, 257: 587 – 612.

[92] LIU Z, ANDERSON T D, CRUZ J M. Consumer environmental awareness and competition in two-stage supply chains [J]. European Journal of Operational Research, 2012, 218 (3): 602 – 613.

[93] LU J, SUN X. Carbon regulations, production capacity, and low-carbon technology level for new products with incomplete demand information [J]. Journal of Cleaner Production, 2021, 282: 124551.

[94] LUO Z, CHEN X, WANG X. The role of co-opetition in low carbon manufacturing [J]. European Journal of Operational Research, 2016, 253 (2): 392 – 403.

[95] LUS B, MURIEL A. Measuring the impact of increased product substitution on pricing and capacity decisions under linear demand models [J]. Production and Operations Management, 2009, 18 (1): 95 – 113.

[96] MA P, SHANG J, WANG H. Enhancing corporate social responsibility: contract design under information asymmetry [J]. Omega, 2017, 67: 19 – 30.

[97] MANIKAS A S, KROES J R. A newsvendor approach to compliance and production under cap and trade emissions regulation [J]. International Journal of Production Economics, 2015, 159: 274 – 284.

[98] MARCHI B, ZANONI S, ZAVANELLA L E, et al. Supply chain models with greenhouse gases emissions, energy usage, imperfect process under different coordination decisions [J]. International Journal of Production Economics, 2019, 211: 145 – 153.

［99］ MA X, HO W, JI P, et al. Contact design with information asymmetry in a supply chain under an emissions trading mechanism ［J］. Decision Sciences, 2018, 49 (1): 121 –153.

［100］ MA X, WANG J, BAI Q, et al. Optimization of a three-echelon cold chain considering freshness-keeping efforts under cap-and-trade regulation in Industry 4. 0 ［J］. International Journal of Production Economics, 2020, 220: 107457.

［101］ MODAK N M, KAZEMI N, CÁRDENAS-BARRÓN L E. Investigating structure of a two-echelon closed-loop supply chain using social work donation as a corporate social responsibility practice ［J］. International Journal of Production Economics, 2019, 207: 19 –33.

［102］ MOHAMMED F, SELIM S Z, HASSAN A, et al. Multi-period planning of closed-loop supply chain with carbon policies under uncertainty ［J］. Transportation Research Part D: Transport and Environment, 2017, 51: 146 –172.

［103］ MOON I, CHOI S. The distribution free newsboy problem with balking ［J］. Journal of the Operational Research Society, 1995, 46 (4): 537 –542.

［104］ MOSTARD J, DE KOSTER R, TEUNTER R. The distribution-free newsboy problem with resalable returns ［J］. International Journal of Production Economics, 2005, 97 (3): 329 –342.

［105］ MUTHA A, BANSAL S, GUIDE V D R. Managing demand uncertainty through core acquisition in remanufacturing ［J］. Production and Operations Management, 2016, 25 (8): 1449 –1464.

［106］ NI D, LI K W, TANG X. Social responsibility allocation in two-echelon supply chains: insights from wholesale price contracts ［J］. European Journal of Operational Research, 2010, 207 (3): 1269 –1279.

［107］ NDHAIEF N, NIDHAL R, HAJJI A, et al. Environmental issue in an integrated production and maintenance control of unreliable manufacturing/remanufacturing systems ［J］. International Journal of Production Research, 2020, 58 (14): 4182 –4200.

［108］ NINH A, HU H, ALLEN D. Robust newsvendor problems: effect of discrete demands ［J］. Annals of Operations Research, 2019, 275: 607 –621.

［109］ OUYANG L Y, CHANG H C. A minimax distribution free procedure for mixed inventory models involving variable lead time with fuzzy lost sales ［J］. International Journal of Production Economics, 2002, 76 (1): 1 – 12.

[110] PAL B, SANA S S, CHAUDHURI K. A distribution-free newsvendor problem with nonlinear holding cost [J]. International Journal of Systems Science, 2015, 46 (7): 1269 – 1277.

[111] PANDA S, MODAK N M, CÁRDENAS-BARRÓN L E. Coordinating a socially responsible closed-loop supply chain with product recycling [J]. International Journal of Production Economics, 2017, 188: 11 – 21.

[112] PANDA S, MODAK N M. Exploring the effects of social responsibility on coordination and profit division in a supply chain [J]. Production and Operations Management, 2016, 139: 25 – 40.

[113] PAUL A, GIRI B C. Green sustainable supply chain under cap and trade regulation involving government introspection [J]. RAIRO-Operations Research, 2022, 56: 769 – 794.

[114] PERAKIS G, ROELS G. Regret in the newsvendor model with partial information [J]. Operations Research, 2008, 56 (1): 188 – 203.

[115] PLAMBECK E L. Reducing greenhouse gas emissions through operations and supply chain management [J]. Energy Economics, 2012, 34: S64 – S74.

[116] QI Q, WANG J, BAI Q. Pricing decision of a two-echelon supply chain with one supplier and two retailers under a carbon cap regulation [J]. Journal of Cleaner Production, 2017, 151: 286 – 302.

[117] QU S, JIANG G, JI Y, et al. Newsvendor's optimal decisions under stochastic demand and cap-and-trade regulation [J]. Environment Development and Sustainability, 2021, 23: 17764 – 17787.

[118] RADHI M, ZHANG G. Optimal cross-channel return policy in dual-channel retailing systems [J]. International Journal of Production Economics, 2019, 210: 184 – 198.

[119] RAZA S A. A distribution free approach to newsvendor problem with pricing [J]. 4OR-A Quarterly Journal of Operations Research, 2014, 12: 335 – 358.

[120] RAZA S A, RATHINAM S. A risk tolerance analysis for a joint price differentiation and inventory decisions problem with demand leakage effect [J]. International Journal of Production Economics, 2017, 183: 129 – 145.

[121] RAZA S A, RATHINAM S, TURIAC M, et al. An integrated revenue

management framework for a firm's greening, pricing and inventory decisions [J]. International Journal of Production Economics, 2018, 195: 373 – 390.

[122] REN J, BIAN Y, XU X, et al. Allocation of product-related carbon emission abatement target in a make-to-order supply chain [J]. Computers & Industrial Engineering, 2015, 80: 181 – 194.

[123] REN J, CHEN X, HU J. The effect of production-versus consumption-based emission tax under demand uncertainty [J]. International Journal of Production Economics, 2020, 219: 82 – 98.

[124] ROSIČ H, JAMMERNEGG W. The economic and environmental performance of dual sourcing: a newsvendor approach [J]. International Journal of Production Economics, 2013, 143 (1): 109 – 119.

[125] SARKAR B, GANGULY B, SARKAR M, et al. Effect of variable transportation and carbon emission in a three-echelon supply chain model [J]. Transportation Research Part E: Logistics and Transportation Review, 2016, 91: 112 – 128.

[126] SAVASKAN R C, BHATTACHARYA S, VAN WASSENHOVE L N. Closed-loop supply chain models with product remanufacturing [J]. Management Science, 2004, 50 (2): 239 – 252.

[127] SCARF H. A min-max solution of an inventory problem [M] // Arrow K J, KARLIN S, Scarf H. Studies in the mathematical theory of inventory and production. Stanford: Stanford University Press, 1958: 201 – 209.

[128] SHI J, ZHANG G. Multi-product budget-constrained acquisition and pricing with uncertain demand and supplier quantity discount [J]. International Journal of Production Economics, 2010, 128: 322 – 331.

[129] SHI J, ZHANG G, SHA J. Optimal production planning for a multi-product closed loop system with uncertain demand and return [J]. Computers & Operations Research, 2011, 38 (3): 641 – 650.

[130] SKOWRONSKI K, BENTON W C. The influence of intellectual property rights on poaching in manufacturing outsourcing [J]. Production and Operations Management, 2018, 27 (3): 531 – 552.

[131] STAVINS R N. What can we learn from the grand policy experiment? Lessons from SO_2 allowance trading [J]. Journal of Economic Perspectives, 1998, 12 (3): 69 – 88.

[132] SONG J, LENG M. Analysis of the single-period problem under carbon e-missions policies [M] // CHOI T M. Handbook of Newsvendor Problems, New York, 2012, 176: 297 –313.

[133] SONG S, GOVINDAN K, XU L, et al. Capacity and production planning with carbon emission constraints [J]. Transportation Research Part E: Logistic and Transportation Review, 2017, 97: 132 –150.

[134] TAGUCHI G. Tables of orthogonal arrays and linear graphs [J]. Reports of Statistical Application Research, Union of Japanese Scientists and Engineers, 1960, 7: 1 –52.

[135] TAGUCHI G. System of Experimental Design: Engineering methods to opti-mize quality and minimize costs [M]. New York: KRAUS International, White Plains, 1987.

[136] TOPTAL A, ÇETINKAYA B. How supply chain coordination affects the environment: a carbon footprint perspective [J]. Annals of Operations Research, 2017, 250: 487 –519.

[137] TOPTAL A, ÖZLU H, KNOUR D. Joint decisions on inventory replenish-ment and emission reduction investment under different emission regulations [J]. In-ternational Journal of Production Research, 2014, 52: 243 –269.

[138] TSAY A A, AGRAWAL N. Channel conflict and coordination in the e-commerce age [J]. Production and Operations Management, 2004, 13 (1): 93 –110.

[139] WANG C, CHEN J, CHEN X. Pricing and order decisions with option contracts in the presence of customer returns [J]. International Journal of Production Economics, 2017, 193: 422 –436.

[140] WANG Q, LI J, YAN H, et al. Optimal remanufacturing strategies in name-your-own-price auctions with limited capacity [J]. International Journal of Pro-duction Economics, 2016, 181: 113 –129.

[141] WANG Y, CHEN W, LIU B. Manufacturing/remanufacturing decisions for a capital-constrained manufacturer considering carbon emission cap and trade [J]. Production and Operations Management, 2017, 140: 1118 –1128.

[142] WANG Z R. WU Q H. Carbon emission reduction and product collection decisions in the closed-loop supply chain with cap-and-trade regulation [J]. Interna-

tional Journal of Production Research, 2021, 59 (14): 4359 – 4383.

[143] WARBURTON R D H, STRATTON R. The optimal quantity of quick re-sponse manufacturing for an onshore and offshore sourcing model [J]. International Journal of Logistics: Research and Applications, 2005, 8 (2): 125 – 141.

[144] WEI C, RODRÍGUEZ R M, MARTÍNEZ L. Uncertainty measures of 0extednd hesitant fuzzy linguistic term set [J]. IEEE Transactions on Fuzzy Systems, 2018, 26 (3): 1763 – 1768.

[145] WRIGHT T. Factors affecting the cost of airplanes [J]. Journal of the Aeronautical Sciences, 1936, 3: 122 – 128.

[146] XIAO T, XU T. Pricing and product line strategy in a supply chain with risk-averse players [J]. International Journal of Production Economics, 2014, 156: 305 – 315.

[147] XIN C, ZHOU Y Z, ZHU X C, et al. Optimal decisions for carbon emis-sion reduction through technological innovation in a hybrid-channel supply chain with consumers' channel preferences [J]. Discrete Dynamics in Nature and Society, 2019, 4729358.

[148] XU G, DAN B, ZHANG X, et al. Coordinating a dual-channel supply chain with risk-averse under a two-way revenue sharing contract [J]. International Journal of Production Economics, 2014, 147: 171 – 179.

[149] XU J, BAI Q, XU L, et al. Effects of emission reduction and partial de-mand information on operational decisions of a newsvendor problem [J]. Journal of Cleaner Production, 2018, 188: 825 – 839.

[150] XU J, CHEN Y, BAI Q. A two-echelon sustainable supply chain coordi-nation under cap-and-trade regulation [J]. Journal of Cleaner Production, 2016, 135: 42 – 56.

[151] XU L, WANG C. Contracting pricing and emission reduction for supply chain considering vertical technological spillovers [J]. The International Journal of Advanced Manufacturing Technology, 2017, 93: 481 – 492.

[152] XU L, WANG C, ZHAO J. Decision and coordination in the dual-channel supply chain considering cap-and-trade regulation [J]. Journal of Cleaner Production, 2018, 197: 551 – 561.

[153] XU X, HE P, XU H, et al. Supply chain coordination with green tech-

nology under cap-and-trade regulation [J]. International Journal of Production Economics, 2017, 183: 433 –442.

[154] XU X, ZHANG W, HE P, et al. Production and pricing problems in make-to-order supply chain with cap-and-trade regulation [J]. Omega, 2017, 66: 248 –257.

[155] XUE W, CHOI T M, MA L. Diversification strategy with random yield suppliers for a mean-variance risk-sensitive manufacturer [J]. Transportation Research Part E: Logistics and Transportation Review, 2016, 90: 90 –107.

[156] YANG C H, LIU H B, JI P, et al. Optimal acquisition and remanufacturing policies for multi-product remanufacturing systems [J]. Journal of Cleaner Production, 2016, 135: 1571 –1579.

[157] YANG C H, MA X, TALLURI S, et al. Optimal robust ordering quantity for a new product under environmental constraints [J]. IEEE Transactions on Engineering Management, 2019, 66 (2): 240 –251.

[158] YANG H, CHEN W. Retailer-driven carbon emission abatement with consumer environmental awareness and carbon tax: revenue-sharing versus cost-sharing [J]. Omega, 2018, 78: 179 –191.

[159] YANG L, ZHANG Q, JI J. Pricing and carbon emission reduction decisions in supply chains with vertical and horizontal cooperation [J]. International Journal of Production Economics, 2017, 191: 286 –297.

[160] YUAN B, GU B, XU C. The multi-period dynamic optimization with carbon emissions reduction under cap-and-trade [J]. Discrete Dynamics in Nature and Society, 2019: 6987132.

[161] YUE J, CHEN B, WANG M C. Expected value of distribution information for the newsvendor problem [J]. Operations Research, 2006, 54 (6): 1128 –1136.

[162] ZHAN X, MA J, LI Y, et al. Design and coordination for multi-channel recycling of oligopoly under the carbon tax mechanism [J]. Journal of Cleaner Production, 2019, 223: 413 –423.

[163] ZHANG B, XU L. Multi-item production planning with carbon cap and trade mechanism [J]. International Journal of Production Economics, 2013, 144 (1): 118 –127.

[164] ZHANG F, ZHANG R. Trade-in remanufacturing, customer purchasing behavior, and government policy [J]. Manufacturing and Service Operations Management, 2018, 20 (4): 601 −616.

[165] ZHANG G. Combining acquisition planning with inventory management under uncertain demand [J]. INFOR: Information Systems and Operational Research, 2008, 46 (2): 129 −135.

[166] ZHANG G, MA L. Optimal acquisition policy with quantity discounts and uncertain demands [J]. International Journal of Production Research, 2009, 47 (9): 2409 −2425.

[167] ZHANG G. The multi-product newsboy problem with supplier quantity discounts and a budget constraint [J]. European Journal of Operational Research, 2010, 206 (2): 350 −360.

后 记

　　本书是我们多年研究与探索的积累，每一页都凝结着我们对低碳供应链管理的挚爱与执着。在境外访学和担任研究教授期间，得到了加拿大的康考迪亚大学约翰·莫尔森商学院 Satyaveer S. Chauhan 教授和工业工程系陈明远教授、温莎大学供应链与物流优化研究中心张国庆教授，希腊的马其顿大学应用信息系 Yiannis Nikolaidis 教授，新加坡国家卫生部医疗服务与成果研究中心孟凡文研究员等的大力帮助。2016 年，我们在《系统工程理论与实践》发表论文《碳政策下分布式鲁棒优化模型的生产与减排策略》，开启了本书撰写的篇章。本书参考了我们已发表的 8 篇相关论文，对文章内容进行了调整和重新梳理，并进行文献更新使内容与时俱进。除了《碳政策下分布式鲁棒优化模型的生产与减排策略》，收录的论文包括以下篇目。

　　（1）The distributionally robust newsvendor problem with dual sourcing under carbon tax and cap-and-trade regulations，2016 年发表于 *Computers & Industrial Engineering*；

　　（2）Effects of emission reduction and partial demand information on operational decisions of a newsvendor problem，2018 年发表于 *Journal of Cleaner Production*；

　　（3）Coordinating a dual-channel supply chain with price discount contracts under carbon emission capacity regulation，2018 年发表于 *Applied Mathematical Modelling*；

　　（4）Effects of sustainability investment and risk aversion on a two-stage supply chain coordination under a carbon tax policy，2020 年发表于 *Computers & Industrial Engineering*；

　　（5）Impact of cap-and-trade regulation on coordinating perishable products supply chain with cost learning，2020 年发表于 *Journal of Industrial and Management Optimization*；

　　（6）Improving sustainability and social responsibility of a two-tier supply chain investing in emission reduction technology，2021 年发表于 *Applied Mathematical Modelling*；

　　（7）The distributionally robust optimization model for a remanufacturing system under cap-and-trade policy：A newsvendor approach，2021 年发表于 *Annals of Operations Research*。

本书的出版得到山东省泰山学者专项基金（tsqn202103063）、山东省理论人才"百人工程"、济宁市理论人才"百人工程"、国家自然科学基金青年项目（71702087）以及山东省高等学校青创科技支持计划项目（2021RW024）的大力资助。

在本书的撰写过程中，我们多次召开研讨会，凝结了祁琪、胡婷婷、门瑞航、张新远、何冉冉、姜嫚等老师和研究生的大量心血和见解。

在写作的过程中，我们不断追求质量的精益求精，从构思到表达，从内容到形式，都力求做到最好。如果这本书能够赢得读者的认可与喜爱，那将是我们前行的最大动力。

徐健腾　柏庆国

2024 年 2 月